Ingeborg Koza

VÖLKERVERSÖHNUNG UND EUROPÄISCHES EINIGUNGSBEMÜHEN

Institut für
Europäische Politik
Bachstraße 32
D-5300 Bonn 1

Ingeborg Koza

VÖLKERVERSÖHNUNG UND EUROPÄISCHES EINIGUNGSBEMÜHEN

Untersuchungen
zur Nachkriegsgeschichte
1945–1951

Böhlau Verlag Köln Wien

CIP-Kurztitelaufnahme der Deutschen Bibliothek

Koza, Ingeborg:
Völkerversöhnung und europäisches Einigungsbemühen:
Unters. zur Nachkriegsgeschichte 1945–1951 /
Ingeborg Koza. – Köln; Wien: Böhlau, 1987.
ISBN 3-412-02086-9

Copyright © 1987 by Böhlau Verlag GmbH, Köln
Alle Rechte vorbehalten

Ohne schriftliche Genehmigung des Verlages ist es nicht gestattet, das Werk unter Verwendung mechanischer, elektronischer und anderer Systeme in irgendeiner Weise zu verarbeiten und zu verbreiten. Insbesondere vorbehalten sind die Rechte der Vervielfältigung – auch von Teilen des Werkes – auf photomechanischem oder ähnlichem Wege, der tontechnischen Wiedergabe, des Vortrags, der Funk- und Fernsehsendung, der Speicherung in Datenverarbeitungsanlagen, der Übersetzung und der literarischen oder anderweitigen Bearbeitung.

Printed in Germany
Satz: Druckerei Locher GmbH, Köln
Druck und buchbinderische Verarbeitung: Hans Richarz Publikationsservice, St. Augustin
Umschlagentwurf: Angela Wieland

ISBN 3-412-02086-9

Inhalt

Einleitung 1

I. Initiativen zur Verbesserung der Beziehungen zwischen den Völkern 7

   1. Amerikaner und Deutsche 7
      a) Hilfsbemühungen amerikanischer Privatpersonen und Verbände 7
      b) Hilfsbemühungen von Regierung und Kongreß 11
      c) Die Haltung der wichtigsten amerikanischen Presseorgane gegenüber Deutschland 17
      d) Kontakte deutscher Persönlichkeiten mit Amerikanern 19

   2. Franzosen und Deutsche 22
      a) Französische kirchliche Bemühungen um Völkerversöhnung 26
      b) Initiativen privater französischer Organisationen 32
      c) Aktivitäten französischer Politiker bezüglich der künftigen Friedenssicherung zwischen Frankreich und Deutschland 35
      d) Deutsche Versöhnungsangebote an die Franzosen 45

   3. Engländer und Deutsche 51
      a) Hilfsbereitschaft britischer kirchlicher Kreise 53
      b) Einflußnahme britischer Privatleute und Verbände auf die britische öffentliche Meinung zugunsten Deutschlands 65
      c) Die Haltung britischer Regierungs- und Oppositionspolitiker gegenüber Deutschland 79
      d) Deutsche Initiativen zur Verbesserung des deutsch-britischen Verhältnisses 101

   4. Die Beziehungen zwischen Deutschen und Angehörigen anderer, nicht zu den Großmächten zählender Staaten 108
      a) Niederländer, Belgier und Deutsche 108

	b)	Der Vatikan und die Deutschen	118
	c)	Israel und die Deutschen	120
	d)	Rückgabe deutschen Eigentums	129

II. Europäisches Einigungsbemühen 1947–1951 unter Einbeziehung Westdeutschlands 132

    1. Ziele und Aktivitäten der Europa-Bewegung ab 1947   133
        a) Kongresse   133
        b) Europäische Akademie in Schlüchtern   152

    2. Europäische Integrationsarbeit auf Regierungsebene   157
        a) Organization for European Economic Cooperation   157
        b) Europarat   161
        c) Europäische Gemeinschaft für Kohle und Stahl   166

Schluß   171

Abkürzungsverzeichnis   173

Quellen und Literatur   174
1. ungedruckte Quellen   174
2. gedruckte Quellen einschließlich Memoiren   174
3. Darstellungen   175

Dokumentenanhang   179

Personenregister   183

EINLEITUNG

In der seit einigen Jahren angelaufenen historischen Erforschung der Nachkriegszeit steht die Frage nach den Ursachen und Konsequenzen des Kalten Krieges, der Spaltung Deutschlands und Europas sowie nach der Entstehung der Krisenherde in der Welt im Vordergrund. Die vorliegende Arbeit verfolgt jedoch das Ziel, im Gegensatz zur Analyse destruktiver Vorgänge gerade die Bemühungen um eine Annäherung und Aussöhnung verfeindeter Nationen der Vergessenheit zu entreißen. Bereits am 8. Juni 1945, einen Monat nach Kriegsende in Europa, erschien in den Neuen Zürcher Nachrichten unter der Überschrift „Anglo-amerikanische und russische Welt" ein Artikel, in welchem voller Besorgnis darauf hingewiesen wurde, „... daß sich wiederum zwei Welten gegenüberstehen: die westliche oder *demokratische Welt* und die östliche, die *Welt des totalitären Staates*".[1] Um einen neuen Krieg zu verhindern, sei es notwendig, ein Mindestmaß an Verständnis und Zusammenarbeit zwischen ihnen herzustellen. Der Journalist erkannte klar, daß jetzt nicht mehr Großbritannien, sondern Rußland die stärkste Macht in Europa war. Er gab jedoch der Überzeugung Ausdruck, daß ein Konflikt zwischen der angloamerikanischen Welt und der Sowjetunion nicht unvermeidlich sei, mit der Begründung: „Die in Frage stehenden Mächte gehören alle zu den ‚Besitzenden' und haben kein wirkliches Bedürfnis, ihr Besitztum noch auszudehnen, ..."[2] Darüber hinaus warnte der Schreiber: „Jede wachsende Macht unterliegt der *Versuchung*, ihr Gesetz und ihren Glauben der übrigen Welt aufzuzwingen."[3]

Die in diesem Artikel erhobene Forderung nach Verständigung zwischen West und Ost zeigt, daß der Gedanke der auf globaler Ebene notwendigen Friedenssicherung gerade 1945 besonders lebendig war. In

---

[1] *Bundesarchiv*, Akten des Deutschen Büros für Friedensfragen Z 35/561, Bl. 67.
[2] Ebd.
[3] Ebd.

Ergänzung dazu hatten, wie Walter Lipgens nachweisen konnte[4], alle nichtkommunistischen Widerstandsgruppen in Europa während des Zweiten Weltkriegs Pläne für die Aufhebung der europäischen Nationalstaaten und Schaffung einer supranationalen Regierung entworfen, da sie den übersteigerten Nationalismus in Europa als Hauptursache für den Ausbruch der beiden Weltkriege ansahen. Darüber hinaus gab es Initiativen von Einzelpersonen, Verbänden und Kirchen zur Herbeiführung einer Völkerversöhnung zwischen ehemaligen Kriegsgegnern.

Ziel dieser Untersuchung ist es nun, herauszuarbeiten, welche Initiativen zur Völkerversöhnung und zur Verbesserung der Beziehungen in den ersten Jahren nach 1945 zwischen Amerikanern und Deutschen, Franzosen und Deutschen, Engländern und Deutschen sowie Niederländern, Belgiern, dem Vatikan, Israel und der deutschen Bevölkerung ergriffen wurden. Da auch die Europabewegung unter dem Aspekt von Völkerversöhnung und Friedensfestigung gesehen werden muß, ist auch das europäische Einigungsbemühen unter Einbeziehung Westdeutschlands von 1947–1951 zu untersuchen. Die europäischen Einigungsbestrebungen 1945–47 hat Walter Lipgens bereits umfassend dokumentiert und analysiert.[5] Eine besondere methodische Schwierigkeit ergibt sich daraus, daß viele der privaten Bemühungen um internationale Kontakte nach dem Zweiten Weltkrieg quellenmäßig nicht mehr zu belegen sind. Da es damals noch keine deutsche Regierung gab, konnten entsprechende Anstrengungen deutscher Verwaltungsstellen nur auf unterer Ebene erfolgen und sind im nachhinein nur schwer dokumentarisch erfaßbar. Daher stützt sich diese Untersuchung hauptsächlich auf bisher ungedruckte Quellen des Deutschen Büros für Friedensfragen, die im Bundesarchiv Koblenz aufbewahrt werden, sowie auf Unterlagen des Politischen Archivs des Auswärtigen Amtes, Bonn. Das Deutsche Büro für Friedensfragen war eine Vorgängereinrichtung des Deutschen Auswärtigen Amtes, die seit 1947 versuchte, Materialien und Informationen aus dem In- und Ausland zu sammeln, um eine spätere deutsche Außenpolitik vorzubereiten. Außerdem konnten alte Materialien der

---

[4]) Vgl. Walter Lipgens, Das Konzept regionaler Friedensorganisation. Resistance und europäische Einigungsbewegung. In: VfZG 16, 1968, S. 150–164 sowie Ders. (Hg.), Europa-Föderationspläne der Widerstandsbewegungen 1940–1945. München 1968.

[5]) Vgl. Walter Lipgens, Die Anfänge der europäischen Einigungspolitik 1945–1950. 1. Teil: 1945–1947. Stuttgart 1977.

Einleitung 3

Deutschen Pax-Christi-Sektion, Frankfurt/Main, eingesehen und ausgewertet werden. Aufschlüsse und Anregungen brachte auch die Erstdurchsicht des Nachlasses des Schriftstellers und langjährigen Leiters der politischen Bildungsarbeit der Friedrich-Naumann-Stiftung, Rolf Schroers, im Staatsarchiv Münster. Zur Ergänzung wurden die Memoiren führender Persönlichkeiten dieser Zeit, wie Lucius D. Clay, Alfred Müller-Armack, Reinhold Maier, Ernst Lemmer, Wilhelm Hoegner, Konrad Adenauer, Paul-Henri Spaak, Wilhelm Hausenstein und Herbert Blankenhorn herangezogen. Daß der Wille zur Völkerversöhnung bei den maßgebenden deutschen Politikern und Volksvertretern auf Landesebene schon damals eine Selbstverständlichkeit war, beweist die Tatsache, daß dieses Ziel in den meisten Landesverfassungen der westlichen Besatzungszonen verankert wurde.[6] Darüber hinaus wurde in das

---

[6] Art. 131 Abs. 3 Verfassung des Freistaates Bayern (vom 2. Dez. 1946): „Die Schüler sind im Geiste der Demokratie, in der Liebe zur bayerischen Heimat und zum deutschen Volk und im Sinne der Völkerversöhnung zu erziehen."
Art. 69 Verfassung des Landes Hessen (vom 1. Dez. 1946):
„(1) Hessen bekennt sich zu Frieden, Freiheit und Völkerverständigung. Der Krieg ist geächtet.
(2) Jede Handlung, die mit der Absicht vorgenommen wird, einen Krieg vorzubereiten, ist verfassungswidrig."
Art. 26 Landesverfassung der Freien Hansestadt Bremen (vom 21. Oktober 1947):
„Die Erziehung und Bildung der Jugend hat im wesentlichen folgende Aufgaben:
1. Die Erziehung zu einer Gemeinschaftsgesinnung, die auf der Achtung vor der Würde jedes Menschen und auf dem Willen zu sozialer Gerechtigkeit und politischer Verantwortung beruht, zur Sachlichkeit und Duldsamkeit gegenüber den Meinungen anderer führt und zur friedlichen Zusammenarbeit mit anderen Menschen und Völkern aufruft. ..."
Art. 33 Verfassung für Rheinland-Pfalz (vom 18. Mai 1947):
„Die Schule hat die Jugend zur Gottesfurcht und Nächstenliebe, Achtung und Duldsamkeit, Rechtlichkeit und Wahrhaftigkeit, zur Liebe zu Volk und Heimat, zu sittlicher Haltung und beruflicher Tüchtigkeit und in freier demokratischer Gesinnung im Geiste der Völkerversöhnung zu erziehen."
Art. 30 Verfassung des Saarlandes (vom 15. Dez. 1947):
„Die Jugend ist in der Ehrfurcht vor Gott, im Geiste der christlichen Nächstenliebe und der Völkerversöhnung, in der Liebe zu Heimat, Volk und Vaterland, zu sittlicher und politischer Verantwortlichkeit, zu beruflicher und sozialer Bewährung und zu freiheitlicher demokratischer Gesinnung zu erziehen."
Art. 7 Abs. 2 Verfassung für das Land Nordrhein-Westfalen (vom 28. Juni 1950):
„Die Jugend soll erzogen werden im Geiste der Menschlichkeit, der Demokratie

spätere Grundgesetz, Art. 24, die Bestimmung aufgenommen, daß durch einfachen Mehrheitsbeschluß deutsche Souveränitätsrechte auf supranationale Einrichtungen übertragen werden durften. Dies bedeutete die Öffnung des Weges zum Anschluß der Bundesrepublik Deutschland an ein vereinigtes Europa, was wiederum Völkerversöhnung voraussetzte und Friedenssicherung zum Ziel hatte.

Zu Beginn dieser Arbeit ist eine Klärung des Begriffs „Völkerversöhnung" erforderlich. Entgegen der landläufigen Meinung besteht kein etymologischer Zusammenhang zwischen „Versöhnung" und „Sohn". Der Begriff „Versöhnung" hängt vielmehr mit dem alten Begriff „Sühne" zusammen, wobei die Vorsilbe „Ver" der Intensivierung dient. In Anlehnung an den philosophischen dialektischen Dreischritt formuliert Rolf Schroers in treffender Weise: „Versühnen wäre der Weg zur Aufhebung früherer Schuld, also so, daß ihre Vernichtung die Basis zu einem neuen Zustand böte, dem sie aber historisch immanent bleibt."[7] Voraussetzung der Versöhnung zweier verfeindeter Menschen oder Gruppen ist die Bereitschaft *beider* zu einem Neubeginn. Diesen zunächst vorpolitischen, moralischen, für viele auch religiös-christlichen Begriff auf ganze Völker oder Nationen zu beziehen, birgt allerdings die Gefahr einer unzulässigen Vermischung moralischer und politischer Perspektiven in sich. Eine Schlüsselposition bei der Vorbereitung der Völkerversöhnung kommt der vor allem durch Massenmedien zum Ausdruck gebrachten – nicht selten auch mit erzeugten – sog. öffentlichen Meinung zu. Es besteht eine Interdependenz von einzelnen bzw. Gruppen, öffentlicher Meinung und Regierungen, zu veranschaulichen durch den Regelkreis von input, output und feedback. Einzelne Persönlichkeiten können mit Privatpersonen eines anderen Staates freundliche Kontakte aufnehmen, können auf die öffentliche Meinung einwirken, die wiederum das Handeln der Regierung (in einem demokratischen

---

und der Freiheit, zur Duldsamkeit und zur Achtung vor der Überzeugung des anderen, in Liebe zu Volk und Heimat, zur Völkergemeinschaft und Friedensgesinnung."
Art. 12 Abs. 1 Verfassung des Landes Baden-Württemberg (vom 11. Nov. 1953).
„Die Jugend ist in der Ehrfurcht vor Gott, im Geiste der christlichen Nächstenliebe, zur Brüderlichkeit aller Menschen und zur Friedensliebe, in der Liebe zu Volk und Heimat, zu sittlicher und politischer Verantwortlichkeit, zu beruflicher und sozialer Bewährung und zu freiheitlicher demokratischer Gesinnung zu erziehen."
[7]) *Staatsarchiv Münster*, Nachlaß Rolf Schroers, Karton 7.

Staat) beeinflußt. Umgekehrt können einsichtige Staatsmänner durch das Aushandeln entgegenkommender Verträge, z. B. Wiedergutmachungsabkommen, mit fremden Regierungen deren Mißtrauen abbauen, was wiederum die „öffentliche Meinung" beeinflußt. Daraus resultiert dann möglicherweise eine Bewußtseinsänderung bei einzelnen Bürgern. Zwangsläufig tritt diese Wirkung allerdings nicht ein.[8]
Bereits nach den schockierenden Erfahrungen des Ersten Weltkriegs erhob sich die Forderung nach Abbau der emotionalen Barrieren zwischen den Nationen und nach Schaffung eines größeren, den technischen Möglichkeiten angepaßten Wirtschaftsraums. Konrad Adenauer trat als Oberbürgermeister von Köln schon 1919 öffentlich für Völkerversöhnung ein. Auch der belgische Sozialist Paul Henri Spaak bekräftigte schon früh diese Forderung und plädierte 1941 während seines Londoner Exils für eine künftige Einigung Europas unter der Führung Großbritanniens. Einer der zweifellos weitsichtigsten Politiker der Zwischenkriegszeit war der französische Außenminister Aristide Briand, welcher den Ehrenvorsitz der 1923 von dem österreichischen Grafen Koudenhove-Calergi gegründeten internationalen Paneuropa-Union übernommen hatte. Er legte dem Völkerbund im September 1929 und den europäischen Regierungen im Mai 1930 in abgeschwächter Form einen Plan zur Schaffung der Vereinigten Staaten von Europa vor, dessen Bedeutung für die Friedenssicherung und die europäische Zukunft zwischen den aufkommenden Machtblöcken in West und Ost jedoch von den damaligen Regierungen Großbritanniens, Deutschlands und Italiens nicht erkannt wurde. Vor allem die deutsche Regierung argwöhnte hinter diesem Plan die Absicht zur Durchsetzung französischer Interessen mit anderen Mitteln. Nach eingehender Analyse des abgeschwächten Memorandums vom Mai 1930 muß man jedoch zu der Erkenntnis kommen, daß der ehrlich angestrebte gesamteuropäische Nutzen für alle potentiellen Mitglieder die zugleich ins Auge gefaßte Verwirklichung französischer Interessen bei weitem übertroffen hätte.[9] Erst die bitteren Erfahrungen im Zweiten Weltkrieg ließen in breiteren Kreisen von Politikern besonders in den Résistancegruppen, aber auch in der Bevöl-

---

[8]) Vgl. Ingeborg Koza, Internationale Initiativen zur Völkerversöhnung nach dem Zweiten Weltkrieg. In: Siegener Studien 36, 1984, S. 41–50, bes. S. 42.
[9]) Vgl. dazu auch Walter Lipgens, Europäische Einigungsidee 1923–1930 und Briands Europa-Plan im Urteil der deutschen Akten. In: HZ 203, 1966, S. 46–89 und S. 316–363, hier: S. 320 und 323.

kerung die Einsicht reifen, daß Abbau von Vorurteilen, Völkerverständigung, Abbau von nationalen Souveränitätsrechten zugunsten supranationaler Einrichtungen zumindest in Europa, erste Prämissen für eine Friedenssicherung waren. Die aus dieser Einsicht resultierenden Aktivitäten sind jedoch immer vor dem durch die weltweite Interdependenz bedingten Hintergrund der Tatsache zu sehen, daß Europa nach 1945 kaum noch Herr seiner selbst, sondern weitgehend Objekt der gegensätzlichen Politik der neuen Supermächte war.

Das Zustandekommen dieses Buches wurde besonders erleichtert durch den sachkundigen Rat von Herrn Dr. Werner, Bundesarchiv Koblenz, Herrn Dr. Pretsch, Auswärtiges Amt, und Herrn Dr. Franz, Staatsarchiv Münster. Ihnen sei herzlich gedankt. Dank gebührt auch dem British Council in Köln und dem Deutschen Pax-Christi-Sekretariat, Frankfurt am Main, für die Bereitstellung von Materialien, sowie Frau Schroers, die mir die Erstdurchsicht des Nachlasses ihres verstorbenen Gatten, Rolf Schroers, gestattete. Allen Zeitzeugen, die mir über ihre nach dem Kriege gemachten Erfahrungen bezüglich der Initiativen zur Völkerversöhnung und der Reaktionen darauf bereitwillig Auskunft gaben, sei ebenfalls gedankt.

I. INITIATIVEN ZUR VERBESSERUNG DER BEZIEHUNGEN ZWISCHEN DEN VÖLKERN

Der erste Teil des Buches wird sich mit den noch nachweisbaren Versöhnungsbemühungen zwischen Deutschen und ehemaligen Kriegsgegnern aus der westlichen Welt unmittelbar nach 1945 befassen. Insbesondere sind die Verständigungsversuche mit Amerikanern, Franzosen, Briten, Niederländern und Belgiern zu erhellen, darüber hinaus sollen die ersten Wiedergutmachungsgespräche mit den Israelis und die Anstrengungen des Vatikans Berücksichtigung finden. Dabei sind auf seiten der nichtdeutschen Staaten Aktivitäten von Privatpersonen, Gruppen und offiziellen Regierungsstellen nachzuweisen, während die Aktionen und Reaktionen von deutscher Seite sich zunächst mangels einer eigenen Regierung vornehmlich auf Privatpersonen, Kirchen und Verbände sowie Verwaltungsorgane auf Länder- und später Zonenebene beschränken.

1. Amerikaner und Deutsche

Entscheidend für das weitere Schicksal der westlichen Besatzungszonen war die Deutschlandpolitik der Amerikaner, die bis 1947 offiziell die Niederhaltung und Bestrafung der Besiegten zum Ziel hatte, dann aber im Zuge des beginnenden Kalten Krieges eine Wende vollzog hin zur Einbeziehung des westdeutschen Potentials in den eigenen Verteidigungsbereich. Auf dem Hintergrund dieser zwei Phasen amerikanischer Besatzungspolitik sind die Verständigungsinitiativen zu sehen und zu würdigen.

a) Hilfsbemühungen amerikanischer Privatpersonen und Verbände

Wie Konrad Adenauer in seinen Memoiren dankbar vermerkt, wurde bereits im Juli 1945, zu einem Zeitpunkt, als die Militärbehörden karitative Hilfe für die Deutschen noch gar nicht zugelassen hatten, die erste große Geldspende seitens der lutherischen Kirchen Amerikas in Stuttgart an Deutsche übergeben.[10] Aus dem bisher unveröffentlichten, sechzehn Seiten umfassenden Generalbericht von Dr. Karl Albrecht, Forschungsstelle für Wirtschaftsaufbau beim Wirtschaftsministerium Tübingen, der am 21. Juli 1949 vom Deutschen Büro für Friedensfragen bestätigt wurde, geht hervor, daß der Amerikaner Frederick Libby sich als Leiter einer pazifistischen Vereinigung in besonderer Weise für deutsche Belange eingesetzt hat. Diese Vereinigung habe sich „... in den letzten Kriegsjahren und kurz nach Kriegsende in mutigem Einsatz ... bahnbrechend im pro-deutschen Sinne betätigt. Den Bemühungen von Mr. Libby und seinen Freunden ist es u. a. zu verdanken, daß im Frühjahr 1946 die Brief- und bald darauf Paketpost nach Deutschland wieder zugelassen wurde. Auch in zahlreichen anderen Fällen, insbesondere in der Demontage-Frage, habe sich Mr. Libby und der National Council (for the Prevention of War) in sehr dankenswerter Weise für uns eingesetzt."[11]

Die Wiederzulassung der Paketpost nach Deutschland war eine wichtige Voraussetzung für das Anlaufen privater amerikanischer Lebensmittelsendungen an hungernde deutsche Familien.

Als die größten privaten Hilfsorganisationen seien die Cooperative for American Remittances to Europe, CARE, und die Dachorganisation von 16 privaten amerikanischen Hilfsorganisationen in Deutschland, Council of Relief Agencies Licensed for Operation in Germany, CRALOG, genannt. Beide sandten seit dem Frühjahr 1946 in beträchtlichem Umfang Lebensmittel und Kleidungsstücke in das besiegte Deutschland. Konrad Adenauer hebt hervor: „Allein in der Zeit vom Frühjahr 1946 bis zum Frühjahr 1949 schickte die Organisation CRALOG Lebensmittel im Werte von über 175 Millionen DM nach Deutschland. Die Organisation CARE schickte in der Zeit von 1946 bis 1952 Liebesgaben im Werte von fast 295 Millionen DM an die notleidenden Deutschen in der Bundesrepublik."[12] Hinsichtlich der Wirkungen dieser Hilfe erinnert sich Adenauer: „Was diese privaten und kirchlichen Hilfsaktionen für uns hungernde und geschlagene Deutsche bedeuteten, kann nur der

---

[10]) Vgl. Konrad A d e n a u e r, Erinnerungen 1945–1953. 4. Aufl. Stuttgart 1980, S. 71.
[11]) *Bundesarchiv*, Akten des Deutschen Büros für Friedensfragen Z 35/349, Bl. 124.
[12]) Konrad A d e n a u e r, a.a.O. S. 71 f.

ermessen, der diese Zeit in Deutschland selbst miterlebt hat. Die Ankunft eines CARE-Pakets in einer Familie machte den Tag zu einem Festtag. Diese Hilfssendungen hatten neben der direkten materiellen Hilfe vor allem eine große psychologische Auswirkung. Es war nicht nur die materielle Unterstützung, die uns half, mehr noch war es vielleicht die Verbindung mit der Welt außerhalb Deutschlands, die Hoffnung auf eine Versöhnung, die durch diese Aktionen in Deutschland geweckt wurde."[13]

Über die Einstellung der amerikanischen Kirchen gegenüber Deutschland gibt der Albrecht-Bericht weiteren Aufschluß: „Die amerikanischen Kirchen, deren Einfluß im Land gar nicht überschätzt werden kann, nehmen im allgemeinen zu deutschen Problemen heute eine positive Haltung an. Vorbildlich in ihrer Haltung nach diesem wie nach dem Ersten Weltkrieg waren sowohl die Quäker wie die Lutheraner; am wenigsten aufgeschlossen zeigten sich die Episkopalier wegen ihrer stark pro-englischen Einstellung und die Methodisten wegen ihrer pro-sowjetischen Haltung, die sich gegen Kriegsende unter dem methodistischen Klerus breitmachte. Die Katholische Kirche hat einen pro-deutschen und einen anti-deutschen Flügel; der erste wird durch den zur Zeit in Deutschland als apostolischer Vertreter fungierenden Bischof Münch, durch den Erzbischof Cushing in Boston und den Erzbischof Rommel in New Orleans vertreten, die letzteren durch den Erzbischof Strich von Chicago und den Erzbischof Kardinal Spellman in New York."[14]

Hervorzuheben sind auch die Anstrengungen des Präsidenten des Komitees gegen Massenaustreibung, Christopher Emmet, New York, zur Herbeiführung der „wirtschaftlichen und politischen Rehabilitierung des deutschen Volkes, vor allem auch der Heimatvertriebenen". Emmet war zugleich Präsident der Organisation Common Cause, die in zwei Aufklärungsschriften über die Ernährungslage und das Demontageproblem in Deutschland an die amerikanische Öffentlichkeit trat. Dies ist um so bedeutsamer, als Emmet während der nationalsozialistischen Herrschaft eine anti-deutsche Haltung an den Tag legte.[15]

Der Albrecht-Bericht erwähnt eine weitere private Initiative mit dem Ziel der deutsch-amerikanischen Verständigung: Der junge Washingto-

---

[13]) A.a.O. S. 72.
[14]) *Bundesarchiv*, Akten des Deutschen Büros für Friedensfragen Z 35/349, Bl. 123.
[15]) A.a.O. Bl. 124.

ner Anwalt Brabner Smith, der eine Zeitlang in der Rechtsabteilung der amerikanischen Militärregierung in Berlin tätig war und eine deutsche Frau, eine Siemens-Tochter, geheiratet hatte, plante die Gründung eines „American Council on Germany". Mit ihm zusammen arbeiteten das Ehepaar Crane und der emigrierte Professor Götz Briefs sowie der schon erwähnte Leiter einer pazifistischen Vereinigung, Frederick Libby. „Sie wollen u. a. Herbert Hoover als Ehrenvorsitzenden gewinnen, in Washington ein Haus aufmachen, das ein Archiv und eine Bibliothek über deutsche Probleme enthalten und der deutsch-amerikanischen Verständigung dienen soll."[16]

Während viele der deutschstämmigen Amerikaner sich zwar sehr um karitative Hilfe für Deutschland bemühten, haben sie nach Ansicht von Albrecht in politischer Hinsicht völlig versagt, da sie politisch kaum organisiert waren.

Um so beachtenswerter ist es, daß manche der aus Deutschland emigrierten namhaften Juden sich in den USA nachdrücklich für eine gerechte Beurteilung der deutschen Situation nach dem Kriege aussprachen und auf den Unterschied zwischen den Nationalsozialisten und der deutschen Bevölkerung hinwiesen. So setzte sich z. B. der spätere Inhaber des Lehrstuhls für Wissenschaftliche Politik an der Universität Freiburg im Breisgau, Professor Dr. Arnold Bergstraesser, für die Beibehaltung des bewährten deutschen Gymnasiums ein, das allzu eifrige amerikanische Kulturpolitiker im Zug der Re-education-Politik zerschlagen wollten. Auch die Professoren Hans Rothfels und Max Rheinstein, die, wie Arnold Bergstraesser, vorübergehend an der Universität von Chicago lehrten, bemühten sich, bei den Amerikanern Verständnis für die deutsche Lage zu wecken. Dies war um so wichtiger, als an vielen amerikanischen Universitäten pro-sowjetische Gefühle und anti-deutsche Ressentiments herrschten. In New Yorker Bankkreisen machte sich der aus Hamburg stammende Erich Warburg besonders selbstlos um die deutsche Sache verdient.[17]

Erwähnt sei in diesem Zusammenhang auch die sozialdemokratisch ausgerichtete Association for a Democratic Germany mit Sitz in New York, die überwiegend aus Juden deutscher und amerikanischer Abkunft bestand und nach dem Kriege intensiv für die deutschen

---

[16]) Ebd.
[17]) Vgl. a.a.O. Bl. 123.

Belange eintrat. Es gab allerdings in zionistischen und radikal linken Kreisen auch eine anti-deutsche Propaganda. Demgegenüber traten aber z. B. der Leiter des Städtischen Planungsamtes in New York, Robert Moses, und der Vorsitzende des Gewerkschaftsbundes der Bekleidungsindustrie, David Dubinsky, für eine positive Deutschlandpolitik ein.[18]

Nicht zu unterschätzen sind die deutschfreundlichen Anstrengungen der amerikanischen christlichen Bewegung „Moralische Aufrüstung", die 1938 in Freudenstadt im Schwarzwald von dem Amerikaner Dr. Frank Buchman gegründet worden war, Mitglieder vor allem aus den USA, der Schweiz und Skandinavien umfaßte und zum Ziel u. a. die Bekämpfung des philosophischen Materialismus, die Gleichberechtigung der farbigen Völker und eine sittliche Besserung der Menschen hatte. Wie der damalige bayerische sozialdemokratische Ministerpräsident Wilhelm Hoegner in seinen Erinnerungen dankbar vermerkt, wurde er aus Anlaß seines 60. Geburtstags am 23. September 1947 gemeinsam mit anderen Deutschen von der „Moralischen Aufrüstung" nach Caux in die Schweiz eingeladen, wo junge Menschen aus vielen Ländern versammelt waren. „In Caux wurden die Deutschen im Jahre 1947 zum ersten Male nach ihrer Verfemung nach dem Zweiten Weltkrieg wieder als gleichberechtigt aufgenommen und mit ihren vormaligen Gegnern ausgesöhnt. Wir Deutsche und die Japaner sind deshalb der ‚Moralischen Aufrüstung' zu Dank verpflichtet."[19] Wie Hoegner weiter hervorhebt, hatte diese Bewegung zahlreiche Anhänger und Förderer im Kongreß der USA. Ihr Leiter besaß Verbindungen mit vielen Staatsmännern der Welt.[20] Eine Untersuchung des tatsächlichen Einflusses der „Moralischen Aufrüstung" auf Kongreßmitglieder und andere Politiker könnte möglicherweise zusätzliche Aufschlüsse über die Motive des Wandels der amerikanischen Politik gegenüber der Sowjetunion und gegenüber Deutschland geben.

b) Hilfsbemühungen von Regierung und Kongreß

Auf den demokratischen Präsidenten Franklin D. Roosevelt folgte nach dessen Tod 1945 der ebenfalls demokratische Präsident Harry

---

[18]) Vgl. a.a.O. Bl. 122 (Rückseite).
[19]) Wilhelm Hoegner, Der schwierige Außenseiter. Erinnerungen eines Abgeordneten, Emigranten und Ministerpräsidenten. 2. Aufl. Hof (Saale) 1975, S. 301.
[20]) Vgl. ebd.

S. Truman. Doch während Roosevelt sich während seiner gesamten Amtszeit von 1933–1945 auf eine überwältigende demokratische Mehrheit sowohl im Senat als auch im Repräsentantenhaus stützen konnte, sah sich sein Amtsnachfolger Truman bereits nach eineinhalb Jahren, also ab November 1946, bis November 1948 in beiden Häusern einer republikanischen Mehrheit gegenüber, auf die er Rücksicht nehmen mußte. Wie aus dem Generalbericht von Dr. Karl Albrecht, Forschungsstelle für Wirtschaftsaufbau beim Wirtschaftsministerium Tübingen, vom Juli 1949, der zur Vorbereitung der ersten deutschen Vertreter in den USA dienen sollte, hervorgeht, war dieser 80. Kongreß mit seiner republikanischen Mehrheit für deutsche Belange besonders günstig eingestellt: „Unter dem 80. Kongreß waren die grundlegenden Deutschland-Berichte des Auswärtigen Ausschusses des Abgeordnetenhauses und des sog. Herter-Committees veröffentlicht worden, die auf legislativer Ebene den entscheidenden Umschwung vom Morgenthau-Plan zum Marshall-Plan darstellen. In jener Periode stand ein republikanischer Kongreß der demokratischen Verwaltung gegenüber und benutzte seine Machtstellung, um von der Regierung eine konstruktivere Außenpolitik zu ertrotzen. . . ."[21] So wählte die Regierung auch wohl mit Vorbedacht den früheren republikanischen Präsidenten Hoover aus, um 1947 an der Spitze einer Kommission die deutsche Ernährungs- und Wirtschaftslage an Ort und Stelle zu erkunden.[22] Der Bericht der Hoover-Kommission erschien am 18. März 1947 in Washington und wurde zur Grundlage weiterer amerikanischer Hilfsmaßnahmen für Deutschland. Reinhold Maier, der damalige Ministerpräsident von Württemberg-Baden, schildert in seinen Erinnerungen an die Jahre 1945–1947 anschaulich seine Begegnung mit der Hoover-Kommission. Der eigentliche Deutschlandexperte des Gremiums war Gustav Stolper, der in der Weimarer Zeit Mitglied des Parteivorstandes der Deutschen Demokratischen Partei (später Deutsche Staatspartei) gewesen war, dann vor den Nationalsozialisten in die USA geflüchtet und jetzt mit Hoover zusammen nach Deutschland zurückgekehrt war, um seinen Landsleuten zu helfen. Gustav Stolper, Theodor Heuss und Reinhold Maier verband eine enge Freundschaft. Auch der deutsche Ernährungsminister Hermann Robert

---

[21]) *Bundesarchiv*, Akten des Deutschen Büros für Friedensfragen Z 35/349, Bl. 119.

[22]) Vgl. Karl Dietrich Erdmann, Die Zeit der Weltkriege. 2. Teilband, Stuttgart 1976, S. 743.

Dietrich, der in der Weimarer Republik Erfahrungen als Landwirtschafts- und Ernährungsminister sowie als Finanzminister gesammelt hatte und nun vor der amerikanischen Expertenkommission ein eindrucksvolles Referat über die Lebensmittelsituation in Deutschland und Möglichkeiten ihrer Verbesserung durch Wiederherstellung der deutschen Gesamtwirtschaft hielt, hatte dem letzten Parteivorstand der einstigen Staatspartei angehört. Wie Reinhold Maier betont, setzten sich die Erkenntnisse der Hoover-Kommission, formuliert durch Gustav Stolper, rascher als in vergleichbaren früheren Fällen in Kongreßmeinungen und Regierungsentschlüsse um.[23] Ebenfalls 1947 kam der amerikanische Landwirtschaftsminister Clinton Anderson nach Stuttgart. „Er verteilte Gaben und Wohltaten und sicherte namens der amerikanischen Regierung die 300 000 Tonnen Getreide monatlich zu."[24] Im März 1947 konnte General Lucius D. Clay den Abschluß der bestrafenden und restriktiven Phase der amerikanischen Besatzungspolitik bekanntgeben. Allerdings ist dieser Wandel in der amerikanischen Politik wohl in erster Linie auf die Veränderung der globalen Situation und den sich abzeichnenden Beginn des Kalten Krieges zurückzuführen. In diesem weltweiten Zusammenhang ist bereits die berühmte Stuttgarter Rede des amerikanischen Außenministers Byrnes vom 6. September 1946 zu sehen. Weniger bekannt dürfte es sein, daß die drei Ministerpräsidenten Reinhold Maier, Wilhelm Hoegner und Karl Hermann Geiler, die zum Auditorium gehörten, vor der Rede mit dem amerikanischen Außenminister und seiner Begleitung zusammentrafen, wobei die Gesprächspartner auf amerikanischer Seite hauptsächlich die Senatoren Tom Conally und Arthur Vandenberg waren. Die Hauptbesorgnis dieser Politiker galt der Möglichkeit, daß in der Zukunft ein neuer Hitler auftreten könne.[25]

Im Zusammenhang mit dem beginnenden Kalten Krieg ist auch die

---

[23]) Vgl. Reinhold Maier, Ein Grundstein wird gelegt. Die Jahre 1945–1947. Tübingen 1964, S. 360f.
[24]) Vgl. a.a.O. S. 362. – Anderson kam dem württembergisch-badischen Ministerpräsidenten Reinhold Maier in der schweren Zeit wie eine „Lichtgestalt" vor. (vgl. ebd.).
[25]) Vgl. a.a.O. S. 298f. – Nähere Angaben über die bereits im August 1945 beginnende Entschärfung der Wirtschaftsbestimmungen der amerikanischen Direktive JCS 1067 sind zu finden bei John H. Backer, Die Entscheidung zur Teilung Deutschlands. Die amerikanische Deutschlandpolitik 1943–1948. München 1981, S. 101f.

Kongreßbotschaft Trumans vom 12. März 1947 zu sehen, in der er seine Doktrin der Eindämmungspolitik verkündete.

Für den künftigen Aufschwung der westdeutschen Wirtschaft von eminenter Bedeutung war der Wirtschaftsplan, den der US-Außenminister George C. Marshall am 5. Juni 1947 in einer Rede vor der Harvard-Universität verkündete. Von der amerikanischen Hilfe profitierten auch die drei westlichen deutschen Besatzungszonen, vertreten durch ihre Militärgouverneure. Dazu erläutert der Albrecht-Bericht (1949): „Von entscheidender Bedeutung für den deutschen Anteil an dem ERP ist das sog. Watchdog-Committee des Kongresses, dessen voller Titel Joint Committee on Foreign Economic Cooperation lautet."[26] Dieses Komitee wurde durch Herter initiiert. Der Leiter seines Expertenstabes war der frühere Abgeordnete aus Illinois, Mr. Charles Dewey. Dieser hat „im Laufe des letzten Jahres außerordentliches Verständnis für die deutschen Verhältnisse bewiesen und sich z. B. in der demokratischen Frage in sehr starkem Maße für uns eingesetzt. Er ist heute als einer der für uns wichtigsten Leute in Washington zu werten, . . ."[27] Auch der Deutschland-Sachverständige in Dewey's Expertenstab, Dr. Roy Bullock, hat „sich im letzten Jahr in sehr verständiger und konstruktiver Weise in allen Deutschland betreffenden Fragen verhalten".[28] Allerdings ist zu beachten, daß der im November 1948 gewählte 81. Kongreß wieder eine demokratische Mehrheit besaß und eine für Deutschland weniger günstige Zusammensetzung aufwies als der 80. Kongreß. Als besonders nachteilig war die neue Zusammensetzung des auswärtigen Ausschusses des Senats anzusehen, griff doch dessen Vorsitzender Connally auf die Konzeption Roosevelts zurück. Demgegenüber behandelte der auswärtige Ausschuß des Repräsentantenhauses unter dem Vorsitz von John Kee aus West-Virginia das Deutschlandproblem vorurteilslos. Zum Expertenstab dieses Ausschusses gehörten u. a. drei Persönlichkeiten, die der Harvarder Professor Elliott ausgewählt hatte und die sich den deutschen Problemen gegenüber als besonders aufgeschlossen erwiesen: George Pettee und Burton Marshall, die beide früher in Harvard lehrten, sowie Oberst Easton.

Karl Albrecht differenziert in seinem Bericht sehr genau zwischen den

---

[26] *Bundesarchiv*, Akten des Deutschen Büros für Friedensfragen Z 35/349, Bl. 119 (Rückseite).
[27] Ebd.
[28] Ebd.

unterschiedlichen Motiven für eine pro-deutsche Haltung mancher Abgeordneter und Senatoren: „Unter deutschlandfreundlichen Kongreßmitgliedern ist es gut, eine klare Entscheidungslinie zu machen zwischen denen, deren Deutschfreundlichkeit rein innerpolitisch motiviert ist oder auf sturen isolationistischen Gefühlen beruht, und jenen, die aus wirklicher Kenntnis der Tatsachen zu einer positiven Einstellung gegenüber Deutschland gekommen sind. Zu den letzteren gehört in allererster Linie die hervorragende und sehr mutige Abgeordnete, Mrs. Katharine St. George, die in Berlin auf die Schule gegangen ist. ... In eine besondere Kategorie fallen einige südländische Senatoren, die ... aus einer Mischung von wirtschaftlichem Interesse (Baumwolle) und kaum verhaltenen antisemitischen Ressentiments sich in den letzten Jahren sehr stark in einem pro-deutschen Sinne exponiert haben."[29] Die Beachtung der unterschiedlichen Motivation der Deutschfreundlichkeit von Kongreßmitgliedern dürfte schon deshalb für eine künftige deutsche Außenpolitik von Bedeutung gewesen sein, da z. B. eine Haltung gegenüber einem fremden Staat, die lediglich auf innenpolitischen Interessen beruhte, einem ständigen Wandel unterliegen konnte – je nach Veränderung der inneramerikanischen Konstellation. Verlaß konnte nur auf diejenigen Politiker sein, deren Einstellung auf profunder Kenntnis der deutschen Situation beruhte. Doch neben den Politikern selbst kam – wie Albrecht klar erkannte – auch deren Beratern, Sekretären und Experten eine wichtige Rolle hinsichtlich der Meinungsbildung über Deutschland zu. „In ganz hervorragender Weise haben sich in einem deutschfreundlichen Sinne Mr. und Mrs. John Crane in den letzten Jahren bewährt, die beide in dem Büro von Senator Malone arbeiten."[30] Dieses Ehepaar kannte Deutschland aus eigener Anschauung, war kurze Zeit in der amerikanischen Militärregierung in Berlin tätig gewesen, besaß viele deutsche Freunde und zeigte „ein sehr lebhaftes und einsatzbereites Interesse an allen deutschen Problemen".[31] Dies konnte für die Deutschen um so nützlicher sein, als beide sehr gute Kontakte zu den verschiedensten politischen Kreisen Washingtons, vor allem zu Kongreßmitgliedern, unterhielten.

Der Albrecht-Bericht fährt in seiner differenzierenden Darstellung der

---

[29]) A.a.O. Bl. 120.
[30]) Ebd.
[31]) Ebd. – Vgl. bezüglich der privaten Bemühungen des Ehepaars Crane zugunsten Deutschlands Kapitel I, 1, a) dieses Buches.

amerikanischen Haltung gegenüber Deutschland fort: „Auf der politischen Rechten waren in den letzten drei Jahren die wenigsten Feinde und die meisten Freunde Deutschlands zu finden. Republikanische Senatoren und Abgeordnete sowie südländische Demokraten haben in hervorragender Weise zur Bekämpfung des Morgenthau-Planes beigetragen. Ebenso ist die amerikanische Industrie und Geschäftswelt (im Gegensatz zu ihrem englischen Gegenüber) an einer Wiederbelebung der deutschen Wirtschaft durchaus interessiert. Zum Beispiel war noch 1945 die amerikanische Werkzeugmaschinenindustrie aus Konkurrenzgründen dem Morgenthau-Plan verschrieben; heute lehnt sie ihn vollständig ab. Die amerikanische Stahlindustrie hat noch vor zwei Jahren eine Begrenzung der deutschen Stahlquote auf ungefähr 10 Millionen Tonnen befürwortet; heute wäre ihr eine deutsche Produktion von 20 Millionen Tonnen viel lieber, schon deshalb, weil sie zu Hause unter starkem Druck von Regierung und öffentlicher Meinung steht, zur Befriedigung eines vorübergehenden Spitzenbedarfs eine ihr ungesund erscheinende Kapazitätserweiterung vorzunehmen. Amerikanische Finanzkreise sind heute fast ausnahmslos von der Notwendigkeit des europäischen und damit des deutschen Wiederaufbaues durchdrungen und erwägen bereits wieder die Möglichkeit von evtl. von der amerikanischen Regierung zu garantierenden Krediten an die deutsche Wirtschaft. Solche Erwägungen sollen vor allem von der Chase National Bank und von der Firma Brown Brothers, Harriman angestellt werden."[32] Berücksichtigt man die starke Verflechtung von Lobby und politischer Repräsentanz bzw. Führung in den USA, so wird die Bedeutung, die der Vorteil amerikanischer Wirtschaftskreise zugleich für den Wiederaufstieg der deutschen Wirtschaft haben konnte, besonders deutlich.

Der Kriegszustand mit Deutschland wurde allerdings seitens der USA

---

[32] *Bundesarchiv*, Akten des Deutschen Büros für Friedensfragen Z 35/349, Bl. 123. – Zur Frage der deutschen Wiederbewaffnung erklärte James P. Warburg am 20. Juli 1948, es scheine ihm, daß jetzt, nach der Warschauer Konferenz, die Möglichkeit bestehe, den „törichten Wettlauf der Sieger um die Gunst Deutschlands zu beenden und den Anfang mit einer ganz Deutschland umfassenden Regierung zu machen". Mit dieser könne man ggf. einen Vertrag abschließen. Darüber hinaus trat Warburg für die Neutralität Europas ein, womit er allerdings in Gegensatz zu jener angelsächsischen Richtung geriet, welche die Truman-Doktrin und den Marshallplan als „untrennbare Teile einer einheitlichen Politik" ansahen und die Einbeziehung Westdeutschlands in Westeuropa forderten. (BA, Z 35/574, Bl. 61.)

und der anderen Westmächte noch bis 1951 aufrechterhalten, jedoch vornehmlich aus Gründen der Administrationsvereinfachung, denn solange der Kriegszustand herrschte, war die amerikanische Regierung aufgrund allgemeiner Vollmachten, die der Kongreß ihr erteilt hatte, für Entscheidungen über Deutschland zuständig. Diese Entscheidungen konnten sehr viel schneller getroffen werden als auf dem komplizierten, nach Aufhebung des Kriegszustandes erforderlichen regulären Weg durch beide Häuser des Kongresses.[33]

Wie ernst es der amerikanischen Regierung mit der Wahrung der eigenen Interessen in Deutschland und der Wahrnehmung der Schutzfunktion für ihr Besatzungsgebiet war, zeigte die Einrichtung der Luftbrücke nach Berlin, nachdem die Sowjets die Blockade über die Westsektoren dieser Stadt verhängt hatten.

c) Die Haltung der wichtigsten amerikanischen Presseorgane gegenüber Deutschland

Die Bedeutung der Presse für die Bildung der öffentlichen Meinung in einem demokratisch regierten Land, wie den USA, kann gar nicht genug hervorgehoben werden, besteht doch eine Wechselwirkung zwischen Massenmedien und government im weitesten Sinne, analog dem Regelkreis von input, output und feedback. Da das Fernsehen in den ersten Nachkriegsjahren noch wenig Bedeutung besaß, waren Presse und Rundfunk maßgebend nicht nur als Spiegel, sondern auch als Erzeuger und Vermittler öffentlicher Meinung. Daher bemüht sich Karl Albrecht um eine sorgfältige Analyse der wichtigsten amerikanischen Presseorgane vornehmlich aus dem Bereich von New York und Washington:

Die Leitartikel der *New York Times* zeigten eine pro-deutsche Tendenz, während der Sonntagsteil und die Buchbesprechungen am Morgenthau-Plan orientiert waren. Der Nachrichtendienst aus Deutschland war unzuverlässig.

Der Leitartikler der *New York Herald Tribune* verriet eine ausgeprägt pro-französische Einstellung, während der Besitzer aus seiner positiven Haltung gegenüber Deutschland kein Hehl machte.

Die republikanische *New York Sun* zeigte Aufgeschlossenheit für deutsche Angelegenheiten.

New York Post und *New York Star* allerdings waren zionistisch

---

[33]) Vgl. Konrad Adenauer, a.a.O. S. 265.

geprägt und befürworteten die Morgenthau-Politik. Die *New York Post* hatte sogar ihren Deutschlandberichterstatter Kendall Fors wegen seiner deutschfreundlichen Haltung entlassen und weigerte sich, die pro-deutschen Artikel der bekannten amerikanischen Schriftstellerin Dorothy Thompson, die als Auslandskorrespondentin 1920–1924 in Wien und 1924–1934 in Berlin gearbeitet hatte, weiterhin zu drucken.

Die *Washington Post* charakterisiert der Albrecht-Bericht als zum Teil jüdisch geprägt und zwischen Neutralität und Übelwollen schwankend.

Sowohl *Times-Herald* als auch *New York Daily News* und *Chicago-Tribune* befürworteten eine ausgeprägt isolationistische Politik und kritisierten daher oft die offizielle Deutschlandpolitik der amerikanischen Regierung in einem für Deutschland günstigen Sinn. Allerdings forderten sie die sofortige Aufhebung der Berliner Luftbrücke und des Marshall-Plans.

In den dreißiger Jahren hatten sich die *Washington Daily News* sehr deutschfreundlich gezeigt, da sie das Hitler-Regime damals noch befürworteten. Während des Krieges erfolgte aber ein Wandel der Haltung. Auch nach Kriegsende behielt die Zeitung ihre Ablehnung gegenüber Deutschland bei. Zugleich publizierte sie aber auch scharf anti-russische Artikel.

Auch der republikanisch geprägte *Evening Star* machte aus seiner anti-russischen Einstellung kein Hehl, verhielt sich aber Deutschland gegenüber konzilianter, vernünftiger, oft sogar freundschaftlich.

Die Artikel der *Baltimore Sun* über Deutschland enthielten teils unfreundliche, teils halbwegs positive Bemerkungen.

Der außenpolitische Redakteur des *Christian Science Monitor*, ein amerikanischer Jude, hatte in der Brüning-Zeit als Korrespondent in Berlin gearbeitet, kannte also das Deutschland vor der Hitler-Diktatur, wußte um die Hintergründe und Ursachen des Niedergangs der Weimarer Republik und bemühte sich daher nach dem Kriege um eine sachliche Darstellung der Vorgänge im besiegten Deutschland.[34]

Wie Karl Albrecht in seinem Bericht weiter ausführt, standen „in vorderster Reihe im Kampf gegen die Demontagen" die Rundfunk-Kommentatoren Felix Morley, ein Quäker, Republikaner und Kenner Europas, sowie Fulton Lewis und H. von Kaltenborn, der einer deutschen Adelsfamilie entstammte. Morley stand Herbert Hoover und

---

[34]) Vgl. *Bundesarchiv*, Akten des Deutschen Büros für Friedensfragen Z 35/349, Bl. 120 (Rückseite) und Bl. 121.

Senator Taft nahe. „Ihm ist es z. B. zu danken, daß die Leistungen der deutschen Widerstandsbewegung zum erstenmal in der amerikanischen Presse gewürdigt wurden."[35] Allerdings vertrat er auch gewisse isolationistische Tendenzen.

Die Journalisten Constantine Brown sowie Josef und Stewart Alsop waren vor allem anti-russisch eingestellt, woraus sich gelegentlich eine gewisse pro-deutsche Tendenz ergab.

Die *News Week* wandte sich hauptsächlich gegen die Demontagen.

Die *Saturday Evening Post,* mit einer Auflage von 3 Millionen ein verbreitetes Blatt, trat in den Jahren 1946–48 für eine vernunftbestimmte Politik gegenüber Deutschland ein, veröffentlichte aber seit Herbst 1948 kaum noch Stellungnahmen zur Deutschlandpolitik.

Seit 1948 bekundete *Reader's Digest* eine „offen konstruktive Einstellung gegenüber Deutschland". Bald darauf erschien auch eine deutsche Ausgabe dieses Magazins in Deutschland, die aber unter dem Einfluß der Militärregierung stand.[36]

Der Albrecht-Bericht nennt noch einige kleinere Zeitschriften, die sich den deutschen Problemen gegenüber offen zeigten, so z. B. *Human Events* in Washington, herausgegeben von dem bereits erwähnten deutschfreundlichen Rundfunk-Kommentator Felix Morley, die in Chicago erscheinende, protestantisch geprägte Zeitschrift *The Christian Century*, die New Yorker Jesuitenzeitschrift *America* und die in New York erscheinende, arbeiterfreundliche, gewerkschaftlich und sozialdemokratisch geprägte, antikommunistische Wochenschrift *The New Leader*, die sich vor allem gegen Demontagen in Deutschland aussprach.[37]

Da die Presse in den USA sehr wichtig ist, weist Albrecht auf die große Bedeutung von Freunden unter den Journalisten hin, die in der Lage seien, die Deutschen gegen unfaire publizistische Angriffe in Schutz zu nehmen.

d) Kontakte deutscher Persönlichkeiten mit Amerikanern

In dieser Untersuchung können nur wenige entsprechende Kontakte herausgegriffen werden, die ausdrücklich belegt sind. Daneben hat es vermutlich weitere wichtige Einflußmöglichkeiten deutscher Politiker

---

[35]) A.a.O. Bl. 121 (Rückseite).
[36]) Vgl. a.a.O. Bl. 122.
[37]) Vgl. ebd. (Rückseite).

und Verwaltungsfachleute auf die Militärregierung gegeben, man denke nur an die Mitglieder des Länderrats der amerikanischen Besatzungszone und die ihnen gegenüberstehenden amerikanischen Verbindungsoffiziere.

Da es bis 1949 noch keine deutsche Regierung gab, waren die Ministerpräsidenten der deutschen Länder in den Besatzungszonen die wichtigsten offiziellen Ansprechpartner der Militärregierungen. „Die gesamte Verantwortung für die Staatsverwaltung gegenüber der Besatzungsmacht trug der Ministerpräsident."[38] Der damalige bayerische sozialdemokratische Ministerpräsident Wilhelm Hoegner, der zeitweilig auch als Justizminister fungierte, äußert sich besonders anerkennend über die amerikanischen Generale Truscott und Muller. General Muller vertrat bayerische Sonderwünsche gegenüber dem amerikanischen Militärgouverneur, General Clay. Hoegner nahm, wie Reinhold Maier und Professor Geiler, an den Gesprächen mit Herbert Hoover teil, deren Ergebnisse in den schon erwähnten Bericht der Hoover-Kommission einflossen und wichtige Konsequenzen im Hinblick auf eine Versachlichung des amerikanischen Urteils über die Situation in Deutschland hatten. Den amerikanischen Professor Dorn, einen Berater Eisenhowers, bezeichnete Hoegner sogar als seinen Freund. Reinhold Maier, der seit dem 19. September 1945 das Amt des Ministerpräsidenten des damaligen Landes Württemberg-Baden innehatte, war von den pro-deutschen Anstrengungen und dem historischen Verständnis des amerikanischen Colonels William W. Dawson so beeindruckt, daß er ihm sein Buch über die Jahre 1945–1947 widmete. Dawson lebte von 1892 bis 1947, war Professor der Rechte an der Western Reserve University in Cleveland/Ohio und arbeitete in Deutschland als Direktor der Militärregierung in Württemberg-Baden und als Leiter des Länderrats in Stuttgart. Maier beschreibt anschaulich eine Fahrt zu den historischen Stätten der Stauferzeit, die er auf Wunsch Dawsons mit diesem gemeinsam unternahm. Sie benutzten dazu einen deutschen Wagen, damit das Unternehmen nicht so auffiel, denn damals bestand für die Amerikaner noch das Fraternisierungsverbot. Dawson deutete auch an, „... daß er wegen seiner unverhüllt positiven Politik gegenüber den Deutschen bei den amerikanischen Spitzen schon Kritik und mehr zu hören bekommen hatte".[39]

---

[38]) Wilhelm Hoegner, a.a.O. S. 192.
[39]) Reinhold Maier, a.a.O. S. 128.

Auch Konrad Adenauer berichtet im ersten Band seiner Memoiren über seine sehr guten Kontakte zu den Offizieren der amerikanischen Besatzungsmacht, die ihn unmittelbar nach Kriegsende wieder in sein Amt als Oberbürgermeister von Köln einsetzten, aus dem er dann nach Abzug der Amerikaner durch die Engländer wieder entfernt wurde. Er galt in den Augen der Amerikaner als besonders vertrauenswürdig und stand auf ihrer Weißen Liste als Nr. 1 für Deutschland.[40] Adenauer bezeichnet die Amerikaner, mit denen er damals Kontakt hatte, unter ihnen den Kommandanten von Köln, Lt. Col. R. L. Hyles, als „durchweg kluge und vernünftige Männer".[41] – Eine besonders wichtige Begegnung hatte Adenauer als Bundeskanzler Anfang November 1949, also kurz nach Gründung der noch nicht souveränen Bundesrepublik Deutschland, mit dem amerikanischen Außenminister Dean Acheson. Acheson war der erste große Staatsmann, der Adenauer als Bundeskanzler aufsuchte, zu einem Zeitpunkt, als die deutsche Außenpolitik offiziell noch in den Händen der alliierten Hohen Kommissare lag. Daher nahm der amerikanische Hohe Kommissar McCloy an der Besprechung teil, während deutscherseits die Herren Blankenhorn und von Herwarth zugegen waren. Gesprächsthemen waren u. a. die deutsche Forderung nach einer Revision der Demontagelisten, das Flüchtlingsproblem, die Arbeitslosigkeit, die Wirtschaftsmisere, der Zusammenschluß Europas sowie der Verlauf der Außenministerkonferenz der drei Westmächte in Paris vom 9. und 10. November 1949. Adenauer urteilt wörtlich: „Dean Acheson verdanken wir sehr viel. Er war und ist ein besonders kluger und weitblickender Mann. Er erkannte die Bedeutung Europas und die Bedeutung Deutschlands für Europa."[42]

Die konkreten Auswirkungen der Kontakte deutscher Persönlichkeiten mit politisch verantwortlichen Amerikanern können infolge des geringen historischen Abstands hier noch keine definitive Beurteilung erfahren, denn es ist diffizil, die Steuerungsfunktion der den damaligen Entscheidungen der US-Politik zugrundeliegenden, äußerst komplexen Faktoren transparent zu machen. Der Kalte Krieg, der Wille der Super-

---

[40]) Vgl. Konrad Adenauer, a.a.O. S. 23.
[41]) A.a.O. S. 20.
[42]) A.a.O. S. 265. In diesem Zusammenhang sei darauf hingewiesen, daß der spätere amerikanische Außenminister John Foster Dulles bereits während der Amsterdamer Weltkirchenkonferenz von 1948 entschieden für eine Vereinigung Europas eingetreten war, die der Erhaltung der europäischen christlichen Tradition dienen sollte. (Vgl. Konrad Adenauer, a.a.O. S. 211).

mächte zur Schaffung und Konsolidierung zweier Machtblöcke mit dem Ziel der Selbstbehauptung und ggf. auch Schwächung oder gar Niederringung des Kontrahenten, die weltweite Interdependenz infolge immenser Steigerung der technischen Potenzen lassen den Spielraum der Einflußmöglichkeiten von Vertretern des besiegten und besetzten Deutschlands gering erscheinen. Es läßt sich sogar die Auffassung vertreten, die den Deutschen – jeweils für Gegenleistungen[43] – gewährten Zugeständnisse seien für die Sieger zur eigenen Interessenvertretung im Zuge des Kalten Krieges ohnehin unvermeidlich gewesen. Dem ist allerdings entgegenzuhalten, daß es deutschen Staatsmännern, wie vor allem Konrad Adenauer, gelungen ist, den Amerikanern immer wieder diese ihre eigenen Interessen und die Korrelation zwischen ihrer sinnvollen Wahrnehmung und dem Wiederaufbau sowie der Gleichberechtigung des westlichen Teiles Deutschlands verdeutlicht zu haben. Auch die Bemühungen um eine partielle europäische oder gar nordatlantische (NATO) Integration sollten der Aufhebung von Gegensätzen in einem höheren Ganzen dienen.

2. Franzosen und Deutsche

Die Analyse der politischen und menschlichen Situation in Frankreich nach der Befreiung 1944 erweist sich als äußerst diffizil. Es gab bei Kriegsende in Frankreich nicht nur Menschen, die unter der deutschen Besatzung gelitten hatten, sondern auch jene vielen, später als Kollaborateure diffamierten Personen, die sich mit dem deutschen Regime arrangiert, mit ihm zusammengearbeitet und dabei ein ganz erträgliches Leben geführt hatten. Viele dieser Kollaborateure wurden unmittelbar nach der Befreiung ihrer Heimat von fanatisierten Landsleuten, die sich zur Résistance zählten, von deren Führung (de Gaulle) aber nicht unter Kontrolle gehalten werden konnten, mißhandelt und brutal erschlagen.[44] Daraus darf man allerdings keineswegs den voreiligen Schluß ziehen, die

---

[43]) Vgl. z.B. Carlo Schmid, Die Außenpolitik der Machtlosen. In: Ders., Politik muß menschlich sein. Politische Essays. Bern und München 1980, S. 355f. sowie Thilo Vogelsang, Das geteilte Deutschland. 9. Aufl. München 1978, S. 123 u. 133.

[44]) Nach Schätzungen sollen bei diesen „Säuberungsaktionen" 30 000–40 000 Menschen ums Leben gekommen sein. Vgl. Ernst Weisenfeld, Frankreichs Geschichte seit dem Krieg. Ereignisse, Gestalten, Hintergründe 1944–1980.

Résistancebewegung habe eine Einheit gebildet und sei insgesamt deutschfeindlich eingestellt gewesen. Im ersten Jahr der Besetzung durch die Deutschen fand der Nationalsozialismus in Frankreich in der Bevölkerung sogar breite Zustimmung. Viele der überzeugten Anhänger der Europapolitik Briands stellten sich dem Vichy-Regime zur Verfügung, da sie glaubten, durch eine Zusammenarbeit mit den Deutschen der europäischen Einigung näher zu kommen. Die französischen Kommunisten riefen damals – bevor der deutsche Angriff auf Rußland begonnen hatte – ohnehin ihre Anhänger zur Deutschfreundlichkeit auf. Erst als das Hitler-Regime sich – durch die Vorgänge in Elsaß-Lothringen und durch die Aktionen der SS im Rücken der regulären Truppen, seit Februar 1942 auch durch die Judendeportationen – zu demaskieren begann, bildeten sich ab Herbst 1941 die ersten ernstzunehmenden, nichtkommunistischen Widerstandsgruppen. Sie betonten jedoch nicht den nationalen Gegensatz zwischen Franzosen und Deutschen, sondern wandten sich lediglich gegen die als inhuman erkannten Intentionen und Methoden des Nationalsozialismus.[45] In der ersten gedruckten Untergrundzeitung, die im Oktober 1940 im Elsaß erschien, wurde klar zwischen dem Nationalsozialismus und dem deutschen Volk differenziert und sogar das Postulat aufgestellt, nach Beendigung des Krieges diesem deutschen Volk als erstes die Hand zu reichen.[46] Als nach dem Einmarsch deutscher Truppen in die Sowjetunion die französischen Kommunisten die Abkehr von der Kollaborationspolitik und die entschiedene Hinwendung zum Widerstand vollzogen hatten, formulierten

---

München 1980, S. 26 sowie den 3. Band des Werkes von Robert A r o n , Histoire de l'Epuration. Paris 1967–1975.

[45]) Vgl. Walter L i p g e n s , Europa-Föderationspläne der Widerstandsbewegungen 1940–1945, S. 178f.: „Die Resistance-Gruppen begannen sich erst zu formieren, als das Wesen der Diktatur Hitlers erkannt wurde, nicht primär als nationale Reaktion gegen fremdnationale Eroberung, sondern als politisch-weltanschauliche Reaktion gegen die Prinzipien des Nationalsozialismus, unter Berufung nicht auf nationale, sondern auf weltanschauliche Titel."

[46]) Vgl. dazu die Anmerkung 6 bei Walter L i p g e n s , a.a.O. S. 139: „Die erste gedruckte Untergrundzeitung überhaupt, deren Nr. 1 im Oktober 1940 bis Paris gedrungen war, der ‚Pantagruel' des elsässischen Musikverlegers Raymond Deiss, hat immer wieder dargelegt, der Nationalsozialismus als Weltanschauung, der Rassismus mit seinem Kampf gegen die Juden, Kirchen und Menschenrechte, wie er sich im Elsaß demaskiere, sei der Gegner, nicht das deutsche Volk; diesem müsse Frankreich am Tage des Sieges als erstes die Hand reichen, um es in die europäische Gemeinschaft zurückzuführen."

1943 die nichtkommunistischen Résistancegruppen[47] ihre außenpolitischen Zukunftsziele, wobei alle die Überwindung des europäischen Nationalstaatensystems als eigentlicher Kriegsursache forderten und eine europäische Föderation mit supranationalen Institutionen ins Auge faßten, worin auch Deutschland seinen Platz erhalten sollte. Es war diesen Männern schon damals klar, daß die Zukunft Europas von der vernünftigen Gestaltung des deutsch-französischen Verhältnisses abhängen würde. Die bedeutendste Widerstandsgruppe im südlichen Teil Frankreichs war der hauptsächlich aus Links-Katholiken und Rechts-Sozialisten bestehende „Combat" mit Henri Frenay an der Spitze. Frenay hatte im November 1942 als Sprecher aller Résistancegruppen des südlichen Landesteils vergeblich versucht, de Gaulle in London von der Notwendigkeit eines künftigen europäischen Zusammenschlusses zu überzeugen.[48] Frenay und seine Freunde waren zu der Einsicht gelangt, die Fehler des Versailler Vertrages seien für den Aufstieg des Nationalsozialismus in Deutschland verantwortlich und dürften daher künftig nicht wiederholt werden. In der Nr. 55 der Untergrundzeitung „Combat" vom März 1944 erschien ein von Claude Bourdet, dem späteren linkssozialistischen Politiker, verfaßter Artikel mit der Feststellung, daß das Europa der Zukunft nicht ohne Deutschland aufzubauen sein werde. Der Verfasser fuhr fort, man dürfe dem einzelnen Deutschen das Leben nicht zu einem Leidensweg machen. Allerdings erhob er dann die Forderung, Deutschland innerhalb der aufzubauenden europäischen Föderation mit supranationalen Hoheitsrechten zunächst für einige Jahre unter Kuratel zu stellen, um eine Erziehung der deutschen Kinder zur Achtung vor dem Menschen zu gewährleisten. Besonders fair ist sein ehrendes Gedenken an die Opfer des deutschen Widerstandes.[49]

Nach der Befreiung durch amerikanische und britische Truppen im Sommer 1944 lag die Macht in Frankreich jedoch nicht bei den europäisch gesinnten nichtkommunistischen Widerstandsgruppen, sondern in den Händen des strikt national eingestellten Generals de Gaulle, der

---

[47]) Eine Aufstellung dieser Gruppen findet sich bei Walter L i p g e n s, a. a. O., S. 180 f.

[48]) Vgl. Walter L i p g e n s, a. a. O., S. 182, Anm. 11. – Zur Kritik Frenays an der französischen Besatzungspolitik gegenüber Deutschland vgl. Kap. I, 2, c dieses Buches.

[49]) Vgl. Walter L i p g e n s, a. a. O. S. 236–238 sowie Gilbert Z i e b u r a, Die deutsch-französischen Beziehungen seit 1945. Mythen und Realitäten. Pfullingen 1970, S. 29 f.

außenpolitisch bei den inzwischen betont nationalistisch und antideutsch argumentierenden französischen Kommunisten Unterstützung fand, insbesondere für seinen Moskau-Besuch im Dezember 1944, in dessen Verlauf er die Oder-Neiße-Linie anerkannte. Neben dieser Tatsache ist allerdings auch die völlig veränderte Situation Europas innerhalb der Weltpolitik nach dem 2. Weltkrieg für die Beurteilung der Ohnmacht der nichtkommunistischen Résistance zu berücksichtigen. Die europäischen Staaten hatten ihre Machtposition weitgehend an die beiden Supermächte verloren und waren nicht mehr Herr der Gestaltung der eigenen Zukunft, sondern mußten sich weitgehend den politischen und wirtschaftlichen Wünschen der Großmacht, in deren Einfluß- und Interessenbereich sie lagen, beugen. Beide Supermächte standen bei Kriegsende dem Gedanken einer europäischen Föderation ablehnend gegenüber und drängten, wenn auch aus unterschiedlichen Motiven, auf die Restauration der alten europäischen Nationalstaaten.[50] Eine supranationale europäische Zukunftslösung unter Einbeziehung Deutschlands ließ sich also hauptsächlich aus Gründen der weltpolitischen Interdependenz nicht verwirklichen.

Eine Umschichtung der sozialen Verhältnisse im Innern Frankreichs hatten die Nationalsozialisten nicht herbeigeführt, wie Roger Frankenstein nachweisen konnte.[51] In der letzten Kriegszeit war jedoch eine psychologische Erschwernis der französisch-deutschen Annäherung durch die Eskalation der durch die kommunistisch gelenkte „Front National" ausgeführten Attentate und die brutalen Vergeltungsmaßnahmen seitens der SS eingetreten; man denke nur an die Verbitterung, welche die Ermordung der unschuldigen Einwohner von Oradour auslöste. Umfragen in den Jahren 1945/46 ergaben, daß sich in der französischen Bevölkerung tiefe anti-deutsche Ressentiments gebildet hatten, verbunden mit starken Zweifeln an der Befähigung der Deutschen zur Überwindung des nationalsozialistischen Gedankenguts.[52] Daher ist es von besonderem Interesse, die ersten Schritte zu einer Annäherung

---

[50]) Vgl. Andreas Hillgruber, Europa in der Weltpolitik der Nachkriegszeit (1945–1963). 2., erg. Aufl. München 1981, S. 13f.

[51]) Vgl. Roger Frankenstein, Die deutschen Arbeitskräfteaushebungen in Frankreich und die Zusammenarbeit der französischen Unternehmen mit der Besatzungsmacht. In: Waclaw Dlugoborski (Hg.), Zweiter Weltkrieg und sozialer Wandel. Göttingen 1981, S. 211–223, hier: S. 219.

[52]) Vgl. Gilbert Ziebura, a.a.O. S. 40.

zwischen beiden Völkern, zu einer echten Aussöhnung, zu vergegenwärtigen und jene Initiativen darzustellen, die schließlich nach fast 20 Jahren einmündeten in den deutsch-französischen Vertrag von 1963. Dieser bekräftigt die deutsch-französische Freundschaft, welche uns heute einschließlich der Bewältigung des Erbfeindproblems so selbstverständlich erscheint, daß sich ein reger Jugendaustausch, Städtepartnerschaften und eine enge Zusammenarbeit der Politiker in Fragen der EG entwickelt haben.

a) Französische kirchliche Bemühungen um Völkerversöhnung

Einige führende Persönlichkeiten des französischen öffentlichen Lebens verfügten durchaus über politischen Weitblick, Besonnenheit, Maß und Zivilcourage und ließen sich nicht von augenblicklichen, verständlichen anti-deutschen Emotionen der Massen anstecken. Einer der mutigsten, klarsichtigsten, vorurteilslosesten Wegbereiter einer französisch-deutschen Versöhnung war der Bischof von Montauban, später von Tarbes und Lourdes, Pierre Marie Théas, dessen Name heute zu Unrecht in Deutschland fast in Vergessenheit geraten ist. Er gilt als der Begründer der internationalen Pax-Christi-Bewegung. Wie die Chronisten dieser Bewegung, Manfred Hörhammer, Jakob Brummet und Hermann Pfister, übereinstimmend berichten[53], wurde Bischof Théas im Sommer 1944 wegen seiner mutigen Predigten gegen die Judendeportationen von den Nationalsozialisten verhaftet, zunächst nach Toulouse, dann nach Compiègne gebracht, wo man ihn zusammen mit anderen Franzosen, meist Offizieren, in ein Lager steckte. Dort forderte er seine Mithäftlinge, denen die Deutschen z. T. schweres Leid durch Erschießung von Familienangehörigen zugefügt hatten, zur Feindesliebe auf und hielt sogar eine Messe für Deutschland. Als diese Mithäftlinge an demselben Tage, am 15. Juli 1944, nach Deutschland abtransportiert wurden, während er selbst als Geisel für die heranrückenden Amerika-

---

[53]) Vgl. P. Manfred Hörhammer, Pionierarbeit in den ersten Jahren. Die Erfahrungen von Krieg und Gefangenschaft führten zur Idee von Pax Christi. In: Hermann Pfister (Hg.), Pax Christi. Friedensbewegung in der Katholischen Kirche. Waldkirch 1980, S. 30–36; Jakob Brummet, Die Pax-Christi-Bewegung. Eine Skizze ihrer Geschichte. In: Hermann Pfister (Hg.), Pax Christi . . . S. 125–140; Hermann Pfister, Friede und Versöhnung durch Begegnung und Dialog. In: Ders. (Hg.), Pax Christi . . . S. 40–48.

ner zurückbleiben mußte, mahnte er seine Landsleute, dem deutschen Volke nicht zu fluchen, denn es gebe auch deutsche Mütter, die vom Leid gebeugt seien, auch in Deutschland habe man Männer und Söhne verloren, und in den Konzentrationslagern befänden sich auch deutsche Männer und Frauen des Widerstandes. Diese Würdigung des deutschen Widerstandes erinnert an den bereits erwähnten Artikel von Claude Bourdet im „Combat" vom März 1944. Die Glaubwürdigkeit des Berichtes der Chronisten über die hochherzigen Worte des französischen Kirchenführers in der Situation schlimmster Erniedrigung läßt sich erhärten durch den Hinweis auf seine späteren, nach Kriegsende erfolgten intensiven Bemühungen um Versöhnung zwischen Franzosen und Deutschen, die beachtliche Erfolge zeitigten, z. B. die Entlassung einer Anzahl deutscher Kriegsgefangener. Als Bischof Théas nach der Befreiung Frankreichs von Landsleuten aufgefordert wurde, einen Gebetskreuzzug für die Bekehrung Deutschlands vom Nationalsozialismus zu initiieren, lehnte er dezidiert ab, da ihm dies als eine pharisäische Aktion erschien. Statt dessen schlug er vor, zunächst einen Kreuzzug für die Bekehrung Frankreichs durchzuführen. Auch die Glaubwürdigkeit dieser Darstellung ist erwiesen durch eine Passage aus dem als schriftliches Dokument in einer Übersetzung vorliegenden Hirtenbrief des Bischofs zur Vorbereitung der ersten internationalen Wallfahrt von „Pax Christi" nach Lourdes vom 26.–30. Juli 1948, worin er jedes Pharisäertum auf seiten der Franzosen ablehnt.[54]

Am 10. März 1945, also nach der Befreiung Frankreichs, aber noch vor Beendigung des gesamten Krieges, unterzeichneten 40 französische Bischöfe den Aufruf des Bischofs Théas zum „Gebetskreuzzug zur Versöhnung mit Deutschland für den Frieden der Welt".[55] Flugblätter

---

[54]) In dem Hirtenbrief heißt es: „Jedes Volk soll an seine Sendung glauben, aber nicht an seine Überlegenheit. Franzosen, hüten wir uns davor, im Verlauf der nächsten internationalen Versammlung nach Art des Pharisäers im Evangelium zu beten: O Gott, ich danke Dir, daß ich Franzose, nicht bin wie die Deutschen oder die Italiener oder die Spanier." (Zeitschrift „Pax Christi", 1948/49, Heft 1, S. 10.)

[55]) Hermann Pfister, a.a.O. S. 42. – Vgl. Manfred Hörhammer, a.a.O. S. 30 und Jakob Brummet, a.a.O. S. 126. – Leider ist es nicht gelungen, ein Belegexemplar dieses Aufrufs ausfindig zu machen. Allerdings hat dann im Rahmen von „Pax Christi" unter der Führung des damaligen Erzbischofs von Bordeaux, Feltin, der später Kardinal von Paris und Leiter des Internationalen Büros der Bewegung wurde, offenbar doch, entgegen der Intention von Bischof Théas, ein „Gebetskreuzzug zur Bekehrung Deutschlands" stattgefunden. Dies

mit diesem Aufruf gelangten 1945 auch ins besetzte Deutschland, wurden abgeschrieben und vervielfältigt und gaben den Deutschen, die sie lasen, wieder Hoffnung. Aus dieser Initiative ging dann die internationale Friedensbewegung „Pax Christi" hervor, die noch heute Bestand hat. Schon 1947 empfing Théas, der inzwischen zum Bischof von Tarbes und Lourdes ernannt worden war, in Lourdes siebzehn von ihm eingeladene deutsche Pilger und umarmte sie öffentlich. Er reiste im April 1948 zum Ersten Internationalen Kongreß der Pax-Christi-Bewegung nach Kevelaer, wo er den dortigen Erstkommunionkindern die Entlassung ihrer kriegsgefangenen Väter ankündigen konnte.[56] In Kevelaer hatten sich ca. 20 000 Pilger versammelt. Théas bemühte sich gemeinsam mit anderen französischen Bischöfen intensiv um die Freilassung der deutschen Kriegsgefangenen in Frankreich, deren Zahl für 1948 noch mit über 200 000 angegeben wird. Auch der damalige päpstliche Nuntius in Frankreich, Roncalli, der spätere Papst Johannes XXIII., versuchte das Los dieser deutschen Gefangenen, insbesondere ihre Ernährungslage, zu

---

beweist der entsprechende, in französischer Sprache vorliegende dritte Rundbrief des Erzbischofs Feltin von 1945 (abgedr. in Hermann Pfister, Hg., a. a. O. S. 163), der u. a. auf die von den Nationalsozialisten verübten Greuel hinweist und betont, daß besonders die deutsche Jugend dem unheilvollen Einfluß der NS-Propaganda ausgesetzt gewesen sei.

[56]) Diese ergreifende Begebenheit ist belegt durch den Text der Ansprache des Bischofs vom 4. April 1948, in: Zeitschrift „Pax Christi", 1948/49, Heft 1, S. 4 ff. Darin heißt es u. a.: „Ich grüße das gesamte Deutschland und bringe ihm den Bruderkuß des christlichen Frankreichs, den Versöhnungskuß, der Verzeihung gewährt und Verzeihung sucht. Frankreich hat viel unter Deutschland gelitten. Ich will keine traurigen Erinnerungen wecken. Das christliche Frankreich, dessen Sprecher ich hier bin, bringt Deutschland seine Verzeihung und Liebe. Wir nehmen an seinem tiefen Schmerz darüber teil, daß noch immer mehr als zweihunderttausend Deutsche kriegsgefangen auf französischem Boden zurückgehalten werden. Wir bedauern, daß den Wünschen und Weisungen des Heiligen Vaters nicht restlos entsprochen wird und jene Unglücklichen nicht gleich entlassen werden. Die Kardinäle und die Erzbischöfe Frankreichs haben soeben in einer öffentlichen Erklärung die sofortige Freilassung der Kriegsgefangenen aufgrund des Familienrechtes, das keine menschliche Gewalt verletzen dürfe, gefordert. Ich freue mich, hier öffentlich sagen zu können, daß die französische Regierung den Angehörigen der Erstkommunikanten von Kevelaer die Freiheit gegeben hat. Hoffentlich ist diese schöne Geste das Vorspiel einer restlosen Freisetzung der deutschen Kriegsgefangenen auf französischem Boden. Es wäre das wirksamste Mittel, unsere beiden Völker zu einen und zur gemeinsamen Arbeit am Frieden zu führen."

verbessern. Obwohl die Zahl der französischen Bischöfe bedeutend größer ist als diejenige der deutschen und man daraus auf eine geringere Einflußmöglichkeit der einzelnen französischen kirchlichen Würdenträger schließen kann, hatten die Völkerversöhnungsaktivitäten vor allem des Bischofs Théas doch eine erstaunliche Ausstrahlungskraft und Breitenwirkung.

Vom 26. bis 30. Juli 1948 fand die erste Internationale Wallfahrt der Pax-Christi-Bewegung nach Lourdes statt, an der zehntausend Vertreter aus 26 Nationen, darunter 600 Deutsche, teilnahmen.[57] Entgegen ihren Befürchtungen wurden die Deutschen unterwegs in keiner Weise behelligt. In Lourdes empfing man sie wie Brüder. Bischof Théas ließ ihnen sogar finanzielle Unterstützung zukommen. Thema der Veranstaltung war der Frieden. Über die Zusammensetzung der Teilnehmer nach Alter, Herkunft, Beruf liegen zwar keine Angaben vor, jedoch gibt es einen Bericht über den Gemeinschaftsabend der Jugend vom 27. Juli 1948, an dem 2000–3000 Jugendliche aus verschiedenen Nationen – Deutsche, Franzosen, Engländer, Italiener, Spanier, Holländer, Malteser, Schweizer, Ukrainer – unter der Leitung von Joseph Folliet teilnahmen.[58] Berücksichtigt man, daß manche der jungen Leute schon als Soldaten den Krieg hatten kennenlernen müssen, so kann man in etwa die Bedeutung des Erlebnisses ermessen, ungezwungen mit jungen Menschen ehemaliger Feindnationen zusammenzusitzen und Volkslieder zu singen. Bei dieser Begegnung dürften Haß und Vorurteile abgebaut worden sein.

Mut und Hochherzigkeit beweist Bischof Théas auch durch seinen „Offenen Brief an einen politisch Deportierten" vom 1. November 1948, worin er, der selbst ein politischer Häftling gewesen war, die eindringliche Mahnung an einen ehemaligen französischen Widerstandskämpfer ausspricht, er habe nicht das Recht, andere ebenso zu behandeln, wie man ihn selbst behandelt habe. Als Opfer der Unterdrückung müsse er nun ein Apostel der Freiheit sein, als Opfer der Ungerechtigkeit müsse er ein Vorkämpfer der Gerechtigkeit auf allen Gebieten sein, als Opfer des Hasses müsse er ein Verbreiter der Nächstenliebe sein, als Opfer des

---

[57]) Vgl. Telegramm des Bischofs Théas vom 27. Juli 1948 an den Papst. In: Zeitschrift „Pax Christi", 1948/49, Heft 1, S. 9, und Hermann Pfister, a.a.O. S. 42f.

[58]) Vgl. X. Nicolas, Gemeinschaftsabend der Jugend (Dienstag, 27. 7. 1948) In: Zeitschrift „Pax Christi", 1948/49, Heft 1, S. 8f.

Krieges solle er der unerschrockene Verteidiger des sozialen, des internationalen Friedens sein. Der Bischof wendet sich couragiert gegen gewisse Fehlentwicklungen im Nachkriegsfrankreich, wie z. B. das Denunziantentum.[59]

Vom 21.–24. Juli 1949 fand die zweite Internationale Wallfahrt der Pax-Christi-Bewegung nach Lourdes statt. Diesmal waren ca. 30 000 Teilnehmer aus 37 Nationen erschienen, darunter wiederum ein deutscher Pilgerzug.[60] Aus dem Programm geht hervor, daß es englische, französische, ukrainische, deutsche, spanische, italienische und holländische Sprachgruppen gab.[61] Auch diese Veranstaltung war geprägt durch die Begegnung von ehemaligen Kriegsteilnehmern und Jugendlichen. Der nachhaltige Wert dieses Treffens dürfte kaum zu unterschätzen sein, zumal es damals noch kein Fernsehen gab, das Kenntnisse über andere Völker per Bildschirm hätte vermitteln können.

Besondere Aufmerksamkeit verdient die Informations- und Versöhnungsarbeit des französischen Jesuitenpaters Jean du Rivau, der sich bei Kriegsende als Militärgeistlicher der französischen Armee im Rheinland aufhielt und durch das brüderliche Verhalten eines französischen Sozialisten gegenüber deutschen kriegsgefangenen Arbeitern so beeindruckt wurde, daß er glaubte, als Christ in bezug auf Großherzigkeit gegenüber dem besiegten Feind einem Atheisten nicht nachstehen zu dürfen. Er gründete daher 1945 in Offenburg/Baden das Bureau International de Liaison et de Documentation. Seit 1945 brachte es zwei Zeitschriften heraus: „Dokumente" in deutscher Sprache und „Documents" auf Französisch. Die erstere sollte den deutschen Lesern Informationen über Frankreich vermitteln, die andere sollte den Franzosen Einblick in das Geschehen in Deutschland geben.[62]

Beide Zeitschriften enthielten unterschiedliche Texte, die jeweils aus

---

[59]) Vgl. Pierre Théas, Offener Brief an einen politischen Deportierten. In: Zeitschrift „Pax Christi", 1949, Heft 2, S. 6 f.

[60]) Vgl. Jakob Brummet, a.a.O. S. 129.

[61]) Vgl. Programmheft des II. Internationalen Pax-Christi-Kongresses in Lourdes vom 21.–24. Juli 1949. (Im Archiv des Deutschen Pax-Christ-Sekretariats, Frankfurt am Main).

[62]) Vgl. auch Alfred Grosser, Geschichte Deutschlands seit 1945. Eine Bilanz. 3. Aufl. München 1975, S. 86 und Gilbert Ziebura, a.a.O. S. 174. Man kann die Zeitschriften „Dokumente" und „Documents" neben den Zeitschriften „Allemagne" (1946–1968) und „Revue d' Allemagne" (seit 1969) als grundlegend für das Studium der deutsch-französischen Beziehungen bezeichnen.

dem Original in die andere Sprache übersetzt worden waren. Die französischen Leser der „Documents" vom August 1945 bis 1946 erhielten z. B. Kenntnis von Erklärungen führender deutscher katholischer und evangelischer Kirchenvertreter, wie Faulhaber, Gröber, Wurm und Thielicke. Der Freiburger Bischof Gröber setzte sich darin kritisch mit sieben Anklagepunkten bezüglich einer angeblichen deutschen Kollektivschuld auseinander. Die französischen Leser erfuhren auch Einzelheiten über den deutschen Widerstand gegen den Nationalsozialismus sowie über die Problematik der Entnazifizierung. Der evangelische Theologe Helmut Thielicke erläuterte die Haltung der Bekennenden Kirche im Dritten Reich, und der Franzose Roger Heckel schilderte seine positiven Eindrücke von einer Tagung der Katholischen Aktion in Frankfurt, wobei er die Hauptgedanken einer Rede von Walter Dirks wiedergab. – Die deutschen Leser wurden z. B. bereits im Novemberheft von 1945 durch einen Artikel von Jean Daniélou in sehr differenzierender Weise mit den wichtigsten geistigen Strömungen im damaligen Frankreich, dem Kommunismus, dem Existentialismus und dem Christentum sowie ihren Hauptvertretern vertraut gemacht. Darüber hinaus wurden den deutschen Lesern vor allem an die christliche Soziallehre anknüpfende Forderungen des französischen Episkopats zur französischen Innen-, Familien- und Schulpolitik zugänglich gemacht. Besonders erfreulich war ein in Heft 6, 1946, abgedruckter Artikel des Franzosen J. Doyen, der zuerst im Januar 1946 in der Zeitschrift „La Vie Spirituelle" erschienen war. Darin rühmte Doyen die Hilfsbereitschaft deutscher Privatleute im Rheinland gegenüber französischen Kriegsgefangenen und Arbeitsdienstpflichtigen während des Krieges, so daß dieser Artikel wie die Abstattung eines Dankes erscheint. Die deutsche Ausgabe der „Dokumente" enthielt auch Informationen über die USA und die Sowjetunion sowie über Japan. – Das Büro organisierte Begegnungen und Kontakte und wirkte so erfolgreich, daß, wie der erste deutsche Botschafter nach dem Kriege in Paris, Wilhelm Hausenstein, in seinen Memoiren mitteilt, der damalige Chef des Bundeskanzleramtes, Globke, dieser Arbeit finanzielle Unterstützung gewährte.[63] Später wurde Jean du Rivau durch den deutschen Bundespräsidenten Heuss mit dem Großen Verdienstkreuz ausgezeichnet. Der Bundespräsident ehrte

---

[63]) Vgl. Wilhelm Hausenstein, Pariser Erinnerungen. Aus fünf Jahren diplomatischen Dienstes 1950–1955. 3. Aufl. München 1961, S. 15.

den Franzosen auch durch eine Ansprache auf der 1955 stattfindenden 10-Jahres-Feier der Gesellschaft für übernationale Zusammenarbeit im Gürzenich zu Köln. Am 24. Oktober 1956 erhielt Jean du Rivau als erster in einer feierlichen Sondersitzung der Beratenden Versammlung des Europarates in Straßburg in Anerkennung seiner Verdienste den von der Hamburger F.V.S.-Stiftung ausgesetzten Europa-Preis. In der Urkunde heißt es, der Preis wurde verliehen „dem hochwürdigen Pater Jean du Rivau, dem hochverdienten Kämpfer für konkrete vom Geiste und von der Berufsarbeit her bestimmte deutsch-französische Verständigung; dem Manne, der unmittelbar nach Kriegsende ans Werk ging, in wahrhaft christlichem und europäischem Geiste zu helfen und zu versöhnen; dem Gründer und Direktor der Gesellschaft für übernationale Zusammenarbeit in Köln, der als Herausgeber der Doppelzeitschrift ‚Dokumente – Documents' ständig bestrebt war, die Beziehungen zwischen den beiden Völkern zu vertiefen und in gemeinsamer Arbeit ihr gegenseitiges Verständnis zu fördern".[64] Zu den Verdiensten Rivaus gehört u. a. die Organisation der Unterbringung tausender deutscher Flüchtlingskinder aus den Lagern in französischen Familien, wo sie als Feriengäste aufgenommen wurden.[65]

Erinnert sei noch an den Franzosen Joseph Folliet, der sich bereits nach dem Ersten Weltkrieg um eine französisch-deutsche Annäherung bemüht hatte und der die internationalen Jugendtreffen in Lourdes nach dem Zweiten Weltkrieg in geschickter Weise leitete.

Erwähnt sei auch noch der verdienstvolle Franzose Bernard Lalande, einer der führenden Köpfe der französischen Pax-Christi-Bewegung, der 1950 die Hauptziele dieser Organisation aufstellte.[66]

b) Initiativen privater französischer Organisationen

Einen besonderen Bekanntheitsgrad erlangten die Aktivitäten des 1948 auf Initiative des französischen Philosophen Emmanuel Mounier gegründeten Comité français d'Echanges avec l'Allemagne nouvelle. Seine Führungsspitze umfaßte Männer mit sehr unterschiedlichen politischen und religiösen Vorstellungen: Journalisten, Schriftsteller, Professoren und Politiker. Allen gemeinsam war das Gedankengut der Rési-

---

[64]) Zeitschrift Pax Christi Nr. 6, 1956, S. 12.
[65]) Vgl. ebd.
[66]) Vgl. Manfred Hörhammer, a.a.O. S. 35f.

stance mit dem Ziel der Schaffung einer europäischen Föderation unter Einbeziehung Deutschlands. Ihr Verdienst war die Organisation eines öffentlichen deutsch-französischen Gedankenaustausches, z. B. über die Situation der deutschen und französischen Jugend, über politische Institutionen oder über die Massenmedien sowie die Ermöglichung von Aufenthalten von Franzosen in Deutschland zwecks Begegnung mit Deutschen mit der Intention des Abbaues von Vorurteilen. Zur Vertiefung der Öffentlichkeitsarbeit erschien zusätzlich die Zeitschrift „Allemagne".[67]

Männer wie Raymond Aron, Claude Bourdet und Albert Béguin veröffentlichten Argumente für die Notwendigkeit der Schaffung eines integrierten Europas unter Einbeziehung Deutschlands. Die bedeutende Zeitschrift Le Monde druckte Beiträge von französischen Intellektuellen, die ebenfalls eine französisch-deutsche Annäherung auf der Basis eines Interessenausgleichs forderten.[68] Joseph Rovan, der selbst eine schlimme Zeit in Dachau verbracht hatte, warnte vor einer Politik der Vergeltung gegenüber Deutschland.[69]

Wie Walter Lipgens in seiner Untersuchung detailliert nachgewiesen hat, bildeten sich ab Herbst 1946 in den größeren Städten der nicht im sowjetischen Einflußbereich liegenden europäischen Staaten, also auch in Frankreich, anknüpfend an die außenpolitischen Ziele der Widerstandsgruppen, private Organisationen mit dem Ziel der Schaffung eines

---

[67]) Alfred Grosser urteilt in seinem Buch über die Geschichte Deutschlands seit 1945. Eine Bilanz, S. 87 wie folgt über die Arbeit dieses Komitees: „Damals konnte diese Art von Tätigkeit als nebensächlich erscheinen. Doch rückblickend entdeckt man, daß es dieses Austauschwerk war, das so etwas wie eine dauerhafte menschliche Infrastruktur in den französischen Beziehungen geschaffen und das in weitem Maß diesen Beziehungen jene Eigentümlichkeit mitgegeben hat, ohne die die europäische Politik der sechziger wie auch der fünfziger Jahre nicht erklärt werden kann. . .
Gleichzeitig trug die intellektuelle Präsenz Frankreichs in Deutschland dazu bei, den Appetit auf geistige Entdeckungen, der neben so vielen unangenehmen Erscheinungen eines der Merkmale jener Zeit in Deutschland war, ein wenig zu befriedigen."
[68]) Vgl. Wilfried L o t h , Die Franzosen und die deutsche Frage 1945–1949. In: Claus S c h a r f und Hans-Jürgen S c h r ö d e r (Hg.), Die Deutschlandpolitik Frankreichs und die französische Zone. Wiesbaden 1983, S. 37.
[69]) Vgl. Angelika R u g e - S c h a t z , Grundprobleme der Kulturpolitik in der Französischen Besatzungszone. In: Claus S c h a r f und Hans-Jürgen S c h r ö d e r (Hg.), a. a. O. S. 106.

vereinigten Europas mit supranationalen Institutionen.⁷⁰ Erst später wurden in Frankreich diese Vorstellungen durch die Politiker Jean Monnet und Robert Schuman unter dem Druck der veränderten außenpolitischen Verhältnisse aufgegriffen und in Anlehnung an das Konzept der Funktionalisten, die an ein gleichsam organisches Wachstum der europäischen Institutionen vom wirtschaftlichen über den militärischen bis hin zum politischen Bereich glaubten, durch Anregung der Gründung der Europäischen Gemeinschaft für Kohle und Stahl partiell realisiert. Bereits am 5. Mai 1949 konnte aus den Beschlüssen des Kongresses von Den Haag (7.–10. Mai 1948) die Gründung des Europarats hervorgehen, der dann seinen Sitz in Straßburg erhielt. Das Koordinationskomitee der französischen Föderalisten hatte sich, gemeinsam mit deutschen, italienischen, luxemburgischen, schweizerischen, niederländischen, belgischen und britischen Europaverbänden der am 15. Dezember 1946 gegründeten Union Européenne des Fédéralistes (U.E.F.) angeschlossen. Diese umfaßte damals ca. hunderttausend Mitglieder. Ihr Generalsekretär war bis zum 1. Juli 1947 Alexandre Marc, der dann von Raymond Silva abgelöst wurde. Vorsitzender des Exekutivkomitees war Dr. Henri Brugmans. Die U.E.F. leistete wichtige Vorarbeit für die künftige Eingliederung Westdeutschlands in das geplante Europa und damit zugleich für eine deutsch-französische Annäherung. Wie aus den Akten des Deutschen Büros für Friedensfragen hervorgeht, wurde auf dem im August 1947 in Montreux stattfindenden Kongreß eine Deutschland-Kommission gebildet, die aus Delegierten der in der U.E.F. zusammengefaßten Verbände der einzelnen Staaten bestand. Diese Deutschland-Kommission traf sich vom 20.–24. Mai 1948 zu einer Arbeitstagung in Bad Homburg v. d. Höhe.⁷¹ In der Einladung zu der Tagung heißt es explizit: „Das Gewicht dieser ausgesprochenen Arbeitstagung liegt bei der Kommissionsarbeit in kleinen Gruppen. Die Tagungsarbeit soll der Einordnung der deutschen Problematik in ein europäisches Bewußtsein dienen . . ."⁷²

Im Hinblick auf eine künftige deutsch-französische Annäherung ist die Tatsache nicht zu unterschätzen, daß viele der etwa zwei Millionen

---

⁷⁰) Vgl. Walter Lipgens, Die Anfänge der europäischen Einigungspolitik 1945–1950, S. 641.

⁷¹) Vgl. *Bundesarchiv*, Akten des Deutschen Büros für Friedensfragen Z 35/611, Bl. 132 (Rückseite). – Näheres dazu in Kapitel II, 1, a dieses Buches.

⁷²) *Bundesarchiv* ebd.

Franzosen, die als Kriegsgefangene jahrelang in Deutschland gelebt hatten, dort einen positiven Eindruck von den Deutschen gewonnen hatten. So stellten z. B. die Angehörigen des deutschen Generalkonsulats in Paris im Jahr 1951 fest, daß die meisten der von ihnen benötigten Pariser Handwerker Deutschkenntnisse besaßen, die sie in der Gefangenschaft erworben hatten, und sehr deutschfreundlich eingestellt waren.[73] Als vorbildlich galt die Betreuung junger deutscher Mädchen in Paris, die dort z. B. als Hausgehilfinnen arbeiteten, u. a. auch bei den Angehörigen des 1950 eingerichteten deutschen Generalkonsulats. Die französische Organisation YMCA und die Association pour les jeunes filles bemühten sich um die Freizeitgestaltung der vielen jungen Deutschen in Paris, halfen bei der Vermittlung von französischen Sprachkenntnissen und förderten gesellige Kontakte. Es gab in Paris auch eine kleine evangelische Gemeinde, die sich in Zusammenarbeit mit den genannten Institutionen um die Betreuung der dort lebenden Deutschen verdient machte.[74]

c) Aktivitäten französischer Politiker bezüglich der künftigen Friedenssicherung zwischen Frankreich und Deutschland

Wenn auch die Initiativen privater und kirchlicher Kreise unschätzbaren Wert für die Normalisierung der französisch-deutschen Beziehungen besaßen, so waren entsprechend der Interdependenz von öffentlicher Meinung und Politik in einer Demokratie die Unterstützung und Verstärkung dieser Aktivitäten durch Politiker beider Länder unerläßlich, um zu einer dauerhaften Konsolidierung der Freundschaft beider Staaten zu gelangen.

Wichtige Pionierarbeit leistete dabei der am 3. April 1873 in Paris geborene und am 28. Mai 1950 verstorbene christlich-soziale Politiker Marc Sangnier. Er war Ehrenpräsident der für die französische Europa- und Deutschlandpolitik der Nachkriegsjahre (von 1946 bis 1954) so

---

[73]) Mitteilung von Antonia von Süsskind-Schwendi, Witwe des damaligen stellvertretenden Leiters der deutschen Delegation bei der OEEC in Paris, Alexander von Süsskind-Schwendi, an die Verfasserin. (26. Aug. 1984)
[74]) Mitteilung von Antonia von Süsskind-Schwendi vom 26. Aug. 1984 an die Verfasserin. Vgl. auch die Festschrift 100 Jahre (1882–1982) Verein für internationale Jugendarbeit e. V. Arbeitsgemeinschaft Christlicher Frauen. Bonn 1982, S. 17.

entscheidenden Partei Mouvement Républicain Populaire (MRP), der auch Robert Schuman und Bidault angehörten. Aufgrund seiner innerfranzösischen „großen sozialen Versöhnungsarbeit unter klassenmäßig getrennten Volksschichten", z.B. durch Vermittlung von Kontakten zwischen Studenten und Arbeitern in Frankreich, durch die er der demokratischen sozialen Bewegung den Weg bahnte, gilt er als der große Vorkämpfer der Republikanischen Volksbewegung (MRP), welche am 25./26. November 1944 gegründet wurde mit dem Ziel des politischen Eintretens für die Realisierung seiner klassenverbindenden Vorstellungen. Dieser schöpferische, für Innovationen vor allem in der Jugendarbeit aufgeschlossene Mann war ein besonderer Förderer der internationalen Friedensbemühungen nach dem Ersten und dem Zweiten Weltkrieg.[75] So hatte er schon seit 1918 in Bierville bei Paris internationale Friedenskongresse organisiert, zu denen er besonders gern auch deutsche Jugendliche einlud. Gerade zu der damaligen deutschen Jugendbewegung besaß er gute Kontakte. So war es ihm möglich, nach dem Zweiten Weltkrieg um so vorurteilsloser – im Unterschied zu einigen anderen führenden MRP-Mitgliedern – für die französisch-deutsche Annäherung einzutreten.

Gegen die Annexion deutscher Gebiete durch Frankreich wandte sich bei Kriegsende u.a. der französische Sozialistenführer Léon Blum, der hierin die Gefahr der Erschwerung einer künftigen französisch-deutschen Annäherung sah, sehr im Gegensatz zum damals bei vielen französischen Politikern vorherrschenden Sicherheitsdenken gegenüber Deutschland.[76] Die Sozialisten mit Léon Blum an der Spitze begannen bereits der sowjetischen Gefahr eine größere Bedeutung beizumessen als der Bedrohung durch Deutschland.

Allerdings ist die Komplexität der die französische Deutschlandpolitik nach dem Zweiten Weltkrieg bestimmenden Faktoren nicht zu übersehen. In bezug auf diese Deutschlandpolitik ist zwischen mehreren Ebenen zu differenzieren. Es gab die auf Deutschland gerichtete, von der Nationalversammlung kontrollierte Politik der wechselnden Regierungen und daneben die Besatzungspolitik in der französischen Zone, die weder immer genau mit den Zielen der Regierung übereinstimmte noch

---

[75]) Vgl. den Nachruf in der Zeitschrift „Pax Christi", Heft April/Mai 1950, S. 4f. und Walter Lipgens, Innerfranzösische Kritik an der Außenpolitik de Gaulles 1944–1946. In: VfZG 24, 1976, S. 138.
[76]) Vgl. Wilfried Loth, a.a.O. S. 28f., S. 36.

in sich selbst frei von Widersprüchen war, wie noch darzulegen sein wird. Nach der Befreiung knüpfte de Gaulle, außenpolitisch vor allem von den Kommunisten unterstützt, an die traditionelle Großmachtpolitik Frankreichs an und formulierte hinsichtlich der Zukunft des besiegten deutschen Nachbarn folgende Ziele: Bestrafung, Zerstückelung und Entmachtung.[77] Dabei übersah er allerdings die veränderte Situation Frankreichs und ganz Europas nach dem Zweiten Weltkrieg. Europa einschließlich Frankreichs war nicht mehr Herr seiner außenpolitischen Entscheidungen, sondern aufgrund der militärischen Situation und der wirtschaftlichen Zerrüttung auf die Hilfe der beiden Supermächte zu deren Bedingungen angewiesen. Neben dieser außenpolitischen Abhängigkeit, die zunächst aus dem Bewußtsein mancher Franzosen verdrängt wurde[78], ist die außerordentliche Instabilität der Regierungen der IV. Republik mit ihrer Konsequenz für die Deutschlandpolitik zu berücksichtigen. De Gaulle, der 1944 die Weichen gestellt hatte, zog sich bereits am 20. Januar 1946 infolge des Parteienhaders um die innenpolitischen Reformen, aber auch wegen der Kritik an der französisch-britischen Konfrontation in Syrien und im Libanon aus der Regierung zurück, um die IV. Republik, deren Verfassung er mißbilligte, zu bekämpfen, wobei er schon damals die Grundzüge der Verfassung der späteren V. Republik formulierte.[79] Die Regierungen der IV. Republik blieben jeweils nur wenige Monate im Amt, was der Kontinuität der französischen Außenpolitik nicht gerade förderlich war. In den nachfolgenden Kabinetten von Felix Gouin (SFIO), Georges Bidault (MRP), Léon Blum (SFIO) und Ramadier (SFIO) waren bis zum 4. Mai 1947 Sozialisten, Volksrepublikaner und Kommunisten vertreten, so daß man von einer Drei-

---

[77]) Vgl. Gerhard Kiersch, Die französische Deutschlandpolitik 1945–1949. In: Claus Scharf und Hans-Jürgen Schröder (Hg.), Politische und ökonomische Stabilisierung Westdeutschlands 1945–1949, Wiesbaden 1977, S. 64.

[78]) Demgegenüber ist allerdings festzuhalten, daß die veränderte Weltsituation einschließlich der Ohnmacht Frankreichs von vielen weitblickenden Franzosen durchaus bereits in den Jahren 1944–1946 erkannt wurde, wie z.B. die außenpolitischen Debatten der Französischen Nationalversammlung vom November und Dezember 1944, vom März, Juni, November 1945 und vom Januar 1946 sowie die Schriften von Raymond Aron, die Rede des Abgeordneten A. Mutter vom 16. Januar 1946 und eine Meinungsumfrage vom Juli 1945 beweisen. (Vgl. Walter Lipgens, Innerfranzösische Kritik an der Außenpolitik de Gaulles 1944–1946. A.a.O. S. 170, 182, 185 und 188.)

[79]) Vgl. Rede de Gaulles in Bayeux vom 16. Juni 1946.

Parteien-Periode sprechen kann. Nach dem Scheitern der Moskauer Außenministerkonferenz vom April 1947, das eine Wende in der Ost-West-Politik und den Beginn des Kalten Krieges signalisierte, erfolgte am 4. Mai 1947 die Entlassung der kommunistischen Minister. Den Zeitabschnitt bis 1951 bezeichnet man als Periode der „Dritten Kraft". Nun bildeten die Parteien der Mitte, die Volksrepublikaner (MRP), Sozialisten (SFIO) und die Radikalen sowie die Gemäßigten, eine Koalition mit wechselnden Regierungschefs (Robert Schuman, Bidault, Queuille, André Marie, Pleven, Pinay). Diese Koalition wurde von den Kommunisten auf der einen Seite und den Gaullisten, die inzwischen ihre eigene Sammlungsbewegung gegründet hatten und dem MRP ihre Stimmen entzogen, auf der anderen Seite erbittert bekämpft. Welche Konsequenzen hatten diese innenpolitischen Veränderungen Frankreichs, die ihrerseits nicht ohne den Einfluß der USA erfolgt waren, für die französische Deutschlandpolitik? Während die Volksrepublikaner mit Bidault zunächst die deutschlandpolitischen Ziele de Gaulles aus einem Sicherheitsbedürfnis heraus mitverfolgten, hatten sich sozialistische Politiker, so vor allem Léon Blum, bereits bei Kriegsende gegen die Annexion deutschen Gebietes gewandt.[80] Schon Anfang 1946 kam es bezüglich der Deutschlandpolitik zu heftigen Auseinandersetzungen zwischen dem Nachfolger de Gaulles, dem sozialistischen Ministerpräsidenten Felix Gouin, und dem volksrepublikanischen Außenminister Georges Bidault, wobei Bidault die Forderung des Regierungschefs, das Ziel der Zerstückelung Deutschlands aufzugeben, strikt ablehnte und sogar mit seinem Rücktritt drohte.[81]

Die katastrophale wirtschaftliche Situation zwang die französische Regierung, sich um Kredite aus den USA zu bemühen, nachdem ein entsprechendes Nachsuchen bei der Sowjetunion gescheitert war. So reiste Léon Blum im Frühjahr 1946 an der Spitze einer Delegation französischer Wirtschaftsexperten in die USA, um mit dem dortigen Außenminister Byrnes und dessen Mitarbeitern einen Kredit auszuhan-

---

[80]) Vgl. Lipgens, Innerfranzösische Kritik an der Außenpolitik de Gaulles 1944–1946, a. a. O. S. 179, 190. – Zu den französischen Plänen bzgl. der Zukunft der westlichen deutschen Gebiete vgl. Rolf Steininger, Die britische Deutschlandpolitik in den Jahren 1945/46. In: Aus Politik und Zeitgeschichte. B 1–2, 1982, S. 31.

[81]) Vgl. F. Roy Willis, The French in Germany 1945–1949. Stanford Studies in History, Economics, and Political Science, XXIII. Stanford (California) 1962, S. 40 und Wilfried Loth, a. a. O. S. 38.

deln, der jedoch niedriger ausfiel als erwartet. Wie inzwischen durch die Geschichtsforschung nachgewiesen wurde, verlangten die USA als Gegenleistung französische politische Konzessionen mit dem Ergebnis der Einbindung Frankreichs in die amerikanische Globalstrategie.[82] In der Konsequenz dieser Entwicklung lag auch die schrittweise Rezeption der amerikanischen Deutschlandpolitik durch die jeweiligen französischen Regierungen. Die Akzeptierung der Marshall-Plan-Hilfe 1947 und die darauf folgende französische Billigung der Londoner Empfehlungen von 1948 mit der Intention der Gründung eines deutschen Staates aus den Besatzungszonen der drei Westmächte sind die entscheidenden Stufen beim Rückzugsgefecht der französischen Deutschlandpolitik, wobei unter dem Aspekt der französischen Zwangslage der auf dem Monnet-Memorandum vom 3. Mai 1950 beruhende Schuman-Plan mit dem Ziel der Gründung einer Montan-Union zwischen Frankreich und der Bundesrepublik Deutschland, die auch anderen beitrittswilligen Staaten offenstehen sollte, nur noch als der Versuch anzusehen ist, wenigstens die Möglichkeit einer französischen Einflußnahme auf das Ruhrgebiet für die Zukunft zu sichern. So betrachtet ist die französische Deutschlandpolitik von 1945–1949 mit dem Zurückstecken der ursprünglichen Ziele und dem Einschwenken auf die angelsächsische Linie nichts anderes als das Ergebnis der ökonomischen, politischen und militärischen Abhängigkeit Frankreichs von den USA auf dem Hintergrund des Kalten Krieges.[83] Dem ist allerdings entgegenzuhalten, daß z. B. die Londoner Empfehlungen durch die französische Nationalversammlung ratifiziert wurden. Immerhin hätten die Abgeordneten mit der demokratischen Sanktion der Nichtwiederwahl rechnen müssen, hätten die anti-deutschen Ressentiments bei den Wählermassen überwogen. Es ist kaum anzunehmen, daß die Volksrepräsentanten dieses Risiko eingegangen wären. Daraus läßt sich schließen, daß das Entgegenkommen in der französischen Deutschlandpolitik nicht exzeptionell auf amerikanische Pressionen zurückzuführen ist.[84] Infolge der Zerstreutheit der Quellen können in dieser Untersuchung jedoch nur vereinzelte Beispiele für aktive Verständigungsbemühungen französischer Politiker gegenüber Deutschen ab 1947 angeführt werden. Die Zeit vor 1947 ist

---

[82]) Vgl. Kiersch, a.a.O. S. 74f.
[83]) Vgl. a.a.O. S. 73–76.
[84]) Vgl. Ingeborg Koza, Internationale Initiativen zur Völkerversöhnung nach dem Zweiten Weltkrieg, S. 43.

bereits besser untersucht. Eine Fundgrube für die Erforschung der französischen innenpolitischen Widerstände und Alternativvorstellungen gegenüber der Außenpolitik einschließlich der Deutschlandpolitik de Gaulles von der Befreiung bis zu seiner Demission im Januar 1946 ist ein Aufsatz von Walter Lipgens aus dem Jahr 1976.[85] Der Autor weist darin nach, daß Mitglieder der französischen Nationalversammlung eine Zerstückelung Deutschlands als Keim für künftige Auseinandersetzungen ablehnten und statt dessen – entsprechend dem Konzept der nichtkommunistischen Résistance – eine europäische Föderation unter Einbeziehung Deutschlands, wenn auch erst nach einer gewissen Übergangs- und Bewährungszeit, wünschten. Lipgens gelangt sogar zu der Annahme, „daß eine Mehrheit der Bevölkerung zumindest bis zum Sommer 1945 grundsätzlich der Tendenz nach dem Konzept der international-föderalistischen Friedenssicherung zu folgen bereit war, das der national-eigenen für überholt hielt".[86] – Insbesondere die sozialistische Partei mit Léon Blum, André Philip, Daniel Mayer, Vincent Auriol (Präsident des außenpolitischen Ausschusses der Assemblée), Albert Gazier, Paul Boutbien, aber auch P. O. Lapie, Marcel E. Naegelen, Felix Gouin und Salomon Grumbach war Träger der Kritik an der Außenpolitik de Gaulles. Diese Partei hatte sich schon in ihrem am 12. November 1944 auf ihrem ersten außerordentlichen Parteikongreß verabschiedeten Manifest zu dem Prinzip der künftigen, nach einer Übergangsphase erfolgenden Eingliederung Deutschlands in die neu zu gestaltende europäische Gemeinschaft bekannt.[87]

Ähnliche Vorstellungen vertraten in der katholischen Zeitschrift „Esprit" Männer wie Jean Gauvain, Jean Lacroix, Michel Collinet und Albert Beguin. Raymond Aron erkannte klar die Relativierung des deutschen Problems vor dem Hintergrund der neuen globalen Machtverhältnisse. Der Gründer des „Combat", der Minister in de Gaulles Kabinett, Henri Frenay, hatte dem Regierungschef sogar ernsthaft, wenn auch vergeblich, den Vorschlag unterbreitet, Frankreich solle im Interesse der Erleichterung einer späteren Verbindung mit Deutschland auf eine Besatzungszone verzichten.[88] Dies erinnert an Bismarcks staatsmän-

---

[85]) Walter Lipgens, Innerfranzösische Kritik an der Außenpolitik de Gaulles 1944-1946. Bes. S. 164–185.
[86]) A.a.O. S. 197.
[87]) Vgl. a.a.O. S. 179.
[88]) Vgl. a.a.O. S. 182 f.

nischen Weitblick bei der Behandlung Österreichs im Vorfrieden von Nikolsburg.

In der am 25./26. November 1944 neugegründeten Partei „Mouvement Républicain Populaire" (MRP) waren die Meinungen geteilt. Während Maurice Schumann und Georges Bidault den harten Kurs de Gaulles gegenüber Deutschland guthießen, erhob z. B. P. H. Teitgen seine Stimme gegen die Annektierung deutscher Gebiete und für die Respektierung des Selbstbestimmungsrechts der Völker.[89] E. Pezet und B. Ott verurteilten während der außenpolitischen Debatte der Nationalversammlung vom 15.–17. Januar 1946 indirekt die Deutschlandpolitik de Gaulles.

In der Retrospektive erscheint auch die Tatsache beachtenswert, daß an dem vom 22.–25. März 1945, also noch vor Beendigung des gesamten Krieges mit Deutschland, in Paris stattfindenden Föderalistenkongreß neben Politikern aus Frankreich, Italien, der Schweiz, Österreich, Großbritannien, Spanien und Griechenland auch ein deutscher Sozialdemokrat teilnehmen durfte: Willi Eichler, damals Mitglied des Exilvorstandes der SPD.[90]

Der christliche Gewerkschaftsführer Gaston Tessier hatte schon im November 1944 vor der Nationalversammlung die baldige Aufnahme auch der Besiegten in die neu zu gründende UNO gefordert.[91]

Die engsten, allerdings recht widersprüchlichen Kontakte zwischen Franzosen und Deutschen nach dem Kriege ergaben sich in der französischen Besatzungszone. Die französische Militärregierung besaß bis 1948 zwei Spitzen, das sog. Cabinet civil unter General Pierre Koenig und das Gouvernement militaire unter Emile Laffon. Zwischen beiden Institutionen entstanden Kompetenzstreitigkeiten, die auch aus Spannungen und Meinungsunterschieden zwischen General Koenig und Laffon resultierten. Beide waren noch von de Gaulle ernannt worden, aber die Position des Generals Koenig war die stärkere, da er zu den engsten Vertrauten de Gaulles zählte. Auch nach dessen Demission führte er seine repressive Politik gegenüber der deutschen Besatzungszone unbeirrt durch den allmählichen Wandel der deutschlandpolitischen Konzeption der französischen Regierungen und der Nationalversammlung fort, während der den Sozialisten nahestehende Ingenieur und

---

[89]) Vgl. a.a.O. S. 184.
[90]) Vgl. a.a.O. S. 165f.
[91]) Vgl. a.a.O. S. 155.

Rechtsanwalt Laffon sich eng an die französische Regierung gebunden fühlte und eher zu politischen Zugeständnissen gegenüber den Deutschen bereit war. So soll Laffon schon 1946 gegenüber dem britischen Generalkonsul Henry Brockholst Livingstone angedeutet haben, er lehne die Einrichtung zentraler deutscher Wirtschaftsbehörden nicht mehr völlig ab.[92] Er war auch kein Gegner eines Zusammenschlusses der französischen Zone mit der Bizone. Außerdem wollte er den deutschen Länderparlamenten in der französischen Besatzungszone größere Kompetenzen einräumen. Sein Widerstreben gegen den harten Kurs des Generals Koenig führte am 15. November 1947 zum Rücktritt Laffons.[93]

Innerhalb der französischen Militärregierung waren Offiziere ganz unterschiedlicher politischer Provenienz vertreten, z. B. Kommunisten, sozialistisch eingestellte ehemalige Résistance-Mitglieder, Sympathisanten des christdemokratischen MRP, Anhänger de Gaulles und ehemalige Vichy-Leute. Es ist evident, daß daraus eine lokal sehr differierende Behandlung der Deutschen durch die französischen Offiziere resultieren konnte.

Während Hunger, Demontagen und die Entnahme von Gütern nicht gerade zu einer deutsch-französischen Annäherung beitrugen, unternahmen die Kulturabteilungen der französischen Militärregierung große Anstrengungen mit dem Ziel der „rééducation" der Deutschen und der Ermutigung deutscher kultureller Aktivitäten. Parallel mit dem durch die veränderte Ost-West-Relation bedingten Wandel der französischen Deutschlandpolitik etwa ab 1947 wurde auch die Kulturpolitik in der französischen Besatzungszone stärker vom Geiste der Verständigung bestimmt.[94]

Die wichtigsten kulturpolitischen Aktivitäten der französischen Besatzungsmacht gingen von der Direction de l'Education Publique, DEP (1948 umgewandelt in Division de l'Education Publique; 1949: Direction Generale des Affaires Culturelles), unter der Leitung des

---

[92]) Vgl. Klaus-Dietmar Henke, Politik der Widersprüche. Zur Charakteristik der französischen Militärregierung in Deutschland nach dem Zweiten Weltkrieg. In: Claus Scharf und Hans-Jürgen Schröder, Die Deutschlandpolitk Frankreichs und die französische Zone 1945–1949, S. 63. Zum Zusammenhang von französischer Besatzungs- und Deutschlandpolitik vgl. auch Rainer Hudemann, Französische Besatzungszone 1945–1952. In: Claus Scharf und Hans-Jürgen Schröder, a.a.O. S. 207f., S. 243 und S. 246f.
[93]) Vgl. Klaus-Dietmar Henke, a.a.O. S. 62.
[94]) Vgl. Angelika Ruge-Schatz, a.a.O. S. 92.

Generals Raymond Schmittlein aus, welcher der Direction des Affaires Administratives mit Maurice Sabatier an der Spitze unterstand. Dessen Vorgesetzter war zunächst Laffon.[95] Während die Versuche Schmittleins, das deutsche Unterrichtswesen einschließlich der Schulbücher und der Lehrerbildungsanstalten nach französischem Muster umzuorganisieren, sowohl bei den damaligen deutschen Politikern als auch in der Geschichtsforschung auf erhebliche Kritik gestoßen sind, fanden die französischen Bemühungen um die Wiederaufnahme des Lehr- und Forschungsbetriebs an den Universitäten Tübingen und Freiburg im Breisgau im Herbst 1945 sowie die Neugründung der Universität Mainz, die am 22. Mai 1946 eröffnet wurde, ein durchweg positives Echo. Die französischen Kuratoren der Universitäten Tübingen und Freiburg bemühten sich nicht nur um eine Verbesserung der Lebensbedingungen für die Universitätsangehörigen, sondern auch um ein Wiederaufleben der Auslandskontakte.[96] Hervorzuheben ist, daß das erste internationale Studententreffen im Sommer 1946 in Tübingen und Bad Teinach stattfand und daß weitere internationale Begegnungen der studierenden Jugend in den seit 1947 an den Universitäten Tübingen, Freiburg und Mainz durchgeführten Sommerkursen sowie in dem im Januar 1948 gegründeten internationalen Studentenheim in Muggenbrunn ermöglicht wurden. Französische Professoren unternahmen Vortragsreisen zu den deutschen Universitäten, um die Studenten mit französischem Gedankengut und französischen Forschungsergebnissen vertraut zu machen[97], was nach der langen Kriegszeit und in der Isolation während der Besatzungsperiode eine wichtige Horizonterweiterung dieser jungen Deutschen bewirkte, ähnlich wie die Lektüre der Zeitschrift „Dokumente" des Offenburger Bureau International de Liaison et de Documentation, die von den damaligen Studenten begierig und interessiert aufgenommen wurde.[98] Die französische Militärregierung gründete 1947 noch die Staatliche Akademie für Verwaltungswissenschaft in Speyer und die Staatliche Dolmetscher-Hochschule in Germersheim als Bildungsstätten neuer Eliten. Darüber hinaus unterstützten die Franzosen später nach der Entstehung der Bundesrepublik Deutschland den Aufbau der Akademie der Wissenschaften und Literatur sowie des Instituts

---

[95]) Vgl. a.a.O. S. 94f.
[96]) Vgl. a.a.O. S. 103.
[97]) Vgl. ebd..
[98]) Mitteilung einer ehemaligen Studentin aus der Nachkriegszeit.

für Europäische Geschichte in Mainz[99], das noch heute wichtige Beiträge zur Geschichtsforschung leistet.

Einfluß auf deutsche Jugendliche nahm auch die Abteilung für Jugend und Sport, später „Referat für internationale Beziehungen", der französischen Militäradministration, besonders, nachdem die Jugendamnestie im Sommer 1947 zum Abbau des deutschen Mißtrauens beigetragen hatte. Erwähnt seien noch die von der DEP organisierten Kunstausstellungen, welche den deutschen Betrachtern helfen sollten, die durch die NS-Zeit bedingte kulturelle Einseitigkeit zu überwinden. Nicht zu übersehen sind die Rundfunk- und Pressepolitik, die Zeitschriftenförderung, z. B. durch Papierzuteilung, sowie die Film- und Theaterpolitik und die Einrichtung von Bibliotheken durch die Franzosen. – Inzwischen konnte eine geistige Orientierung von Mitarbeitern des Generals Schmittlein an Vorstellungen der ehemaligen Résistancegruppe „Combat" nachgewiesen werden.[100] Allerdings darf man die Erfolge dieser kulturpolitischen Aktivitäten nicht überbewerten, da sich ohnehin vermutlich nur wenige Deutsche, vornehmlich Intellektuelle, trotz der materiellen Not davon ansprechen ließen, während für die Mehrzahl der Menschen die Sorge um das nackte Überleben in den Hungerjahren geistige Bedürfnisse gar nicht erst aufkommen ließ.[101]

Der allmähliche Wandel der Einstellung mancher französischer Politiker gegenüber Deutschland sei noch anhand des folgenden Beispiels verdeutlicht. Der französische Innenminister Graf de Menthon hatte 1945 das Zustandekommen eines Kollektivschuldgesetzes veranlaßt, der sog. „Lex Oradour".[102] Aufgrund dieses Gesetzes wurde z. B. ein deutscher Angehöriger einer Einheit, die Kriegsverbrechen begangen hatte, während er nachweislich seinen Urlaub in Deutschland verbrachte, also nichts damit zu tun haben konnte, 1951 in französischer Haft gehalten und zum Tode verurteilt. Der Graf de Menthon war inzwischen einflußreiches Mitglied der Nationalversammlung. Er schickte 1951 seinen Sohn im Austausch in die deutsche Familie von Miller nach München, woraus man immerhin bereits auf eine Minderung seiner Ressentiments

---

[99]) Vgl. Angelika Ruge-Schatz, a.a.O. S. 105.
[100]) Vgl. a.a.O. S. 93 und Rainer Hudemann, a.a.O. S. 237f.
[101]) Dennoch vertritt z.B. Angelika Ruge-Schatz, a.a.O. S. 110, die Ansicht, daß „diese persönlichen Erfahrungen... die Voraussetzung für die Weiterentwicklung der deutsch-französischen Verständigung bis heute" gewesen seien. – Dazu Henke, a.a.O. S. 52.
[102]) Zum Fall „Oradour" vgl. Kapitel I, 2, d dieses Buches.

gegenüber den Deutschen schließen kann. In demselben Jahr begann der öffentliche Oradour-Prozeß. Führende Männer der deutschen Pax-Christi-Bewegung hatten sich inzwischen vergeblich um die Freilassung des deutschen Kollektivschuldhäftlings Adam Essinger aus Reichenbach im Odenwald bemüht. Sie hatten auch der Münchner Familie zugeraten, den jungen Menthon aufzunehmen. Nun endlich, wahrscheinlich vor allem aufgrund der begeisterten Berichte seines Sohnes über seinen Deutschlandaufenthalt, distanzierte sich Menthon von seinem eigenen Gesetz und erleichterte dadurch der Nationalversammlung die Annullierung der Kollektivschuldbestimmungen. Zum Dank und zur Erinnerung an diesen großmütigen Verzicht der Franzosen auf Rache (immerhin waren die unschuldigen Einwohner des Dorfes Oradour 1944 einer deutschen Vergeltungsaktion zum Opfer gefallen) errichteten Mitglieder der deutschen Pax-Christi-Sektion 1952 das 14 Meter hohe Bühler Friedenskreuz zwischen Bühl und Ottersweier. Zur Steigerung der Symbolkraft im Hinblick auf die deutsch-französische Zusammenarbeit benutzten sie als Material Trümmer des Westwalls und der Maginotlinie.[103]

d) Deutsche Versöhnungsangebote an die Franzosen

Ein erster wichtiger Schritt auf dem Wege einer deutsch-französischen Annäherung war die Tatsache, daß der deutsche Stadtkommandant von Paris, General Choltitz, und sein Nachrichtenoffizier im August 1944 kurz vor der Befreiung den Befehl Hitlers zur Zerstörung von Paris nicht ausführten. So blieben die unersetzlichen Kulturdenkmäler der französischen Metropole der Nachwelt erhalten, und die Franzosen konnten bei nüchterner Abwägung der Fakten erkennen, daß nicht alle Deutschen Barbaren waren.

Nach Bekanntwerden des Massakers von Oradour, wobei eine deutsche Einheit am 10. Juni 1944 vermutlich aufgrund einer Verwechslung zur Vergeltung für einen französischen Anschlag die ca. 600 Einwohner dieses Dorfes tötete, begannen in Deutschland Reflexionen über Möglichkeiten, den Angehörigen der Opfer und dem französischen Volk das tiefe Bedauern über diese Tat glaubhaft zu machen. In den Unterlagen des Deutschen Büros für Friedensfragen befindet sich eine von U. v. Ke-

---

[103] Vgl. den diesbezüglichen Bericht der Zeitschrift „Pax Christi" vom Mai 1982.

telhodt verfaßte Denkschrift vom 1. April 1948 mit dem Titel „Oradour-sur-Glane. Ein Beispiel zum Problem der psychologischen Reparationen".[104] Darin berichtet U. v. Ketelhodt über den „in Erkenntnis der ungeheuren psychologischen Bedeutung dieses Falles Oradour für die deutsch-französischen Beziehungen"[105] verfaßten Aufruf der Hamburger Jugendzeitschrift „benjamin" vom November 1947 an die jungen Deutschen, Oradour wieder aufzubauen. Der Aufruf lautete:

„Es ist unser Wille, mit der Vergangenheit restlos zu brechen, in Frieden und Eintracht mit den anderen Völkern zu leben. Darum rufen wir alle jungen Menschen auf, am Wiederaufbau Oradours mitzuhelfen.

Wir sind arm geworden in Deutschland. Was wir zu bringen haben, sind unsere sich nach Frieden sehnenden Herzen und unsere Hände, die auch in diesem Kriege sauber blieben.

Wir bitten die französische Regierung:

‚Gestattet uns, mit Arbeitsgruppen am Wiederaufbau von Oradour mitzuwirken. Wir möchten zu einem bescheidenen Teil dort wiedergutmachen, wo Deutsche schuldig wurden.'

Jeder, der bereit ist, hierbei zu helfen, ist uns willkommen. Daß wir helfen können, den Berg des Hasses abzutragen, sei uns der schönste Lohn."[106]

Mehr als tausend deutsche Jugendliche erklärten daraufhin ihre Bereitschaft zur Mithilfe am Wiederaufbau des französischen Dorfes. Der Bericht zitiert aus dem Brief eines Jugendlichen: „Als ich hörte, deutsche Jugendliche wollten freiwillig Oradour wieder aufbauen, da dachte ich an die internationalen Brigaden des spanischen Bürgerkrieges. Sollte es nicht möglich sein, so fragte ich mich, internationale Wiederaufbaubrigaden zu bilden? Wenn die Jugend bereit ist, in fremden Ländern das Handwerk des Todes zu betreiben, warum sollte sie sich dann nicht einmal in fremden Ländern für Frieden und Völkerversöhnung einsetzen?"[107]

Das Angebot dieser Jugendlichen löste in Frankreich recht unterschiedliche Reaktionen aus. Während die Verwandten der drei Jahre

---

[104] *Bundesarchiv*, Akten des Deutschen Büros für Friedensfragen Z 35/544, Bl. 1–8.
[105] A. a. O. Bl. 5.
[106] Ebd.
[107] Ebd.

zuvor ermordeten Menschen das Angebot ablehnten und statt dessen auf der Ergreifung und Auslieferung der an dem Massaker beteiligten SS-Angehörigen bestanden[108], erhoben sich auch Stimmen in der französischen Presse, die die Geste der jungen Deutschen im Hinblick auf eine künftige deutsch-französische Annäherung würdigten. So erschien am 16. Januar 1948 in der „Aube" folgender Artikel von Maurice Vaussard: „Das Angebot dieser jugendlichen Deutschen scheint demjenigen zu ähneln, das nach dem Waffenstillstand von 1918 von zahlreichen deutschen Pazifisten gemacht wurde, die dem Professor F. W. Foerster nahestanden und die freiwillig einige unserer zerstörten Dörfer in Nordfrankreich wieder aufbauen wollten. Dies Angebot wurde damals nicht nur ohne triftigen Grund abgelehnt, sondern unsere öffentliche Meinung wurde nicht einmal in ihrer Gesamtheit davon unterrichtet. Und dennoch stammte es von einer charakterlichen Elite des deutschen Volkes, die sich der Verantwortung ihres Volkes bewußt war. Diese Elite wollte die Verbrechen der deutschen Herrenschicht nach Möglichkeit wiedergutmachen. Man braucht sich nicht zu wundern, daß diese Pazifisten später, als das Hitler-Regime in Deutschland zur Macht gekommen war, von den Nazis verfolgt, geächtet, deportiert und zum Teil ermordet wurden. Wenn aber der Standpunkt dieser Pazifisten von damals, nach dem Waffenstillstand von 1918, gesiegt hätte, wäre es zu keinem Zweiten Weltkrieg gekommen.
Die Geste der jungen Deutschen, Oradour wieder aufzubauen, war ein um so ergreifenderes Bekenntnis, als zweifellos nicht ein einziger von ihnen persönlich für die entsetzliche Tragödie verantwortlich ist . . . Sie kann nur ausgehen von deutschen Patrioten, die die Befleckung des deutschen Namens durch Verbrechen von Menschen ihres Blutes wie eine Beschmutzung empfinden, für die sie mitverantwortlich sind. Man kann wohl, ohne sich zu täuschen, behaupten, daß solche Menschen heute, wie 1919, äußerst selten sind – in Deutschland und anderswo. Denn es ist immer ungewöhnlich, einen Fehler einzugestehen und dafür eintreten zu wollen – und vielleicht besonders in Deutschland. Daher verdiente der Vorschlag zumindest höchste Anerkennung."[109]
Vaussard hatte sogar den Mut, bei allem Verständnis Kritik an der

---

[108]) Die meisten Angehörigen dieser SS-Einheit waren kurze Zeit nach dem Massaker selbst bei den Kämpfen in Frankreich gefallen.
[109]) *Bundesarchiv*, Akten des Deutschen Büros für Friedensfragen Z 35/544, Bl. 6.

Formulierung der Absage durch die Angehörigen der Oradour-Opfer zu üben:

„Noch einmal, man kann sich vor dem Schmerz der Bewohner von Oradour nur verneigen. Die Geste aber, deren Verwirklichung sie verhindern wollen, hätte indessen eine große Lehre für die beiden noch vor kurzem feindlichen Länder sein können, die sich auch eines Tages wieder vertragen müssen."[110]

Ähnlich äußerte sich David Rousset, der selbst lange Jahre in einem deutschen Konzentrationslager hatte verbringen müssen. Er wies vor allem auf die psychologischen Konsequenzen hin, welche die französische Ablehnung dieses aufrichtigen Angebots in Deutschland haben könnte. Auch der frühere französische Ministerpräsident Paul-Boncour äußerte sich in ähnlich besonnener Weise, indem er erklärte, „daß nichts besser geeignet sein könne, eine Verständigung herbeizuführen, die in Zukunft ähnliche Verbrechen wie das von Oradour unmöglich machen könne, als die Annahme des deutschen Angebotes zum Wiederaufbau des zerstörten Dorfes".[111] Neben der französischen Presse befaßte sich auch der Rundfunk mit dieser Diskussion. So informierte Jules Rovan, der Leiter des französischen Jugendfunks, seine Hörer darüber, daß sich bereits 183 französische Gemeindebehörden mit diesem Vorschlag befaßten.[112]

Über die offizielle französische Reaktion auf den deutschen Vorschlag berichtet U. v. Ketelhodt wie folgt:

„Mitte März 1948 teilte der Oberbefehlshaber der französischen Streitkräfte in Deutschland, General König, der Hamburger Jugendzeitschrift ‚benjamin' mit, daß der Wiederaufbau Oradours bereits sichergestellt sei. Die französische Regierung würdige den deutschen Vorschlag sehr und sei überzeugt davon, daß eine solche Geste einen ‚praktischen Beitrag zur Vorbereitung des Bodens für eine friedliche Regelung der Beziehungen zwischen dem deutschen und dem französischen Volk' darstellen könne. Da die überlebenden Bewohner eine deutsche Beteiligung am Wiederaufbau abgelehnt hätten, erwäge die Regierung den Plan, eine gewisse Anzahl junger Freiwilliger an dem Wiederaufbau anderer zerstörter Ortschaften in Frankreich teilnehmen zu lassen."[113]

In einer Broschüre mit dem Titel „Aktion des guten Willens" publi-

---

[110] A.a.O. Bl. 7.
[111] Ebd.
[112] Ebd.
[113] Ebd.

zierte der Verlag des „benjamin" weitere Stellungnahmen aus dem In- und Ausland. Wie der Hauptschriftleiter der Zeitschrift, Ressing, während der vom 14.–21. März 1948 in Speyer stattfindenden Tagung der internationalen Jugendpresse erklärte, versuchte man nun, „ein Dorf in Frankreich ausfindig zu machen, dessen Bürgermeister sich bereit erklärt(e), deutsche Jugendliche zur Aufbauarbeit zuzulassen. Man hoffe noch im Laufe dieses Sommers mit der Arbeit in Frankreich beginnen zu können".[114]

Der Ketelhodt-Bericht schließt mit einem Zitat von Erich Wollenberg aus dessen am 7. Februar 1948 im „Echo der Woche" als Antwort auf den Beitrag von Maurice Vaussard erschienenen Artikel: „Es geht um mehr als den Wiederaufbau von Oradour; es geht darum, ob die Kräfte des Friedens und der Völkerverständigung über die Kräfte der Rache, des Völkerhasses und Krieges den Sieg davontragen werden ... Es geht einfach darum, zu verhindern, daß nach zehn, zwanzig oder dreißig Jahren eine Zeitung diesseits oder jenseits des Rheins schreiben kann: ‚Wenn der Standpunkt jener jungen Pazifisten, die reinen Herzens das Oradour-Angebot gemacht hatten, gesiegt hätte, wäre es zu keinem dritten Weltkrieg gekommen.'"[115]

Das Verbrechen von Oradour ließ auch die Mitglieder der deutschen Sektion der Internationalen Pax-Christi-Bewegung nicht ruhen in dem Bemühen, zumindest durch symbolische Gesten die Betroffenheit und den Versöhnungswillen der Deutschen gegenüber der französischen Regierung zu manifestieren. So opferte eine deutsche Frau aus einer angesehenen Offiziersfamilie – ihr Großvater war 1870 Kommandierender General gewesen, ihr Vater hatte als Oberst vor Verdun gekämpft – ihren Familienschmuck, um daraus einen Kelch als Sühnegabe für die Gemeinde Oradour fertigen zu lassen. Durch die Vermittlung des französischen Gründers der Internationalen Pax-Christi-Bewegung, des Bischofs von Lourdes, Théas, gelangte der Kelch in die Hände des Bischofs von Limoges, der ihn am 10. Juni 1955, dem 11. Jahrestag des Massakers, dem Pfarrer von Oradour überreichte mit der Bitte an die Gemeinde, diese Sühnegabe anzunehmen. Inzwischen war das Eis soweit gebrochen, daß die Gemeinde diese Geste verstand und das Versöhnungsgeschenk akzeptierte.[116]

---

[114] A.a.O. Bl. 8.
[115] Ebd.
[116] Vgl. Hermann Pfister a.a.O. S. 44.

Unermüdliche Arbeit im Dienste einer deutsch-französischen Versöhnung leistete im Rahmen der Pax-Christi-Bewegung der Franziskanerpater Manfred Hörhammer, der selbst der Sohn einer französischen Mutter und eines deutschen Vaters war und als Sanitäter am Weltkrieg teilgenommen hatte. Er wirkte 1958 auch bei der Übergabe von ähnlichen Sühnegeschenken an das nordfranzösische Dorf Ascq mit, das während des Krieges ebenfalls durch einen deutschen Vergeltungsschlag 186 Männer verloren hatte. Vor dieser Wiedergutmachungsgeste hatten sich Angehörige der französischen katholischen Eisenbahnergewerkschaft aus Lille als Gäste in deutschen Familien der Pax-Christi-Bewegung aufgehalten, wo sie sehr herzliche Aufnahme gefunden hatten. Diese angenehme Erfahrung bewog sie, ihre aus den Kriegserlebnissen resultierenden Ressentiments gegen die Deutschen allmählich abzubauen.[117]

Als Beitrag zur „Vergangenheitsbewältigung" organisierte die deutsche Pax-Christi-Sektion neben Wallfahrten und internationalen Treffen z. B. von April bis Juli 1950 eine Aktion, bei der Männer das Aachener Sühnekreuz quer durch die Bundesrepublik trugen. In späteren Jahren wurden die Krypta in Xanten und die Kirche in Essen-Ruhrblick als Stätten der Sühne und Versöhnung eingerichtet.[118]

All diese Aktionen, Gesten, symbolischen und tatsächlichen Geschenke waren Ausdruck der Bestürzung vieler Deutscher über das in ihrem Namen begangene Unrecht und ihres Willens zur wenigstens psychologischen Wiedergutmachung, allerdings auch Indikator der Ohnmacht und Hilflosigkeit gegenüber den grausigen Auswüchsen des Zweiten Weltkriegs und ihren Folgen. Aber diese Zeichen wurden von den Adressaten verstanden und haben offensichtlich zum Abbau des Mißtrauens beigetragen.

Seit 1947 fanden in der Benediktiner-Abtei Maria Laach jährlich internationale Jugendtreffen statt, bei denen sich Schüler, Studenten, Angestellte, Arbeiter und Lehrer aus vielen Nationen begegneten. Sie arbeiteten gemeinsam, diskutierten, sangen und wanderten und knüpften „hier Bande von Mensch zu Mensch, von Welt zu Welt".[119] Erwähnt sei noch der von P. Stratmann geleitete „Friedensbund deutscher Katholiken", der sich am 1. April 1951 der Pax-Christi-Bewegung anschloß.

---

[117]) Vgl. a. a. O. S. 44f.
[118]) Vgl. a. a. O. S. 46.
[119]) Zeitschrift „Pax Christi", Oktober/November 1959, S. 2

Die vielfältigen Bemühungen der ersten deutschen Bundesregierung mit Konrad Adenauer an der Spitze um eine dauerhafte Aussöhnung mit Frankreich seien hier nicht näher erläutert, da sie schon in anderen historischen Arbeiten eine ausführliche Würdigung erfahren haben.[120]

3. Engländer und Deutsche

Auch Großbritannien hatte nach dem Zweiten Weltkrieg seine Position als Großmacht eingebüßt. Das Flugzeug überflügelte buchstäblich den Schiffsverkehr und nahm der großen britischen Flotte viel von ihrer Bedeutung. Das Kolonialreich begann sich aufzulösen, und im Mutterland selbst herrschte eine so große materielle Not, daß man dort 1946 die Rationierung von Brot und Mehl einführen mußte. Die wirtschaftliche Notlage Großbritanniens führte, ähnlich wie in Frankreich, zu einer immer stärker werdenden ökonomischen und politischen Abhängigkeit der einstigen Weltmacht von der neuen Supermacht USA und hatte außerdem die Unfähigkeit zur Folge, die Bevölkerung der britischen Besatzungszone einschließlich des Ruhrgebiets zu ernähren.

Am 28. Juli 1945 hatte aufgrund des Wahlsieges über die Konservativen eine Labour-Regierung unter Clement Attlee mit Bevin als Außen-

---

[120]) Hier seien nur folgende Untersuchungen genannt: Waldemar B e s s o n, Die Außenpolitik der Bundesrepublik. Erfahrungen und Maßstäbe. München 1970,
Karl-Dietrich B r a c h e r (Hg.), Geschichte der Bundesrepublik Deutschland. Bd. 2: S c h w a r z, Hans-Peter, Die Ära Adenauer: Gründerjahre der Republik: 1949–1957. Mit einem einleitenden Essay von Theodor Eschenburg. Stuttgart 1981,
Franz H e r r e, Deutsche und Franzosen: Der lange Weg zur Freundschaft, Bergisch Gladbach 1983,
Paul N o a c k, Die Außenpolitik der Bundesrepublick Deutschland. Zweite, erw. Aufl. Stuttgart 1981,
Robert P i c h t (Hg.), Deutschland, Frankreich, Europa. Bilanz einer schwierigen Partnerschaft. München 1978,
Thilo V o g e l s a n g, Das geteilte Deutschland. 12. Aufl. München 1983,
Ernst W e i s e n f e l d, Frankreichs Geschichte seit dem Krieg. Ereignisse, Gestalten, Hintergründe 1944–1980. München 1980,
Gilbert Z i e b u r a, Die deutsch-französischen Beziehungen seit 1945. Mythen und Realitäten. Pfullingen 1970. Ferner sei hingewiesen auf: Herbert B l a n k e n h o r n, Verständnis und Verständigung. Blätter eines politischen Tagebuchs 1949–1979. Frankfut a. M., Berlin, Wien 1980.

minister das Kabinett Churchill abgelöst. Die Labour Party widmete sich vor allem innenpolitischen Reformen. Wie die Forschung inzwischen herausstellte, stand die Frage der Zukunft Deutschlands bis 1947 nicht einmal im Zentrum des Interesses des britischen Außenministeriums.[121] Aus diesem Desinteresse resultierten auch Kompetenzunklarheiten an der Spitze der britischen Besatzungsverwaltung.

Jochen Thies nennt folgende Hauptziele der britischen Besatzungspolitik gegenüber Deutschland: „1. Beseitigung des NS-Regimes und Unterbindung jeden Wiederauflebens seiner Ideen, 2. Zerstörung der Grundlagen des deutschen Militarismus, 3. Schaffung einer internationalen Organisation zur Überwachung Deutschlands, 4. Erlangung der Kontrolle über die deutsche Wirtschaft, um ihr Potential zum Wiederaufbau Europas zu nutzen."[122]

Das Jahr 1947 brachte wie in Frankreich, so auch in Großbritannien, einen Wandel in der Außenpolitik, aufgrund der veränderten globalen Situation eine engere Bindung an die USA und eine entschiedene Hinwendung zur Reflexion über die zukünftige Gestaltung Deutschlands als Teil eines Bollwerks gegenüber der Sowjetunion. Wie James P. May und William E. Paterson herausgearbeitet haben, ist Großbritanniens Zustimmung vom Sommer 1946 zur Bildung der Bizone als Konsequenz der nunmehr evident gewordenen Abhängigkeit des Inselstaates von den USA zu sehen.[123]

Vor diesem Hintergrund des anfänglichen Desinteresses und späteren nüchternen Kalküls der britischen Außenpolitik gegenüber Deutschland und unter Berücksichtigung der in Großbritannien selbst herrschenden

---

[121]) Vgl. James P. May und William E. Paterson, Die Deutschlandkonzeption der britischen Labour Party 1945–1949. In: Claus Scharf und Hans-Jürgen Schröder (Hg.), Politische und ökonomische Stabilisierung Westdeutschlands 1945–1949, S. 91.

[122]) Jochen Thies, What is going on in Germany? Britische Militärverwaltung in Deutschland 1945/46. In: Claus Scharf und Hans-Jürgen Schröder (Hg.), Die Deutschlandpolitik Großbritanniens und die britische Zone 1945–1949. Wiesbaden 1979, S. 31 f.

[123]) Vgl. James P. May und William E. Paterson, a.a.O. S. 90. Zur Abhängigkeit Großbritanniens von den USA vgl. auch a.a.O. S. 91: „Zu gleicher Zeit jedoch ging die Initiative, politische Entscheidungen zu treffen, an Amerika über, als Englands wirtschaftliche Schwäche offenbar wurde. Im Frühjahr 1947, als Deutschland aus praktischen Gründen fest unter die Aufsicht des Außenministeriums gestellt wurde, hatte England nicht mehr den Einfluß, maßgeblich in die Politik einzugreifen."

materiellen Not sind die Bemühungen einzelner britischer Privatleute, wie des jüdischen Verlegers Victor Gollancz, einzelner Besatzungsoffiziere, Kirchenvertreter und Politiker um eine Überwindung der durch den Krieg angestauten feindseligen Emotionen, einen Abbau von Vorurteilen und eine vorsichtige Annäherung zwischen dem englischen und deutschen Volk um so höher einzuschätzen.

a) Hilfsbereitschaft britischer kirchlicher Kreise

An erster Stelle seien hier die Besonnenheit und Zivilcourage des anglikanischen Bischofs von Chichester, Dr. George K. A. Bell, hervorgehoben, der noch mitten im Kriege die von Churchill befohlene Flächenbombardierung deutscher Städte aufs schärfste verurteilte und sich dadurch den Unwillen des Regierungschefs zuzog. Berücksichtigt man, daß die anglikanische Staatskirche keine Unabhängigkeit gegenüber dem Staat besitzt, sondern daß die Ernennung ihrer Bischöfe von der Krone auf Vorschlag des Premierministers erfolgt, so ist der Mut dieses Kirchenführers um so höher zu bewerten. Er mußte, wie anzunehmen ist, dafür den persönlichen Nachteil in Kauf nehmen, nach dem Kriege nicht zum Erzbischof von Canterbury ernannt zu werden, obwohl die Ernennung bereits vorgesehen war.[124]

Bell wurde am 4. Februar 1883 als ältester Sohn eines anglikanischen Pfarrers in Hayling Island geboren, besuchte das Christ Church College in Oxford, wo er – nach seiner Ordinierung und seiner Tätigkeit als Deacon – auch als „Lecturer and Tutor" wirkte. Seine Bemühungen galten dabei nicht nur den Studenten, sondern auch den Arbeitern, deren Bildungsstand zu verbessern er sich intensiv bemühte. Aufgrund seiner Hingabe und Tüchtigkeit ernannte ihn der Erzbischof von Canterbury, Randall Davidson, im Jahre 1914 zu seinem Privatsekretär. In seiner zehnjährigen Tätigkeit sozusagen in der Schaltstelle der anglikanischen Kirchenverwaltung gewann er eine Übersicht über alle wichtigen kirchlichen und darüber hinaus auch politischen Probleme seiner Zeit. Nach seiner Arbeit als Dean von Canterbury wurde er 1929 Bischof von Chichester. Schon unmittelbar nach dem Ersten Weltkrieg zeigte er

---

[124]) Vgl. George Bell, Alphons Koechlin. Briefwechsel 1933 bis 1954. Hg., eingeleitet und kommentiert von Andreas Lindt. Geleitwort von W. A. Visser't Hooft. Zürich 1969, S. 16. Zu den Verdiensten des Bischofs Bell vgl. auch Konrad Adenauer, a. a. O. S. 73.

großes Interesse für die internationale ökumenische Bewegung. Im Zusammenhang mit der Ablehnung der geplanten Revision des Book of Common Prayer durch das Unterhaus im Jahre 1928 kam Bell auch mit führenden deutschen evangelischen und katholischen Christen in Kontakt, die seine Auffassung bezüglich der Revision voll unterstützten. 1932–1936, also in der Zeit des beginnenden Kirchenkampfes in Deutschland, hatte Bell eine Führungsposition innerhalb der ökumenischen Bewegung inne und war auch in den folgenden Jahren tief beeindruckt von dem opfervollen Kampf der Bekennenden Kirche in Deutschland. 1938 konnte er zusammen mit dem Schweizer Kirchenführer Alphons Koechlin die Leiter der Bekennenden Kirche in Berlin besuchen. Besonders mit Dietrich Bonhoeffer verband den Bischof von Chichester eine enge Freundschaft, nachdem Bonhoeffer 1933–35 in London geweilt hatte. Bonhoeffer traf Ende Mai 1942 in Stockholm mit Bell zusammen und bat ihn um Vermittlung von Kontakten zwischen dem deutschen Widerstand und der britischen Regierung. Churchill und Eden lehnten es jedoch ab, nach einem etwaigen Sturz des Hitler-Regimes Friedensverhandlungen mit einer neuen deutschen Regierung zu führen. 1948 übernahm Bischof Bell in Amsterdam das Amt des Vorsitzenden von Zentralausschuß und Exekutive des Ökumenischen Rates der Kirchen. Am 3. Oktober 1958 starb er nach einem überaus segensreichen Leben, worin er auch noch Zeit zur Abfassung bedeutender Bücher gefunden hatte.[125]

Ebenso wie während des Krieges trat Bell, der als Lordbischof einen Sitz im britischen Oberhaus hatte, auch unmittelbar nach Kriegsende mit aufrüttelnden Reden zugunsten einer menschlichen Behandlung der besiegten Deutschen an die britische Öffentlichkeit. Er nahm auch jede sich bietende Gelegenheit wahr, Deutschland und insbesondere die britische Besatzungszone zu besuchen, um sich an Ort und Stelle über das Ausmaß des deutschen Elends nach dem Kriege zu informieren und Hilfsmaßnahmen einzuleiten.

Schon vor Bells erstem Besuch im Nachkriegsdeutschland im Oktober 1945 hatten sich Vertreter der britischen Militärregierung um die Förderung kirchlicher Aktivitäten in ihrer Besatzungszone bemüht, obwohl sie einigen evangelischen Kirchenführern und Pfarrern wegen deren Haltung im Dritten Reich mit Mißtrauen gegenüberstanden. So konnte z. B. in Schleswig-Holstein schon zum 14. August 1945 die Einberufung

---

[125]) Vgl. George Bell, Alphons Koechlin, a.a.O. S. 10–17.

einer vorläufigen Gesamtsynode nach Rendsburg erfolgen, weil die Militärregierung sich bereitfand, eine Ausnahme vom damals verhängten Versammlungsverbot zu gewähren.[126]

Bereits im Mai 1945 wurde der Theologe und Geisteswissenschaftler Col. R. L. Sedgwick zum Controller General of Religious Affairs in der britischen Besatzungszone ernannt und nahm als wohlwollender Beobachter im August 1945 an der katholischen Bischofskonferenz in Fulda und an der evangelischen Kirchenführerkonferenz in Treysa teil. Er war ein besonderer Bewunderer des Kardinals von Galen in Münster. Sedgwick hebt in seinem Bericht über die Konferenz in Treysa vom 27. August bis 1. September 1945 hervor, daß etwa fünfzig Prozent der anwesenden evangelischen Kirchenvertreter während der Herrschaft des Nationalsozialismus verfolgt und auch mißhandelt wurden. Major Wilson, der als Staff Chaplain der britischen Rheinarmee nach Treysa gekommen war, begrüßte die deutschen Teilnehmer im Namen der Britischen Protestantischen Kirchen und betonte das besondere Interesse der Kirche von Schottland an der Konferenz in Treysa. – Sedgwick zeigt sich besonders beeindruckt durch Pastor Niemöller und dessen kluge Ehefrau sowie durch den Stuttgarter Bischof Wurm, Eugen Gerstenmaier, Hans Lilje, Hannover, und Hans Asmussen. Er sprach auch mit Pastor von Bodelschwingh, dem Leiter der Anstalten von Bethel bei Bielefeld. – Der Beginn einer Ansprache von Pastor Niemöller erschien Sedgwick so bedeutungsvoll, daß er ihn in seinem Bericht (in englischer Übersetzung) zitiert. Niemöller hatte erklärt, man solle dankbar sein, daß der Krieg auf diese Weise zu Ende gegangen sei. Denn wenn ein deutscher Sieg errungen worden wäre, würde es in Deutschland in Zukunft kein Christentum mehr geben. Sedgwick verschweigt nicht, daß er Niemöller in den vorausgegangenen sechs Jahren mit einem gewissen Argwohn betrachtet hatte. Um so bedeutsamer ist jetzt der positive Eindruck, den er von Niemöller gewann. Er bezeichnet ihn als die herausragendste Gestalt der Konferenz. Während der Tagung wurde auch die höchst dringliche Frage möglicher Aktivitäten des ökumenischen Hilfswerks angesprochen.[127] Mit dem Aufbau des deutschen Hilfs-

---

[126]) Vgl. Kurt Jürgensen, Die Stunde der Kirche. Die Evangelisch-Lutherische Landeskirche Schleswig-Holsteins in den ersten Jahren nach dem Zweiten Weltkrieg. Neumünster 1976, S. 51 f.

[127]) Vgl. Report by Colonel R. L. Sedgwick on the Conference of Protestant Church Leaders held at Treysa, 27. August–1. September 1945. Als Dokument 4 veröffentlicht in Kurt Jürgensen, a.a.O. S. 277–285.

werks der evangelischen Kirche wurde in Treysa der Konsistorialrat (und spätere Bundestagspräsident) Dr. Eugen Gerstenmaier beauftragt. Während der Versammlung des Rates der evangelischen Kirche in Deutschland, die am 18. Oktober 1945 in Stuttgart stattfand, wurde auch über Möglichkeiten der Literaturhilfe aus dem Ausland gesprochen. Hier war es der Bischof von Chichester, Bell, der sich – neben Dr. Cavert und Georges Casalis für die amerikanische bzw. französische Zone – bereit erklärte, sich um eine Einfuhrerleichterung von Druckerzeugnissen in die britische Besatzungszone, was eine Milderung der Zensurbestimmungen zur Voraussetzung hatte, zu bemühen.[128]

Diese Versammlung des Rates der EKD im Oktober 1945 in Stuttgart war, nach erfolgter Neuformierung der deutschen evangelischen Kirche in Treysa, von besonderer Bedeutung für die Schaffung einer Vertrauensbasis zwischen deutschen und ausländischen evangelischen Christen. Einen eindrucksvollen Bericht über den Verlauf dieser Tagung verfaßte der Präsident des Schweizerischen Evangelischen Kirchenbundes, Alphons Koechlin, in Basel unmittelbar nach seiner Rückkehr aus Stuttgart.[129] Dem Sekretariat des Ökumenischen Rates gelang es, die Reise einer internationalen Delegation von Kirchenvertretern zu der Stuttgarter Tagung vorzubereiten, um eine Begegnung mit den führenden deutschen kirchlichen Repräsentanten zu ermöglichen. Die Mitglieder der ökumenischen Delegation waren: der Generalsekretär des Ökumenischen Rates, der Niederländer Dr. Visser't Hooft, der Generalsekretär des Federal Council der Kirchen von Amerika, Dr. Cavert, der Bischof von Chichester, Dr. George Bell, der Präsident des Schweizerischen Evangelischen Kirchenbundes, Alphons Koechlin, sowie der niederländische Missionswissenschaftler Prof. Hendrik Kraemer, Pfarrer Pierre Maury aus Paris und der Vetreter der amerikanischen Lutheraner beim Rekonstruktionsdepartment in Genf, Dr. Sylvester Clarence Michelfelder. Die Ausländer wurden während ihrer Reise als Gäste des französischen Militärgouverneurs, General Koenig, behandelt. Sie waren unterwegs besonders erschüttert vom Anblick zerstörter deutscher Städte.

Die deutschen Tagungsteilnehmer einschließlich ihres Vorsitzenden,

---

[128]) Vgl. den Bericht von Alphons Koechlin, Basel, vom Oktober 1945 über die Ökumenische Mission nach Deutschland vom 15.–21. Oktober 1945. Abgedruckt in George Bell, Alphons Koechlin, a.a.O. S. 425–440, bes. S. 438.
[129]) Vgl. a.a.O. S. 425–440.

des Stuttgarter Landesbischofs Wurm, hatten wegen der schlechten Nachrichtenverbindung in der ersten Nachkriegszeit keinerlei Information über das Nahen der Ökumenischen Delegation erhalten und wurden daher von deren Eintreffen völlig überrascht, änderten aber sofort das Programm ihrer Tagung, um Zeit für Gespräche mit den Gästen zu schaffen. Während Niemöller im Verlauf der Begegnung besonders der durch Deutsche verursachten Leiden anderer Völker gedachte, hob Bischof Dibelius vor allem die Not der Deutschen selbst hervor, das Flüchtlingselend, den Hunger und die Obdachlosigkeit. Den stärksten vertrauensfördernden Eindruck auf die Vertreter der Ökumene machte zweifellos die berühmte, allerdings später in deutschen Kreisen auch umstrittene, sog. Stuttgarter Schulderklärung, die unterzeichnet wurde von den Bischöfen Wurm, Meiser und Dibelius, den Superintendenten Hahn und Held, dem Landesoberkirchenrat Lilje, den Pfarrern Asmussen, Niemöller und Niesel sowie Prof. Dr. Smend und Dr. Gustav Heinemann, dem späteren deutschen Bundespräsidenten. In dieser Erklärung ist u. a. die Rede von einer Solidarität der Schuld der Unterzeichner mit dem deutschen Volk. Der französische Vertreter Pierre Maury antwortete tief bewegt auf dieses Bekenntnis und sprach von einer neuen Hoffnung. – Entsprechend der Thematik dieses Kapitels sei hier das Hauptaugenmerk auf die nach Ansicht Koechlins schon vor seiner Abreise verfaßte Ansprache des britischen Vertreters, des anglikanischen Bischofs Bell von Chichester, gerichtet. Er überbrachte den Gruß der anglikanischen Kirche, des British Church Council und der deutschen Pfarrer, die während des Krieges in Großbritannien Aufnahme gefunden hatten, und übergab dem Landesbischof Wurm ein persönliches Schreiben des Erzbischofs von Canterbury. Er erinnerte an seine guten Kontakte, die er auch während des Krieges mit Vertretern der Bekennenden Kirche gehabt hatte, und gedachte mit Erschütterung der Opfer und Leiden mancher deutscher Kirchenvertreter im Dritten Reich, insbesondere des Todes von Dietrich Bonhoeffer. Er sprach auch über die Judenverfolgung, über das deutsche Vorgehen in Polen und anderen besetzten Gebieten während der Kriegszeit, aber auch über die Vorgänge in Osteuropa nach Kriegsende. Er erkannte klar die Notwendigkeit persönlicher Begegnungen zwischen Engländern und Deutschen zum Zweck des gegenseitigen Kennenlernens und des Abbaus von Vorurteilen. Daher forderte er wechselseitige Besuche und konnte mitteilen, daß das War Office bereits seine grundsätzliche Zustimmung zu einer Reise deutscher Kirchenvertreter nach Großbritannien erklärt hatte, ohne allerdings einen genauen Termin zu nennen. Hier sei ergänzend erklärt, daß der Hannoversche Oberkirchenrat Cillien tatsächlich im Sommer 1946 eine 14tägige Reise nach Großbritannien antreten konnte, wo er mit namhaften britischen Vertretern des politischen und kirchlichen Lebens zusammentraf, u. a. wiederum mit Bischof Bell. Von dessen Hilfsbereitschaft und Wohlwollen zeigte sich der deutsche Gast besonders beeindruckt, ebenso wie von der Freundlichkeit des Deans von St. Paul, Matthews. Diese positiven Erfahrungen waren für Cillien ein Beweis dafür, „daß die englischen Christen bereit waren, dem geschlagenen Gegner ohne Ressentiments die Hand zu reichen".[130] Auch aus der Tatsache, daß Cillien mit dem späteren Bundeskanzler Adenauer in Kontakt stand und ihm einen detaillierten Bericht über seine Englandreise lieferte, ist auf die Bedeutung dieser Begegnungen für eine echte britisch-deutsche Annäherung zu schließen. Cillien hatte Adenauer gegenüber z. B. hervorgehoben, „ . . . wie sehr sich die Engländer den Respekt vor der Individualität eines fremden Volkes bewahrt hätten".[131]

In Stuttgart überbrachte auch der amerikanische Vertreter, Dr. Michelfelder, eine Einladung, deutsche kirchliche Repräsentanten in die USA zu entsenden. Er bekundete den Willen der amerikanischen evangelischen Kirchen, Hilfe zu leisten und auch als Vermittler zwischen den Deutschen und der amerikanischen Besatzungsmacht aufzutreten.

Nach der Stuttgarter Tagung besuchte Lordbischof Bell von Chichester Ende Oktober 1945 das zerstörte Hamburg und hörte sich während eines Empfanges, den er im Hause der britischen Militärregierung für die hamburgischen und schleswig-holsteinischen evangelischen Kirchenführer gab, deren Berichte über die Not und die Leiden der Deutschen an, z. B. über „Greuel im Osten, Frauenschändungen, Ausweisungen der ostdeutschen Bevölkerung, Hunger, Kälte, ungerechte Entnazifizierung, Zurückhalten der Kriegsgefangenen – und zu allem das schweigende Gewissen der Weltchristenheit".[132] Vorgetragen wurden die deutschen Sorgen hauptsächlich durch Professor D. Rendtorff, Präses Halfmann und Hauptpastor Herntrich. Präses Halfmann zeigte sich allerdings enttäuscht, da er den Eindruck gewonnen hatte, der britische Kirchenvertreter verkenne die Gefahren, die nach der Niederwerfung des Natio-

---

[130]) Konrad Adenauer, a. a. O. S. 73.
[131]) Ebd.
[132]) Kurt Jürgensen, a. a. O. S. 182 f.

nalsozialismus jetzt von dem totalitären, bolschewistischen Regime im Osten drohten.[133]

Führende Mitglieder der britischen Besatzungsmacht organisierten bald darauf noch weitere Treffen zwischen englischen, schottischen und deutschen evangelischen kirchlichen Repräsentanten, so z. B. Ende November 1945 in Kiel und im Oktober 1946 auf Gut Altenhof bei Eckernförde. Im Zuge der Übergabe von mehr Kompetenzen an deutsche Stellen maß die britische Militäradministration den deutschen evangelischen Kirchenkreisen Bedeutung bei, was der Empfang der Führer der einzelnen evangelischen Landeskirchen der Britischen Zone durch den britischen General Templer im Februar 1946 im Hauptquartier der britischen Militärregierung in Lübbecke beweist. Allerdings nahmen sie dort hauptsächlich Informationen des Generals entgegen.

Beachtenswert wegen der Betonung der Gleichheit der christlichen Völker aufgrund ihres gemeinsamen Glaubens ist die Botschaft, die der anglikanische Erzbischof von Canterbury, Geoffrey Cantmar, bereits im November 1945 an das deutsche Volk richtete. Er betonte darin die Möglichkeit einer künftigen Zusammenarbeit von Großbritannien, Deutschland und anderen Nationen zur gemeinsamen Gestaltung der Zukunft.[134]

Lordbischof Bell ermöglichte sogar am 30. Oktober 1945 nach seiner Rückkehr aus Deutschland den Abdruck eines Briefes des deutschen evangelischen Bischofs Wurm im Manchester Guardian, um der britischen Leserschaft die Meinung eines Deutschen zur Kenntnis zu bringen.[135]

Bell nutzte seine Mitgliedschaft im britischen Oberhaus, um in eindringlichen Reden zur Hilfe für die Deutschen aufzurufen, so z. B. am 5. Dezember 1945, als er seine Landsleute auf die Bedrohung vieler Deutscher durch Hunger, Kälte und Obdachlosigkeit aufmerksam machte und trotz der Erinnerung an die Verantwortlichkeit des ehemaligen Kriegsgegners für sein jetziges Elend an die Humanität der Briten appellierte. Auch in Briefen, anderen Reden und z. B. in einer Rundfunkpredigt vom 3. März 1946, die in seinem 1946 in London veröffentlichten Buch „The Church and Humanity (1939–1946)" gesammelt sind, rief er zur Hilfe für die früheren Feinde in Deutschland und Japan auf.[136]

---

[133]) Vgl. a. a. O. S. 185.
[134]) Vgl. a. a. O. S. 182 f.
[135]) Vgl. a. a. O. S. 249 f.
[136]) Vgl. a. a. O. S. 436, Anm. 19.

Historische Einsicht und politischen Weitblick, verbunden mit christlichem Verantwortungsbewußtsein, beweist Bell in seinem öffentlichen Vortrag über Deutschland und das Christentum, den er Ende Februar 1946 in Basel im Anschluß an die Genfer Tagung des Vorläufigen Ausschusses des Weltrates der Kirchen hielt. Dieser Vortrag wurde einem breiteren Schweizer Publikum zugänglich, da der schweizerische Kirchenpräsident und Freund Bells, Alphons Koechlin, für seine teilweise Veröffentlichung in Schweizer Zeitungen sorgte.[137] Bell behandelt sein Thema unter zwei Aspekten: zunächst aus der Sicht des Europäers und erst danach, in einem sehr viel knapperen zweiten Teil, aus der Sicht eines Christen – wie er sagt – im weitesten Sinne des Wortes. Als Europäer ist er sich bewußt, daß letztlich das Wohl Europas und damit der ganzen Welt als Kriterium für die Beurteilung der Richtigkeit oder Unangemessenheit der Behandlung Deutschlands durch die Siegermächte anzusehen sei. Erstaunlicherweise bezeichnet er schon damals, noch vor Churchills berühmter Züricher Rede, die Einheit Europas als das eigentliche Anliegen. Dabei deutet er bereits ganz im Sinne der nichtkommunistischen Résistancebewegungen während des Krieges die Notwendigkeit der Aufgabe gewisser Souveränitätsrechte der einzelnen Staaten zugunsten supranationaler Institutionen an. Da er sich selbst einen Europäer nennt, zählt er Großbritannien offensichtlich auch zu diesen Staaten und beschränkt seine Überlegungen keineswegs nur auf Kontinentaleuropa. Deutschland bezeichnet er als das eigentliche Herz Europas. Da er zudem meint, man müsse „auf Europas Einheit nicht primär vom politischen, sondern zuerst vom kulturellen und dann vom wirtschaftlichen Standpunkt aus blicken", ergibt sich für ihn die Notwendigkeit, der kulturellen und der wirtschaftlichen Situation Deutschlands nach dem Kriege besondere Aufmerksamkeit zu schenken. Er erinnert daran, daß es seit Jahrhunderten eine Tradition der europäischen Gesinnung in Deutschland gab, und bezeichnet als europäisch gesinnte Menschen die „Nachkommen" der großen Dichter, Schriftsteller, Musiker, Philosophen und Gelehrten. Er erwähnt auch die Tötung vieler führender Vertreter dieses älteren und besseren Deutschlands durch die Nationalsozialisten, wobei er ausdrücklich an die Folgen des mißglückten Attentats vom 20. Juli 1944 erinnert. Andererseits sei die

---

[137]) Der Basler Vortrag Bells ist abgedruckt in: George Bell, Alphons Koechlin, a.a.O. S. 393–401.

jüngere Generation – abgesehen von Ausnahmen, wie er einräumt – vom Gedankengut des Hitlertums vergiftet. Außerdem herrschen in den zerstörten Städten, wo die Bevölkerung in Kellern und anderen Notunterkünften hause, Elend und Verzweiflung. Dazu komme noch die Tatsache, daß die Deutschen ihrer Führungskräfte weitgehend beraubt worden seien, da die ehemaligen Parteimitglieder aus ihren Ämtern entfernt worden seien und die „unbelasteten" Führungsreserven sehr gering seien. Aus diesen Fakten ergibt sich für Bell die Notwendigkeit der Verbesserung der verzweifelten kulturellen und materiellen Lage der deutschen Bevölkerung, damit aus Haß und Erbitterung nicht das Potential für einen späteren neuen Krieg entstehe. Er sieht klar, daß nach der bedingungslosen Kapitulation der Deutschen die Verantwortung für die künftige Entwicklung in Deutschland und Europa und somit auch auf globaler Ebene bei den Besatzungsmächten liegt. Diese Gedankengänge stimmen mit der Argumentation von Victor Gollancz überein, wie aus dem nächsten Kapitel dieses Buches zu ersehen sein wird.

Bell hofft, daß man die deutschen Schulen und Universitäten sowie überhaupt die Leser mit klassischer Literatur des In- und Auslandes sowie mit ausländischen Zeitungen versorgen werde. Wie schon erwähnt, setzte sich Bell bereits für eine Lockerung der Einfuhrbestimmungen für Literatur ein. In seinem Vortrag verlangt er die Beendigung der geistigen Isolation Deutschlands, um der großen Erziehungsaufgabe – vor allem auf politischem Gebiet – gerecht zu werden, denn erforderlich seien „die Vermittlung großzügiger demokratischer Ideen . . . , die Einübung in die Freiheit und das Praktizieren sozialer und politischer Verantwortung".[138] Zur Erreichung dieser Ziele sei die Unterstützung der richtigen deutschen Lehrer notwendig. Fast könnte man glauben, Bell erliege der Versuchung der nationalen Selbstgerechtigkeit, wenn er fordert: „. . . wir müssen vermeiden, daß Empörung und Haß entstehen, wir müssen zur Arbeit begeistern, indem wir unsere Politik als ein Beispiel für ein westliches demokratisches Bollwerk hinstellen"[139], wenn er nicht am Schluß seines Vortrages in echt christlicher Gesinnung die Mahnung ausspräche: „Aber wir müssen unsere eigenen Fehler ebenso zugeben."[140] Er erinnert dann sogar an das Bibelwort: „Wer unter euch ohne Sünde ist, werfe den ersten Stein."

---

[138]) A.a.O. S. 396.
[139]) Ebd.
[140]) A.a.O. S. 401.

Weiterhin warnt Bell in seinem Vortrag davor, Deutschland in der Zukunft wieder zu einer Militärmacht werden zu lassen. Insbesondere die Atomenergie dürfe nicht von Deutschen benutzt werden. Zur Verhinderung eines Wiederauflebens des deutschen Militarismus und zur Vorbeugung gegen das Entstehen von Revanchegelüsten empfiehlt er, den Deutschen ein Leben in Zufriedenheit zu ermöglichen. Dazu sei erforderlich: „ (1) Daß Deutschland von rein wirtschaftlichen Gesichtspunkten aus eine Einheit wäre, (2) daß es genug industrielle Güter für den Export hätte, um es in die Lage zu versetzen, sich selbst zu erhalten, (3) daß es nicht durch zusätzliche Bevölkerungsgruppen aus anderen Staaten übervölkert werde, (4) daß es genug Arbeit gebe, damit alle leistungsfähigen Menschen etwas zu tun haben."[141]

Bell glaubt, mit Hilfe der USA sei die Erfüllung dieser Bedingungen nicht nur in Deutschland, sondern in allen Ländern zu erreichen.

Schließlich übt der Lordbischof scharfe Kritik an den Potsdamer Beschlüssen, insbesondere an der Abtrennung der deutschen Ostgebiete und der Massenvertreibung von Deutschen, und weist auf die negativen Folgen hin, welche die Verschiebung der Grenzen im Osten für die Zukunft ganz Europas haben werde. Bells besondere Klugheit und Geschicklichkeit zeigen sich darin, daß er das deutsche Problem stets unter dem Aspekt des europäischen Interesses angeht. So betont er z. B., er lege Wert darauf, festzustellen, „ ... daß das, was bisher im Blick auf Deutschlands Zukunft beschlossen wurde, ungerecht gegenüber Europa"[142] sei.

In dem zweiten Teil seines Vortrages, in welchem er die Probleme aus dem Blickwinkel des Christen zu fassen versucht, würdigt er zunächst die deutsche Widerstandsbewegung gegen Hitler, dann übt er Kritik an der, wie er meint, zu großen Unterwürfigkeit der deutschen Bevölkerung gegenüber dem Staat, appelliert an die Christen der ganzen Welt, die Christen in Deutschland zu unterstützen, und gibt eine Analyse der Weltsituation einschließlich der kommunistischen Gefahr, so daß man hierin geradezu die Widerlegung des obengenannten Halfmannschen Vorwurfs, Bell habe keinerlei Einblick in die neue Bedrohung der Welt nach der Niederwerfung des Nationalsozialismus, sehen muß.

Auch wenn dieser Vortrag kaum Einfluß auf die Deutschlandpolitik der britischen Labourregierung gehabt haben mag, so dürfte er die von

---

[141] A.a.O. S. 398.
[142] A.a.O. S. 399.

ihm erreichten Adressaten doch nachdenklich gestimmt haben. Für den Historiker ist es jedenfalls wichtig, nachweisen zu können, daß es prominente Persönlichkeiten in den Siegerstaaten gab, die bereits kurz nach Kriegsende öffentlich für eine versöhnliche, vernunftgesteuerte Haltung ohne Rachegelüste gegenüber dem besiegten Feind eintraten.[143]

Im Februar 1946 schrieb Bell auch einen öffentlichen Brief an seine Freunde in der evangelischen Kirche in Deutschland, worin er als Reaktion auf die Stuttgarter Schulderklärung die Christen Großbritanniens aufforderte, ihren deutschen Brüdern im Geiste der Nächstenliebe tatkräftig zu helfen. Er bekundete sogar seine Dankbarkeit für das mutige Beispiel der deutschen Bekennenden Kirche, auch im Hinblick auf die kirchliche Neuordnung.[144]

Vom 16.–30. Oktober 1946 unternahm Bell erneut eine Reise in die britische Besatzungszone, diesmal an der Spitze einer britischen Kirchendelegation, die insgesamt zehn Würdenträger u. a. von der Church of England, der Church of Scotland, der English Free Church und der römisch-katholischen Kirche umfaßte. Wie aus dem 1947 veröffentlichten Bericht über diese Reise hervorgeht, maß die Delegation den Gesprächen mit General Robertson in Berlin und General Bishop im britischen Hauptquartier in Lübbecke besondere Bedeutung bei. Beide Generale gaben bereitwillig Auskünfte und nahmen zugleich eine Reihe von „Principal Recommandations", also Empfehlungen der Kirchenvertreter, entgegen, u. a. zur Verbesserung der Ernährungslage in Deutschland, zum Abschluß der Entnazifizierung sowie zur Steigerung der Autorität der Religious Affairs Branch. Da die britischen Kirchenführer mit der Not der Deutschen bestens vertraut waren und ihre Ansichten und Verbesserungsvorschläge bei ihren Landsleuten in den Spitzenpositionen der Militäradministration engagiert vortrugen, kann man die Auffassung

---

[143]) Vgl. dazu auch die persönliche Bemerkung von Kurt Jürgensen, a.a.O. S. 253: „In vielen Gesprächen mit noch lebenden ehemaligen britischen Besatzungsoffizieren und mit geistlichen Würdenträgern und Politikern der ‚ersten Stunde' ist mir etwas klar geworden, was sich aus den schriftlichen Quellen gar nicht in seiner Gewichtigkeit beweisen läßt: nämlich die von außen im Ost-West-Konflikt begünstigte und darüber hinaus vor allem auch innerlich mitgetragene Entwicklung von der zum Teil haßgeprägten Kriegsgegnerschaft zur Freundschaft. Die äußere, ungesuchte Begegnung von Siegern und Besiegten hat auf beiden Seiten vielen die Augen geöffnet für das wahre Wesen des jeweilig anderen Volkes; sie hat im christlichen Geiste die Hilfsbereitschaft geweckt und das wechselseitige Verstehen gefördert."

[144]) Vgl. a.a.O. S. 252 sowie S. 436f., Anm. 21.

von Kurt Jürgensen teilen, die britischen Kirchenrepräsentanten seien gleichsam als Anwälte des deutschen Volkes aufgetreten.[145]

Auch der damalige Educational Adviser, Robert Birley, erkannte die Notwendigkeit von Kontakten zwischen britischen und deutschen Christen, um gegenseitige Vorurteile abzubauen. Eben diesem Ziel des geistigen Brückenschlags zwischen den Völkern diente auch der Burge Memorial Trust, der den Namen des früheren Bischofs von Oxford trug.[146]

Für den schleswig-holsteinischen Raum sind für die Jahre von 1945–49 zahlreiche persönliche Begegnungen zwischen britischen und deutschen Christen belegt, worin durch besseres Kennenlernen der Abbau von Vorurteilen ermöglicht wurde. Angehörige der britischen Besatzungsmacht besuchten z. B. deutsche Gottesdienste oder wohnten den Amtseinführungen der deutschen Bischöfe Halfmann und Wester im Januar bzw. November 1947 bei. Auf der anderen Seite hatten Deutsche die Gelegenheit, in den Kirchengebäuden, die britischen Garnisonsgemeinden zur Verfügung gestellt wurden, britische Gottesdienste mitzuerleben. In einigen Gemeinden Schleswig Holsteins bildete man sogar deutsch-englische Gesprächskreise, die dann zum British-German Christian Fellowship zusamengefaßt wurden.[147] Anerkennend erwähnt sei in diesem Zusammenhang noch die Tatsache, daß auch aus Großbritannien Lebensmittelpakete von Privatleuten an deutsche Privatleute geschickt wurden.[148]

Am 20. August 1946 hielt der britische Zivilgouverneur, Air Vice Marshall Hugh de Crespigny, eine Ansprache auf dem Kirchenkongreß in Rendsburg.[149] Darin wies er auf die besonders verantwortungsvolle Aufgabe der Kirche bei der Suche des deutschen Volkes nach neuen Wertbegriffen hin. Wie die nicht-kommunistischen Résistanceführer hielt er den übertriebenen Nationalismus für die gefährlichste unter den Hauptkriegsursachen in Europa, die es zu bannen galt. Er wandte sich gegen die Unterschiede im Lebensstandard einzelner Volksschichten sowie gegen die Vorrechte der einzelnen Völker, womit er offenbar für den Abbau gewisser nationalstaatlicher Souveränitätsrechte plädieren

---

[145]) Vgl. ebd. und S. 436, Anm. 20.
[146]) Vgl. a.a.O. S. 188.
[147]) Vgl. a.a.O. S. 189.
[148]) Vgl. Alfred Grosser, a.a.O. S. 88.
[149]) Die Ansprache ist abgedruckt als Dokument 19 in Kurt Jürgensen, a.a.O. S. 318f.

wollte. Die Vorbereitung einer Denkweise, die er als „internationale Anschauung" bezeichnete, hielt er für eine wichtige Aufgabe der Kirche, neben der Mission, die wahre Demokratie zu fördern mit dem Ziel der Erreichung eines dauerhaften Friedens zum Wohle der Menschheit. Zugleich appellierte er an das Verantwortungsbewußtsein der Eltern, erinnerte an die Bedeutung der Familie als Keimzelle des Staates und würdigte die Aufgabe der Frau und Mutter, wobei er vor allem die Mütter ermutigte, ihren Einfluß über den häuslichen Bereich hinaus geltend zu machen und ihren Standpunkt auch öffentlich zu vertreten. Abschließend mahnte er die Kirchenvertreter, ihre Erziehungsaufgabe zur Befähigung der Menschen, einen besseren Staat aufzubauen, zu erfüllen. – Diese Ansprache war offensichtlich von großem Ernst und ehrlichem Wohlwollen gegenüber den deutschen Zuhörern getragen.

b) Einflußnahme britischer Privatleute und Verbände auf die britische öffentliche Meinung zugunsten Deutschlands

Besondere Anstrengungen zur Aufrüttelung des Gewissens der Engländer in bezug auf die Besatzungspolitik in Deutschland unternahm ausgerechnet der einflußreiche jüdische Verleger und Publizist Victor Gollancz. Aufgeschreckt durch Pressemeldungen, daß in der britischen Besatzungszone Menschen hungerten und sogar verhungerten, veröffentlichte er zunächst im April 1946 in London eine schmale Schrift mit dem titel „Leaving them to their fate: The ethics of starvation", worin er, geschickt argumentierend, vor den möglichen Folgen einer derart unmenschlichen Haltung der Sieger warnte, denn sie könnte den Keim zu einem späteren Rachefeldzug in der nächsten Generation der Deutschen legen.

Anhand von Zahlen wies der jüdische Philanthrop nach, daß die den Menschen in der britischen Zone im November 1945 zur Verfügung stehende Kalorienmenge unter dem notwendigen Minimum lag und in den folgenden Monaten noch weiter verringert werden sollte. Das Argument, die Rationierung von Lebensmitteln in Großbritannien selbst sei der Beweis für die eigene Notsituation der Briten, ließ Gollancz nicht gelten, da die britischen Rationen im März 1946 das Existenzminimum, wenn auch nur geringfügig, überstiegen.[150]

---

[150]) Vgl. Victor Gollancz, Leaving them to their fate. London 1946. S. 15f.

Daß keine Zeit mehr zu verlieren war, entnahm Gollancz der Rede von John Hynd, Chancellor of the Duchy, welche dieser am 10. März 1946 in Sheffield hielt. Hynd verwies darin auf die katastrophale Ernährungslage in der britischen Besatzungszone und verlangte die unverzügliche Ankunft von hundertfünfzigtausend Tonnen Weizen in Deutschland.[151]

Gollancz verschloß seine Augen auch nicht vor der Hungersnot in Indien. Durch seine Bemerkung, sowohl in Deutschland als auch in Indien seien es Millionen einzelner Menschen „wie du und ich", die litten, versuchte er seine Landsleute aufzurütteln. Um das Argument der deutschen Schuld zu relativieren, verwies er auf die Not der Kinder, die doch nur ein Irrer für schuldig halten könne, und erinnerte an die vielen deutschen Opfer der Hitlerschen Willkürherrschaft.

Für die Haltung der Briten stellte Gollancz drei Leitgedanken auf: 1. Unabhängig von der Haltung anderer Staaten sollten sie alles in ihrer Macht Stehende tun, um das Leiden zu erleichtern, wo immer es ihnen begegne. 2. Das Kriterium für die Gewährung der Hilfe solle allein der Grad der Bedürftigkeit sein und nichts anderes. 3. Es bestehe eine besondere Verpflichtung gegenüber Deutschland.[152]

Besonders stringent waren die Erläuterungen, die Gollancz für die dritte These gab: Die besondere Verantwortung der Briten resultiere aus der bedingungslosen Kapitulation der Deutschen. Dadurch mußten die Besiegten sich in völliger Hilflosigkeit der Gnade ihrer Sieger ausliefern, andernfalls wären sie durch die Bomber bis zum letzten Mann vernichtet worden. Diese Tatsache lege einer Nation, die sich selbst als „civilized" bezeichne, eine besondere Verpflichtung auf. Zur Untermauerung seiner Ansicht erinnerte Gollancz an zwei Versicherungen Churchills. Dieser habe am 20. August 1940 erklärt, die Zerschlagung der Nazi-Herrschaft werde dem deutschen und dem österreichischen Volk sofort Lebensmittel, Freiheit und Frieden bringen. Noch am 18. Januar 1945 habe der britische Premierminister seine wiederholt gemeinsam mit dem Präsidenten der Vereinigten Staaten von Amerika abgegebenen Erklärungen bekräftigt, das Erzwingen einer bedingungslosen Kapitulation enthebe die Siegermächte in keiner Weise ihrer Obligationen zur Humanität oder ihrer Pflichten als „civilized" und christliche Nationen. Churchill habe hinzugefügt: Wir sind keine Ausrotter von Nationen oder Schlächter von Völkern.

---

[151]) Vgl. a.a.O. S. 17.
[152]) Vgl. a.a.O. S. 24f.

Gollancz übte dann Kritik an den Potsdamer Beschlüssen, vor allem der Abtrennung der fruchtbaren deutschen Ostgebiete und der Austreibung der deutschen Bevölkerung. Denn dadurch sei die Einwohnerzahl der britischen Zone noch erheblich gestiegen, was zu einer weiteren Verschärfung des Ernährungsproblems geführt habe. Gollancz verschwieg keineswegs seine Kenntnis der Judenvernichtung, meinte aber, man dürfe nicht dem Beispiel der Nazis folgen, und wiederholte unter Berufung auf die liberale und christliche Ethik, der Grad der Bedürftigkeit sei das Kriterium für die Gewährung von Hilfe.[153]

Gollancz selbst gründete, gemeinsam mit anderen britischen Persönlichkeiten, unter ihnen der im vorigen Kapitel dieses Buches gewürdigte anglikanische Bischof Bell von Chichester sowie die beiden Unterhausabgeordneten Michael Foot und R. R. Stokes, die Hilfsorganisation „Save Europe Now", die ein großes Echo in der britischen Bevölkerung fand. So schrieb z. B. ein Bergarbeiter im Namen von vierzig anderen Bergleuten aus seiner Stadt, jeder von ihnen sei bereit, ein unterernährtes Kind aus Europa aufzunehmen und die Rationen mit ihm zu teilen, wenn die Kinder hergebracht werden könnten. Es würde ihnen auch nichts ausmachen, wenn es sich um deutsche Kinder handeln würde.[154] – Die Hilfsorganisation bemühte sich auch um politische Einflußnahme, denn in einem Aufruf ermutigte sie ihre Anhänger, durch Briefe an ihre jeweiligen Unterhausabgeordneten dem Hilfsprogramm Nachdruck zu verleihen. Die Parlamentarier würden ihr Engagement für dieses Anliegen vom Wählerwillen abhängig machen.

Am Schluß seines leidenschaftlichen Plädoyers für eine menschenwürdige Behandlung des ehemaligen Feindes bekräftigte Gollancz, es könne keinen mächtigeren Garanten für den Frieden in Europa und somit in der Welt geben als ein deutsches Volk, das diesen Frieden wirklich anstrebe. Aber der Hunger sei nicht das richtige Mittel zur Erreichung dieses Ziels, das ja auch im britischen Interesse liege.[155]

Vom 2. Oktober bis 15. November 1946 besuchte Victor Gollancz die britische Besatzungszone, um sich an Ort und Stelle über die Leiden der deutschen Bevölkerung zu informieren. Den größten Teil dieser Zeit verbrachte er in Hamburg, Düsseldorf und im Ruhrgebiet, besuchte daneben auch die kleineren ostwestfälischen Städte Bünde, Herford und

---

[153]) Vgl. a.a.O. S. 31–34.
[154]) Vgl. a.a.O. S. 25.
[155]) Vgl. a.a.O. S. 42.

Minden, in denen sich die britische Militärverwaltung eingerichtet hatte, sowie die norddeutsche Stadt Kiel. Eine Fahrt nach Berlin war ihm nicht möglich. Erschüttert von dem Elend – vor allem der deutschen Kinder –, das er in den Großstädten antraf, und empört über die Uninformiertheit vieler britischer Zonenbeamter, die ihren Dienst im Büro versahen, ohne Kontakt zur deutschen Bevölkerung zu suchen, schrieb Gollancz am 30. Oktober sowie am 8. und 12. November 1946 aus Düsseldorf Briefe an die Herausgeber der „Times" und des „News Chronicle", worin er die schlechte Ernährungs- und Wohnungssituation der deutschen Familien beschrieb. Unmittelbar nach seiner Rückkehr veröffentlichte Gollancz noch achtzehn weitere Briefe und Artikel, um die britische Öffentlichkeit auf die verzweifelte Situation in Deutschland aufmerksam zu machen. Darüber hinaus publizierte er Anfang 1947 in London ein fast dreihundert Seiten umfassendes Buch mit dem Titel „In darkest Germany", dessen größerer Teil (144 Seiten) aus erschütternden Photos von hungernden, ärmlich gekleideten deutschen Kindern zwischen Ruinen bestand. Da es damals noch kein Fernsehen gab, war dieses Bildmaterial eine wichtige Hilfe, um den britischen Lesern die Alltagssituation im besiegten Deutschland zu veranschaulichen.

Wie Gollancz ausdrücklich hervorhob, schrieb er dieses Buch im Namen der Mitglieder der Organisation „Save Europe Now" sowie einer wachsenden Anzahl von Unterhausabgeordneten und einiger Journalisten, besonders von „The Times" und „The Manchester Guardian", die sich für Gerechtigkeit einsetzten. Die Frage, warum gerade er als Jude sich für deutsche Interessen verwende, wußte er geschickt zu beantworten durch den Hinweis auf die eigentliche Mission der Juden, nach mehr als 1900jähriger Verfolgung eine besondere Bereitschaft zur Versöhnung zu zeigen. Außerdem vertrat der die Meinung, nicht nur die Deutschen, sondern alle hätten „gesündigt". Eine tiefe psychologische Einsicht steckt hinter der Feststellung, daß eine gute – und nicht etwa eine schlechte – Behandlung die Menschen gut mache.[156]

Mit klugen Argumenten versuchte Gollancz, die Sinnlosigkeit der Demontage deutscher Fabriken zu beweisen. Wenn nach der Firma Dortmund-Union auch die Hoesch-Werke vernichtet würden, bedeute dies den Ruin für die Stadt Dortmund, da die Dortmunder Finanzen hauptsächlich von diesen beiden großen Firmen abhingen. Da eine der größten Kunstdüngerfirmen der britischen Zone ebenfalls von Hoesch

---

[156]) Vgl. Victor Gollancz, In darkest Germany. London 1947, S. 18f.

abhänge, werde die deutsche Nahrungsmittelerzeugung durch die Demontage des Werks aufs schwerste getroffen. Außerdem würden eine Zementfabrik sowie die Eisenbahn und Autohersteller die Folgen zu spüren bekommen, da sie auf die Produkte der Firma Hoesch angewiesen seien. Dreißigtausend Menschen würden durch den Verlust der Arbeitsplätze betroffen sein, was um so schlimmer sei, als gerade diese Firma ein besonders gutes Altersversorgungssystem aufgebaut hatte. Die Arbeitslosigkeit würde die Menschen mitten im Winter treffen, noch dazu in einem Gebiet, das besonders unter Nahrungsmittelknappheit leide. Mit scharfen Worten kritisierte Gollancz dann den Plan der Demontage der Firma Mathes und Weber in Duisburg, die das zur Waschmittelherstellung benötigte Soda lieferte und deren Verschwinden auch den Ruin der großen Seifenfirma Henkel bewirkt hätte. Da er darin keinerlei Sinn sah, erwähnte er – allerdings verneinend – ein Gerücht, wonach möglicherweise einer der Alliierten die deutsche Konkurrenz habe ausschalten wollen. Die eigene, britische Seifen-Industrie nahm er dabei in Schutz durch den Hinweis, sie habe sich verzweifelt bemüht, in letzter Minute noch einen Aufschub der Demontage der deutschen Firma zu erreichen. Empört wandte sich Gollancz auch gegen die Absicht, deutsche Zementwerke zu demontieren, da man Zement zum Aufbau der deutschen Städte benötige.[157] Mit psychologischem Einfühlungsvermögen erkannte der Autor, daß man die Besiegten durch Zerstörung ihrer Arbeitsplätze bzw. durch die Praxis, sie im Ungewissen über ihr Schicksal zu belassen, da keine endgültige Demontageliste veröffentlicht worden sei, nicht zu Demokraten erziehen könne. Den Erfolg der Re-education-Politik sah Gollancz auch durch die Distanz zwischen Siegern und Besiegten im Alltag, durch das Betonen des militärischen Charakters der Besatzung sowie durch das Auftreten der Briten als „Herrenvolk" gefährdet. Klar erkannte er, daß man Menschen durch Pressezensur, Ahndung freier Meinungsäußerungen, Einteilung in fünf Entnazifizierungskategorien, Entzug von Arbeitsplatz und Altersversorgung eher zu Sklaven statt zu Demokraten mache. Ein derartig auch geistig Geknechteter werde sich nur zu bereitwillig von etwaigen Fanatikern manipulieren lassen.[158]

Diese Warnung vor der Gefahr eines durch unkluge Behandlung der

---

[157] Vgl. a.a.O. S. 85ff.
[158] Vgl. a.a.O. S. 98f.

Besiegten bei diesen wiederaufkeimenden Nationalsozialismus bekräftigte der Verleger auch in Briefen vom 21. November 1946 an die „Times Literary Supplement" und auch an den „Observer". Darin beklagte er die geistige Isolation der Deutschen, vor allem der Studenten, die um so schlimmer sei, als sie auf zwölf Jahre Hitlertum folge. Britische Zeitungen und Zeitschriften konnten nur in Ausnahmefällen (z. B. durch einen britischen Freund, der die Kosten übernahm) und in geringen Mengen in deutsche Hände gelangen, deutsche Zeitungen durften überhaupt nicht nach England geschickt werden, nicht einmal, wenn sie – wie Gollancz aus eigener Erfahrung schilderte – einen Artikel seines Freundes, des hannoverschen Kultusministers Dr. Grimme, über Victor Gollancz enthielten. Der Brite wies auf die, wenn auch etwas komplizierte, Möglichkeit hin, mit Hilfe der Organisation „Save Europe Now" englische Literatur an deutsche Privatleute zu versenden. Er scheute sich auch nicht, die größeren britischen Verleger um der „geistigen Dividende" willen zum Verzicht auf eine etwaige Erhöhung ihrer Papierration zugunsten Deutschlands aufzufordern.[159] Eine besondere Sorge des Briten galt der deutschen akademischen Jugend. Er führte in Kiel und Hamburg Gespräche mit Universitätsstudenten, welche den verbalen Ankündigungen der Besatzungsmacht deren tatsächliche Handlungsweise gegenüberstellten mit dem Ergebnis, die Alliierten seien ebenso schuldig wie die Deutschen. In seinem Brief, der im „Observer" veröffentlicht wurde, gab Gollancz seiner Überzeugung Ausdruck, daß diese deutsche Jugend durchaus zur demokratischen Lebensform befähigt sei, daß aber die Gefahr bestehe, daß sie durch eine zu harte Behandlungsweise seitens der Alliierten erst zu Nazis gemacht werde. Um dies zu verhindern, machte er mehrere Vorschläge, die in der Forderung gipfelten, die Potsdamer Beschlüsse aufzugeben, um den Alptraum der Ungewißheit von der deutschen Zukunft zu verscheuchen.[160] Das aufrüttelnde Buch selbst, in das diese Briefe und Artikel nochmals aufgenommen wurden, enthält die Feststellung, daß die Briten aufgrund all der Schwierigkeiten und der Hoffnungslosigkeit der Deutschen das Spiel der Reeducation inzwischen verloren hatten und daß sie insbesondere die deutsche Jugend fast verloren hätten. Der Autor stellte dann ein konkretes Acht-Punkte-Programm zur Verbesserung der Situation in Deutsch-

---

[159] Vgl. a. a. O. S. 110 ff.
[160] Vgl. a. a. O. S. 114 ff.

land auf.¹⁶¹ Schließlich übte er scharfe Kritik an Mitgliedern der Kontrollkommission, an der mangelnden Koordination innerhalb der Militärbürokratie, an der wachsenden Kluft zwischen Berlin und der Zone und an dem Fehlen einer eigenen Politik in London.¹⁶²

Es war leider nicht möglich, die konkreten Konsequenzen der Appelle des britischen Verlegers an das Gewissen der britischen Öffentlichkeit und der Regierung nachzuprüfen. Der erste deutsche Bundeskanzler, Konrad Adenauer, hebt jedoch in seinen Erinnerungen den bedeutenden Einfluß, den Gollancz auf die öffentliche Meinung in Großbritannien hatte, hervor und betont, wir seien Victor Gollancz zu großem Dank verpflichtet. Adenauer selbst war 1947 persönlich mit ihm zusammengetroffen und hatte „in ihm einen sehr klugen und weisen Mann kennengelernt".¹⁶³ In Deutschland wurde Victor Gollancz nach dem Kriege wegen seiner Hilfsbemühungen zum „bestbekannten Briten".¹⁶⁴

Neben Gollancz war es vor allem der Sozialpolitiker William Beveridge, der sich unmittelbar nach Kriegsende in der britischen Öffentlich-

---

¹⁶¹) A.a.O. S. 118f.: „What then to do? (1) Send a Resident Minister of Cabinet rank to the British zone. (2) Do at least what we can to ease the food situation at the cost of some national sacrifice. It is nonsense to say we can do nothing; I repeat, as one example, that if the Germans of our zone had been given the amount of meat by which our ration was increased a few months ago, they would thereby have received a regular additional 70 per cent. (3) Stop the export of coal for at least six months. (4) Unless we come to an agreement with Russia within a month, denounce Potsdam, and publish a final list of factories to be dismantled. (5) Put a term, and a very early one, to denazification. Find a policy which, without offending against the spirit of democracy and within the limits of democratic procedure, will (a) preserve acquired skills for German industry, (b) prevent men who think mainly in terms of private or national profit from getting a grip of the industrial machine, whether nationalised or not, and (c) give everyone, including those just mentioned, the chance of a decent and honourable livelihood. (6) Reform the financial structure without a moment's unnecessary delay. (7) Press on with a five-year plan for the rehabilitation of German industry, on the broad basis of public ownership and with a really adequate import-export programme. (8) Stop behaving like inefficient totalitarians, and try a little liberalism or Christianity instead."

¹⁶²) Vgl. a.a.O. S. 119.
¹⁶³) Konrad Adenauer, a.a.O. S. 72.
¹⁶⁴) Vgl. Jochen Thies, a.a.O. S. 40. – In Bielefeld wurde z.B. eine Straße nach Victor Gollancz benannt. Im Jahre 1960 erhielt er den Friedenspreis des deutschen Buchhandels. 1965 wurde er zum Lord erhoben.

keit für einen Abbau der Feindseligkeiten und für die Überwindung der Indifferenz gegenüber der Zukunft der deutschen Bevölkerung einsetzte. Er wurde bereits 1946 zum Lord erhoben.[165]

Weitere britische Persönlichkeiten, die sich während der Besatzungszeit intensiv für eine Verbesserung der Lage der Besiegten einsetzten, wie der spätere Headmaster von Eton, Robert Birley, der Herausgeber von „New Statesman and Nation", Kingsley Martin, und der Journalist, Labourabgeordnete und spätere Minister Richard Crossman werden im folgenden Kapitel dieses Buches ausführlich gewürdigt.

Besonders aufschlußreiches Quellenmaterial über deutsch-britische Verständigungsbemühungen in den ersten Jahren der neugegründeten Bundesrepublik stellte das Politische Archiv des Auswärtigen Amtes der Verfasserin zur Einsichtnahme zur Verfügung. So befaßt sich der Leiter des am 16. Juni 1950 als erste konsularische Auslandsvertretung der Bundesrepublik Deutschland gegründeten deutschen Generalkonsulats in London, Hans Schlange-Schöningen, in einem an das Bundeskanzleramt, Dienststelle für Auswärtige Angelegenheiten, Bonn, gerichteten Schreiben vom 5. September 1950 mit der Institution „German Educational Reconstruction" (G.E.R.). Diese Einrichtung war bereits 1940 mit Hilfe der Quäker und einiger Persönlichkeiten des Erziehungswesens gegründet worden, um die ca. sechzigtausend deutschen Emigranten in Großbritannien zu betreuen. Man organisierte Arbeitsgemeinschaften, Diskussionsabende und Möglichkeiten zur Fortbildung der Kinder, alles auf der Basis freiwilliger privater Spenden. Die Leitung hatte 1950 mitgeteilt, daß für die Nachkriegszeit Pädagogen ausgebildet worden seien, die sich 1946 nach Deutschland begaben, um dort bei der Reform des deutschen Schulwesens mitzuwirken. Zu ihnen gehörten Dr. Fritz Borinsky, Minna Specht, die spätere Leiterin der Odenwald-Schule, Mr. und Mrs. Wood sowie Dr. Erich Hirsch. Seit 1946 lud die G.E.R. deutsche Pädagogen nach Großbritannien ein, um sie mit den britischen Vorstellungen von Demokratie vertraut zu machen. Wie Schlange-Schöningen weiter berichtet, besuchten Ende August 1950 zwanzig deutsche Lehrer und Lehrerinnen im Anschluß an Sommerkurse in Wilton Park und ähnlichen Einrichtungen des Ministry of Education eine Versammlung der G.E.R. Dabei wurde deutlich, daß sich die

---

[165]) Vgl. die anerkennenden Worte Adenauers über Lord Beveridge in seinen Lebenserinnerungen 1945–53, S. 72.

Aufgaben dieser Einrichtung inzwischen gewandelt hatten hin zu einem gegenseitigen Erfahrungsaustausch deutscher und britischer Erziehungsfachleute. Die G.E.R. strebte auch eine enge Kooperation mit dem „International Students Service" und mit anderen freiwilligen Organisationen an. Besonderen Anklang fand das 1950 zum ersten Mal von der G.E.R. durchgeführte sog. „Harvest Scheme", bei dem es sich um einen achtwöchigen Ernteeinsatz deutscher Studenten in Großbritannien mit anschließendem vierwöchigen Aufenthalt in britischen Familien handelte.[166] Rund 600 deutsche Studenten machten von dieser Möglichkeit Gebrauch. Zur Förderung des „Harvest Scheme" stellte die Dienststelle für Auswärtige Angelegenheiten im Bundeskanzleramt eine einmalige Reisekostenbeihilfe von zehntausend DM bereit. Dies geht aus dem Antwortschreiben der deutschen Dienststelle an das Generalkonsulat in London vom 25. September 1950 hervor.[167] Das Geld wurde der deutschen Gruppe der G.E.R. gewährt, die unter der Leitung des Bonner Universitätsprofessors Weizel stand und ihren Sitz in Bonn hatte. Die Pflege der deutsch-englischen Kulturbeziehungen oblag nach Gründung der Bundesrepublik Deutschland auf britischer Seite zunächst dem Hohen Kommissar, wurde aber 1951 dem British Council übertragen. Schon am 18. September 1950 teilte der zur britischen Hohen Kommission gehörende University Education Officer, J.G. Dixon, aus dem British Resident's Office in Bonn dem zuständigen Mitglied der Dienststelle für Auswärtige Angelegenheiten, Abt. 2, beim Bundeskanzleramt, Dr. Tritzschler, mit, daß der British Council jetzt einen Verbindungsmann in Düsseldorf habe und daß diese Organisation einen großen Teil der Arbeit übernehmen werde, die früher von der Cultural Relations Branch getragen worden sei. Daß von deutscher Seite den kulturellen Beziehungen zu Großbritannien hohe Bedeutung beigemessen wurde, beweist die Tatsache, daß das Sekretariat der Ständigen Konferenz der Kultusminister am 5. Oktober die Adresse dieses Verbindungsmannes des British Council von der Dienststelle für Auswärtige Angelegenheiten erbat.[168] Im Dezember 1950 wurde Mr. Hitchcock Leiter des Düsseldorfer Büros des British Council. Dieses wurde zwar staatlich finanziert, besaß aber dennoch einen autonomen Charakter. Allgemein läßt sich

---

[166]) Vgl. *Politisches Archiv des Auswärtigen Amtes*, Kultur-Abteilung Band 40.
[167]) Vgl. ebd..
[168]) Vgl. ebd..

über den British Council sagen, daß er 1934 von Privatleuten mit Unterstützung des Foreign Office gegründet wurde mit dem Ziel der Förderung und Verbreitung der englischen Sprache und Kultur im Ausland. Dementsprechend lautete die ursprüngliche Bezeichnung: „British Committee for Relations with Other Countries". Der British Council unterhält inzwischen Büros und Büchereien in mehr als 70 Ländern und widmet sich vornehmlich der Ausbildungsförderung von Englischlehrern. Dazu organisiert er Vorträge, Filmvorführungen, Leseabende, Konzerte und Begegnungen. Allein in Großbritannien besitzt er zwanzig Zentren für die Betreuung ausländischer Besucher, insbesondere Studenten.

Wie aus einer Aufzeichnung des zuständigen Mitglieds der Dienststelle für Auswärtige Angelegenheiten namens Salat hervorgeht, war der British Council in Deutschland ab Januar 1951 vor allem verantwortlich für die Förderung der Beziehungen auf künstlerischem Gebiet und für die Kontakte mit den Hochschulen. Bereits 1950 wurden an 22 deutsche Studenten nach Beendigung ihrer allgemeinen Studien Stipendien vergeben, die es ihnen ermöglichten, ein Jahr lang in Großbritannien weiterführende Spezialforschung zu betreiben. Zur gleichen Zeit erhielten elf deutsche Dozenten Forschungsstipendien für einen einjährigen, z.T. auch kürzeren, Aufenthalt in England. Die Dauer einiger Studienaufenthalte betrug nur 3–4 Wochen. Die Entscheidung über die Auswahl der Kandidaten traf ein Komitee der britischen Hochschulrektoren. Eine wertvolle Orientierungshilfe waren die jährlich erscheinenden Berichte über das englische Kulturleben. Wichtig war auch die Finanzierung von englischen Lektorenstellen an deutschen Universitäten, so z.B. in Berlin, Göttingen, Hamburg, Mainz, Bonn, Köln und Münster. An den drei letztgenannten Universitäten mußte die Finanzhilfe allerdings aus Geldmangel wieder eingestellt werden, während sie für die anderen auch über das Jahr 1951 hinaus gewährt wurde. In einigen Fällen übernahm der British Council auf Wunsch deutscher Universitäten lediglich die Vermittlung geeigneter Lektoren, die dann von deutscher Seite bezahlt wurden.

Während der British Council auf privater Ebene um den Kontakt von Ausländern mit britischer Kultur – sei es durch Vorträge, Ausstellungen oder durch die Vermittlung von Besuchen in Großbritannien – bemüht war, zeigte sich die britische Regierung vor allem am gegenseitigen Austausch mit ausländischen Regierungen einschließlich Deutschlands interessiert. Dies geht aus einer Aufzeichnung Salats vom 10. Januar

1951 über den Besuch von Prof. Dr. Robert Birley an demselben Tage hervor.[169]

Salat erhielt am 27. Februar 1951 den Besuch des Professors für Germanistik an der Universität London, Norman, und des Professors Thompson von der Universität Oxford. Beide befanden sich in Deutschland, um, begleitet von Mr. Hitchcock, an mehreren deutschen Universitäten persönlich mit den jungen Dozenten zusammenzutreffen, die sich um einen einjährigen Studienaufenthalt in Großbritannien als Gäste des British Council beworben hatten. Welch große Bedeutung in britischen Universitätskreisen der Begegnung mit deutschen Professoren beigemessen wurde, läßt sich erkennen, wenn man den Hauptgrund des Besuchs der Briten beim deutschen Kulturreferat erfährt: Unabhängig vom British Council bereitete die britische Rektorenkonferenz (Council of Vice Chancellors) mit finanzieller Unterstützung durch die Rockefeller Foundation ein größeres deutsch-britisches Professorenaustauschprogramm vor. Geplant waren Forschungsaufenthalte von drei Wochen bis drei Monaten für zehn bis zwölf deutsche Professoren in England und die Arbeit einer entsprechenden Anzahl englischer Lehrender in Deutschland. Die Austauschmöglichkeit sollte diesmal vor allem von Ordinarien wahrgenommen werden. Die britischen Professoren waren dabei auch an der Teilnahme an deutschen Fakultäts- und Senatssitzungen interessiert. Die Fahrtkosten für die deutschen Professoren sollten allerdings von deutscher Seite aus dem Kulturfonds bereitgestellt werden.[170]

Auch auf medizinischem Gebiet fand ein vorurteilsfreier deutsch-britischer Erfahrungsaustausch statt, der zugleich die Gelegenheit zum Kennenlernen privater Ansichten zur Politik und ganz allgemein zum Leben überhaupt bot. Ein Schreiben des deutschen Generalkonsulats in London, gez. Rosen, vom 22. Februar 1951 an das Bundeskanzleramt in Bonn enthält einen Bericht über die Erfahrungen des deutschen Arztes Dr. Werner Forßmann in London. Forßmann hielt sich auf Einladung einer Gruppe britischer Kardiologen, an deren Spitze Professor McMichael vom Hammersmith Hospital, Postgraduate Medical School, stand, mehrere Tage in der britischen Hauptstadt auf, wo er sehr herzlich

---

[169]) Vgl. die Schilderung der Mission Birleys im nächsten Kapitel dieses Buches.

[170]) Vgl. *Politisches Archiv des Auswärtigen Amtes*, a.a.O. Aufzeichnung von Salat vom 28. Februar 1951.

empfangen und sogar als Pionier der Katheterisierung gefeiert wurde. Er hatte diese Methode zwanzig Jahre vorher zum ersten Mal – in Selbstversuchen – angewandt. Die britischen Mediziner hatten einen wissenschaftlichen Film gedreht, der die Pionierarbeit deutscher Forscher besonders würdigte. Höhepunkt des Aufenthaltes war eine Unterredung mit Lord Beveridge. In einer dem Bericht als Anlage beigefügten Aufzeichnung von Forßmann heißt es wörtlich: „Die Engländer, mit denen ich zusammen war, sind außerordentlich freundlich in ihrer Gesinnung gegenüber Deutschland, bedauern den Krieg und zeigen persönlich ein überraschendes Verständnis für die deutschen Schwierigkeiten. Ich habe bei den Personen, mit denen ich zusammen war, den Eindruck gewonnen, daß sowohl der Gedanke der Vereinigten Staaten von Europa in gebildeten Kreisen durchaus populär ist als man sich auch viel von der Errichtung einer deutschen Wehrmacht verspricht, die man leider glaubt, nicht entbehren zu können. Die Stimmung gegenüber Amerika und Frankreich ist zurückhaltend, gegen Rußland absolut ablehnend."[171] Forßmann fährt fort, es sei für einen Deutschen „bemerkenswert, mit welcher nationalen Selbstverständlichkeit sich die Engländer mit der ihnen durch die Verhältnisse aufgezwungenen Rationalisierung abfinden". Schließlich äußert der deutsche Arzt sich höchst anerkennend über das Teamwork, das er in Großbritannien kennenlernte.[172]

In den Unterlagen des Politischen Archivs des Auswärtigen Amtes befindet sich auch die Abschrift einer Aufzeichnung Salats vom 26. Oktober 1950 über den Plan zur Gründung einer Anglo-German Society. Für die Vorbereitungen wurde zunächst ein Dreierausschuß, bestehend aus drei Engländern, unter ihnen Lord Pakenham, gebildet. Allerdings scheinen zunächst durch die Aktivitäten des bei den Briten nicht beliebten Leiters der deutsch-englischen Bibliothek, der deutsche Lesehallen in Großbritannien – vergleichbar mit den „Brücken" in Deutschland – einrichten wollte, und deutscher Emigrantenkreise gewisse Schwierigkeiten aufgetreten sein, die ein Aufschieben der Gründung bis Ende 1951 zur Folge hatten. – Vom 19.–23. April 1951 konnte in Königswinter eine Tagung der 1949 durch deutsche Initiative gegründeten Gesellschaft für kulturellen Austausch mit England über die Thematik „Verantwortung der Presse" stattfinden. Im April 1952 folgte eine Tagung dieser inzwischen in Deutsch-Englische Gesellschaft umbe-

---

[171]) A.a.O. Aufzeichnung von Forßmann vom 22. Februar 1951.
[172]) Ebd.

nannten Vereinigung in Königswinter, an der u.a. Mr. Chaput de Saintonge vom Foreign Office, London, teilnahm. Er setzte sich besonders für einen Jungarbeiter- und Jungbauernaustausch ein und kündigte dafür die Unterstützung durch das Foreign Office an.[173]

Kennzeichnend für den Wandel in der britischen Haltung gegenüber den Deutschen von der Re-education-Absicht hin zu einem gleichberechtigten partnerschaftlichen Gedankenaustausch ist die Tatsache, daß über das deutsche Generalkonsulat in London bei der deutschen Kulturabteilung in Bonn auch englische Bitten um deutsche Bücher eingingen. So erbat z.B. das King's College in Newcastle-upon-Tyne deutsche Bücher und Filme. Eine englische Deutschlehrerin wandte sich an das deutsche Generalkonsulat mit dem Wunsch nach Zusendung deutscher Literatur, Bilder und Poster zur Verbesserung ihres Unterrichts. Der deutsche Generalkonsul in London, Hans Schlange-Schöningen, nahm diese erfreulichen britischen Initiativen am 5. März 1951 zum Anlaß, bei der deutschen Dienststelle für Auswärtige Angelegenheiten die Förderung des deutschen Sprachunterrichts in Großbritannien anzuregen.[174]

Ein Schlaglicht auf die britische öffentliche Meinung über Deutschland wirft der von Hans Schlange-Schöningen unterzeichnete Allgemeine Pressebericht, den das Generalkonsulat der Bundesrepublik Deutschland in London am 20. Oktober 1952 an das inzwischen in Bonn wiederentstandene, bis zur vollen Souveränität des westdeutschen Staates vom Bundeskanzler geleitete Auswärtige Amt sandte. Aus diesem Bericht geht hervor, daß 1952 in Großbritannien zwei unterschiedliche Haltungen gegenüber den Deutschen anzutreffen waren, eine freundliche, anerkennende und eine mißtrauisch ablehnende. Beide Einstellungen spiegeln sich nach Ansicht Schlange-Schöningens in zwei Artikeln wider, die am 2. Oktober 1952 im Sunday Graphic erschienen. Der eine Beitrag kreist um die Warnung: „Hütet euch vor dem Ungeheuer" („Beware the Monster"), während der von dem deutschfreundlichen Lord Pakenham verfaßte, längere Artikel den Wunsch nach einer Verständigung mit Deutschland zum Ausdruck bringt und in der Forderung „Jetzt muß man Freundschaft schließen" („Now's time to be Friends") gipfelt. Nach Ansicht Schlange-Schöningens stehen hinter beiden Verfassern Gleichgesinnte. Als Beweis für die uneinheitliche Beurteilung der

---

[173]) Vgl. a.a.O. Aufzeichnungen vom Februar und April 1952.
[174]) Vgl. a.a.O. Aufzeichnung vom 28. Februar 1951 und Schreiben Schlange-Schöningens vom 5. März 1951.

Entwicklung in Deutschland führt er zusätzlich den im News Chronicle erschienenen deutschfreundlichen Artikel des Labour-Abgeordneten Richard Stokes und den unfreundlichen, argwöhnischen in der Daily Mail veröffentlichten Reisebericht eines aus Deutschland stammenden Verfassers an. Manche Journalisten bringen ihr Erstaunen über den raschen Wiederaufbau der deutschen Städte, aber auch ihre Hochachtung für die schnelle Verbesserung der wirtschaftlichen Situation und des Lebensstandards in der Bundesrepublik zum Ausdruck.[175]

Auch die deutschen Parteien finden wegen der 1953 bevorstehenden Bundestagswahlen das Interesse britischer Journalisten. Diese berichten z.B. über den Tod des SPD-Vorsitzenden Kurt Schumacher und die Wahl Erich Ollenhauers zu seinem Nachfolger sowie die Parteitage von SPD und CDU, aber sie befassen sich auch mit der Frage des möglichen Entstehens einer großen deutschen Rechtspartei.

Wie Schlange-Schöningen anhand einer Artikelserie im Manchester Guardian mit dem Thema „The Saar in Europe" beweist, bestand in der britischen Öffentlichkeit ein reges Interesse an einer europäischen Lösung des Saarproblems. Auch über die Entwicklung in der deutschen Ostzone berichtete die britische Presse häufig, vor allem über das dort durchgeführte „wohldurchdachte Rüstungsprogramm".[176]

---

[175]) Vgl. a.a.O. Bd. 11, Allgemeiner Pressebericht vom 20. Oktober 1952, S. 7, insb.: „Was an Deutschland hauptsächlich interessiert, ist nach wie vor die schnelle Erholung der Bundesrepublik. Während Artikel wie im Daily Graphic vom 6. Oktober über die Wiedergeburt Kölns (‚Cologne – Seven Years After – Rebirth of a City') beinahe ein unheimliches Wunder schildern, für das keine einleuchtende Erklärung beizubringen ist, kommen ernsthafte Chronisten der Wahrheit recht nahe, wenn sie leidenschaftslos und kritisch an die Entwicklung herangehen. Das Beste hat wohl bisher Economist geleistet, wenn er am 4. Oktober festellt, daß die Bundesrepublik erstaunliche Fortschritte erzielt hat, jedoch noch verhältnismäßig schwach ist, und am 18. Oktober am Ende einer achtseitigen Sonderuntersuchung erklärt, die deutsche Wirtschaft habe die unveränderte Wahrheit des oft vergessenen Axioms dargetan, daß ein Land sein Volkseinkommen und seinen Lebensstandard einzig und allein durch Arbeit und Sparsamkeit verbessern kann. Die Beobachtung von Einzelvorgängen wird jetzt eher noch stärker betrieben als bisher. Von positiven Ereignissen steht das Dinner der Anglo-German Association vom 16. Oktober im Vordergrund. ... Industriell und technisch ist Deutschland im Spiegel der Presse das Land des schnellen und originellen Fortschritts. Beispiele sind in den letzten Wochen das verbesserte Modell des Volkswagens und der Einschienenzug. Jede Erhöhung der deutschen Exportfähigkeit wird eifrig registriert. . . ."

[176]) Vgl. ebd. – „Daily Graphic brachte am 10. Oktober ein mehrspaltiges Bild von dem Vorbeimarsch uniformierter Mädchen in Ost-Berlin." (Ebd.)

Bedenkt man, daß Massenmedien die öffentliche Meinung eines Landes nicht nur widerspiegeln, sondern sie auch hervorbringen können, so wird die Bedeutung von Journalisten für die Schaffung eines Klimas der Verständigungsbereitschaft mit frühereren Feinden erst richtig offenbar.

c) Die Haltung britischer Regierungs- und Oppositionspolitiker gegenüber Deutschland

In der noch keineswegs abgeschlossenen zeitgeschichtlichen Forschung über die britische Deutschlandpolitik nach dem Kriege bestehen widersprüchliche Auffassungen bezüglich des Vorhandenseins einer britischen Deutschlandkonzeption als Basis der Politik gegenüber der Besatzungszone und ganz Deutschland. Während die Mehrzahl der mit dieser Problematik vertrauten Historiker zu der Auffassung gelangt ist, Großbritannien habe nach dem Kriege zunächst gute Beziehungen zur Sowjetunion angestrebt und daher bezüglich der Zukunft Deutschlands eine abwartende Haltung eingenommen und auf sowjetische Aktivitäten lediglich reagiert, ohne selbst ein klares Konzept für seine Besatzungspolitik zu besitzen[177], stellt Kurt Jürgensen die gegenteilige These auf, die britische Deutschlandpolitik habe auf einem relativ geschlossenen Konzept beruht.[178] Er rückt dabei drei aufeinander bezogene Elemente dieses Konzepts in den Vordergrund: die political re-education als Hilfe für ehemalige Anhänger des Nationalsozialismus, zu einer wahrhaft demokratischen Lebensform zu gelangen, das responsible government, das dadurch ermöglicht werden sollte, und das Ziel des bundesstaatlichen Zusammenschlusses der deutschen Länder zu einer Federation of Germany.[179]

Die political re-education begann im Januar 1946 für deutsche Kriegs-

---

[177]) Vgl. Jochen Thies, a.a.O. S. 33. Eine ausgewogene Darstellung der unterschiedlichen außenpolitischen Zielsetzungen der verschiedenen Flügel der Labour Party ist zu finden bei Hans-Peter Schwarz, Vom Reich zur Bundesrepublik: Deutschland im Widerstreit der außenpolitischen Konzeptionen in den Jahren der Besatzungsherrschaft 1945–1949. 2., erw. Aufl. Stuttgart 1980, S. 156–165.

[178]) Vgl. Kurt Jürgensen, Elemente britischer Deutschlandpolitik. Political Re-education, Responsible Government, Federation of Germany. In: Claus Scharf und Hans-Jürgen Schröder (Hg.), Die Deutschlandpolitik Großbritanniens und die britische Zone 1945–1949, S. 103.

[179]) Ebd.

gefangene in einem in Wilton Park, Südengland, speziell für Deutsche eingerichteten Tagungszentrum. Später ermöglichte man deutschen Lehrern, Richtern und Verwaltungsbeamten Studienaufenthalte in dieser Stätte der Begegnung.[180]

Um die Hungerkatastrophe in der vorwiegend industriell geprägten britischen Besatzungszone etwas zu mildern, lieferte Großbritannien bereits Ende 1945 112 000 Tonnen amerikanischen Weizen und 50 000 Tonnen Kartoffeln, die eigentlich für die Versorgung der ebenfalls notleidenden britischen Bevölkerung bestimmt waren, nach Deutschland.[181] Da die ursprünglich vereinbarten Lebensmittellieferungen aus der sowjetischen Besatzungszone ausblieben, lag es im Interesse der britischen Regierung, die deutsche Industrie vor allem des Ruhrgebiets wieder in Gang zu setzen, damit die Kosten für deutsche Nahrungsmittelimporte durch die von der Industrie erwirtschafteten Gewinne gedeckt werden konnten. Im Widerspruch dazu stand aber die von derselben Regierung vor allem auf Drängen britischer Wirtschaftskreise rigoros noch bis Anfang der fünfziger Jahre betriebene Demontagepolitik.

Die seit dem 28. Juli 1945 die Regierung stellende Labour Party richtete ihr Hauptaugenmerk auf innenpolitische Reformen und zeigte daher wenig Interesse für deutsche Angelegenheiten. Nicht einmal zur SPD wurden engere Kontakte geknüpft. Belegt ist allerdings ein Vorstoß der Fraktion, die in einem Brief vom 11. April 1946 den Parteivorstand aufforderte, das Interesse der zuständigen Körperschaften der Arbeiterbewegung für deutsche Probleme zu wecken. Der Vorstand befaßte sich in seiner Sitzung vom 12. April 1946 mit dem Brief, berief sich aber nur auf seinen schon erfolgten Beschluß, Kurt Schumacher einzuladen, und auf ermutigende und wohlwollende Botschaften, die er bereits an die SPD geschickt habe. Weitere Initiativen scheinen nicht ergriffen worden zu sein.[182] Der Besuch Schumachers 1946 erwies sich als Mißerfolg. Ab 1946 besuchten allerdings Vertreter der Labour Party Deutschland und machten anschließend den Parteivorstand auf die soziale und wirtschaft-

---

[180]) Vgl. Dexter M. Keezer, A unique Contribution to International Relations: The story of Wilton Park. Maidenhead, Berkshire 1973 und Kurt Jürgensen, a.a.O. S. 115 u. 124.

[181]) Vgl. Donald C. Watt, Hauptprobleme der britischen Deutschlandpolitik 1945–1949. In: Claus Scharf und Hans-Jürgen Schröder (Hg.), Die Deutschlandpolitik Großbritanniens und die britische Zone 1945–1949, S. 20.

[182]) Vgl. James P. May und William E. Paterson, a.a.O. S. 87.

liche Notsituation Deutschlands und ihre möglichen unerwünschten politischen Konsequenzen aufmerksam.[183]

Der britische Publizist und Historiker Wheeler-Bennet, der 1945 im Political Intelligence Department arbeitete, hatte bereits am 30. Juni 1945, also noch vor der Ablösung Churchills durch Attlee, der Deutschlandabteilung des Foreign Office ein Memorandum vorgelegt, in welchem vorbereitende Bemühungen für die Ermöglichung einer späteren Verbindung der Deutschen mit den freien Völkern Westeuropas verlangt wurden.[184] Am 19. September 1946 hielt Churchill – inzwischen Oppositionsführer – seine berühmt gewordene Züricher Rede, in der er ein vereinigtes Europa unter Einbeziehung Deutschlands forderte. Churchill übernahm auch den Vorsitz der am 16. Januar 1947 gegründeten britischen Organisation für eine europäische Einigung, United Europe Movement, und gab damit durch sein immer noch hohes politisches Ansehen in der Weltöffentlichkeit der europäischen Einigungsbewegung beträchtlichen Auftrieb. Im Januar 1948 trat auch der Labour-Außenminister Bevin für eine Union in Westeuropa unter Einschluß Deutschlands ein.[185] In den Attlee-Papers vom 1. März 1948, die zur Vorbereitung für eine Rede des Premiers vor dem Unterhaus dienten, war ebenfalls von einer anzustrebenden künftigen Rückkehr Deutschlands in die Gemeinschaft der Nationen die Rede.[186] Vorausgegangen waren der Umsturz in der Tschechoslowakei Ende Februar 1948 sowie die Schaffung einer militärähnlichen kasernierten Volkspolizei in der sowjetischen Besatzungszone.

Ein Schlaglicht auf die Einstellung britischer verantwortlicher Kreise gegenüber Deutschland im Sommer 1948 wirft der in den Akten des Deutschen Büros für Friedensfragen befindliche Brief eines nicht namentlich genannten Deutsch-Amerikaners. Dieser hatte Deutschland besucht, unterbrach dann seine Rückreise nach Amerika in Großbritannien und sandte am 5. September 1948 von London aus einen Bericht über seine dort gewonnenen Eindrücke an das Deutsche Büro für Friedensfragen. Er führte u.a. aus: „Ich hatte hier Gelegenheit, mit vielen alten Freunden zu sprechen, von denen sich einige in verantwortlichen

---

[183]) Vgl. a.a.O. S. 88.
[184]) Vgl. Kurt Jürgensen, Elemente britischer Deutschlandpolitik..., S. 124.
[185]) Vgl. Donald C. Watt, a.a.O. S. 26.
[186]) Vgl. a.a.O. S. 28.

Stellungen befinden. Bei keinem war auch nur das leiseste Ressentiment gegen Deutschland zu merken. Ich habe den Eindruck, daß der Krieg hier psychologisch weithin überwunden, ja beinahe vergessen ist und daß den deutschen Problemen gegenüber eine durchaus aufgeschlossene Haltung herrscht, die derjenigen in Amerika nicht unähnlich ist. Hier in England scheint der Umschwung aber weniger auf aktive Feindseligkeit gegenüber Rußland zurückzuführen zu sein als auf ein Gefühl, daß eine ganz neue Lage entstanden ist, an die man mit neuen Maßstäben herangehen muß. Eher schon spielt in der Psychologie des Engländers von heute die tiefe, von fast allen politischen Richtungen empfundene Enttäuschung in Palästina eine Rolle, die sich in einer etwas verschrobenen Logik zugunsten Deutschlands auswirkt."[187] In diesen Ausführungen klang indirekt der Beginn des Kalten Krieges als Ursache eines Meinungswandels in Großbritannien an, verstärkt durch die Reaktion auf Rückschläge in der Politik gegenüber ehemaligen Mandaten.

Der Berichterstatter belegte den stimmungsmäßigen Umschwung gegenüber Deutschland durch den Hinweis auf eine Einladung an den deutschen Dirigenten Furtwängler, in der Albert Hall einen Beethoven-Zyklus zu dirigieren, sowie durch die Tatsache, daß der Markgraf von Baden als erster deutscher Verwandter des britischen Königshauses Ende August 1948 einen Wochenendbesuch in Balmoral-Castle abstatten konnte. Diesen Besuch hatte man der Presse allerdings nicht bekanntzugeben gewagt. Der Amerikaner warnte jedoch vor einer Überbewertung der Meinungsänderung in Großbritannien und betonte die Abwegigkeit, daraus auch auf einen Wandel der britischen Deutschlandpolitik zu schließen: „Im Gegenteil, in Fragen der deutschen Wirtschaftspolitik und der Ostgrenzen scheint man in England jetzt weniger konstruktiv zu denken als in den Vereinigten Staaten. Im ersten Falle wegen der sehr realen Geschäftsinteressen Englands, die mit den deutschen Exportbedürfnissen in Konkurrenz stehen; im letzten Falle weil man die Hoffnung, die Satellitenstaaten durch Konzessionen von Moskau abspenstig zu machen, noch nicht aufgegeben hat, und auch weil man sich durch den berüchtigten Brief Sir Alexander Cadogans an die polnische Regierung stärker gebunden fühlt, als die Amerikaner es durch ihre Unterschrift unter Potsdam sind."[188]

---

[187]) *Bundesarchiv*, Akten des Deutschen Büros für Friedensfragen Z 35/574, Bl. 54.
[188]) Ebd.

Der Berichterstatter erläutert nun zunächst die Einstellung einflußreicher britischer Kreise, die er allerdings hinsichtlich beruflicher Position und Parteipräferenz meistens nicht näher beschreibt, zur Frage der Anerkennung der Oder-Neiße-Linie. Er verweist auf menschliche Sympathien für den deutschen Standpunkt. Britische prominente Persönlichkeiten, wie z.B. der Historiker D.M. Trevelyan, hatten eine polnische Einladung zu einem Kongreß in Breslau abgelehnt, da sie es für unwürdig hielten, nach Breslau zu reisen, solange die Stadt polnisch sei. Der Amerikaner fährt fort: „Aus derartiger Haltung ist man aber nicht gewillt, irgendwelche politischen Konsequenzen zu ziehen. Als ich zu dem eben zitierten Freund sagte, die amerikanische Regierung meine es durchaus ernst mit ihrer Nichtanerkennung der Oder-Neiße-Linie, erwiderte er, das sei aber schließlich doch nur eine reine Geste. Diese für England durchaus typische Haltung ist wohl das Resultat der allgemeinen Einstellung Englands gegenüber dem durch die Sowjets aufgeworfenen Problem: Man will, im Gegensatz zu den Vereinigten Staaten, um beinahe jeden Preis den Frieden erhalten, wenn nötig unter Aufopferung alles dessen, was heute jenseits des Eisernen Vorhangs liegt. In dieser Einstellung sind sich Konservative, Liberale und Labourleute einig, und es ist eine der tiefsten Ursachen der immer wieder auftauchenden Mißverständnisse zwischen Washington und London. Um so mehr wird es für die Deutschen notwendig, immer wieder in ruhiger und sachlicher Weise auf die Unmöglichkeit der Ostgrenze hinzuweisen und einen Rechtsanspruch anzumelden. Ein in diesem Punkte unorthodox denkender Engländer sagte mir wörtlich: 'Das Schweigen der offiziellen Deutschen im Punkte der Oder-Neiße-Linie hat viel dazu beigetragen, daß dieses Problem in England in seiner Wichtigkeit verkannt wird. Die deutschen Ministerpräsidenten sollten alle Monate einmal diese Grenzfrage aufrollen, dann würde man in England langsam von ihr Kenntnis nehmen. Die Deutschen können nicht von uns verlangen, daß wir ihre Interessen besser vertreten als sie selber.'"[189]

Bedenkt man allerdings, daß die Ministerpräsidenten der französischen und der sowjetischen Zone besonders stark an die Weisungen ihrer jeweiligen Besatzungsmacht gebunden waren, wie sich z.B. bei der im Juni 1947 gescheiterten Konferenz in München zeigte, so erscheint diese Äußerung eher als der Versuch, die eigene politische Verantwortung auf die Besiegten abzuwälzen. Auch zur Problematik der Teilung Rumpf-

---

[189]) A.a.O. Bl. 55.

deutschlands in zwei Staaten, die ja, nach der Währungsreform, dem Beginn der Berlin-Blockade und der Aushändigung der sog. Frankfurter Dokumente an die westdeutschen Ministerpräsidenten, offenkundig wurde, nimmt der Bericht Stellung: „Während der deutsche Standpunkt in Fragen der Ostgrenzen hier sehr ungenügend gewürdigt wird, gibt man sich andererseits weniger Illusionen als in Amerika hin hinsichtlich der Zweiteilung Deutschlands in einen Ost- und Weststaat. Man gibt in England die Hoffnung noch immer nicht auf, daß auch nach Schaffung eines Weststaates auf dem Verhandlungswege eine Einigung ganz Deutschlands (ohne die eigentlichen Ostprovinzen) möglich sein wird. Auf jeden Fall hält man die gegenwärtige Lösung für eine durchaus provisorische."[190] Es scheint, daß der Berichterstatter die amerikanischen Illusionen in der damaligen Phase des Kalten Krieges auf die Möglichkeit bezieht, daß die Deutschen sich mit der Zweiteilung ihres Landes – ohne die Ostgebiete – abfinden würden. Aus heutiger Sicht erscheint jedoch auch die beschriebene britische Hoffnung auf eine baldige Wiedervereinigung Rumpfdeutschlands als Illusion. Bedenkt man, daß diese Aufzeichnungen dem Deutschen Büro für Friedensfragen als einer Vorläuferinstitution des Auswärtigen Amtes für die Vorbereitung der künftigen deutschen Außenpolitik zur Verfügung standen, so ist die Frage nach der Intensität des Einflusses derartiger Darlegungen auf die Meinungsbildung der Bundesregierung ca. ein Jahr später zwar reizvoll, aber nicht eindeutig zu beantworten. Die deutsche Außenpolitik gehörte ohnehin nach Gründung der Bundesrepublik zunächst noch in den Zuständigkeitsbereich der Alliierten Hohen Kommissare, aber auch der Umgang deutscher Regierungsstellen mit diesen Kommissaren ist als eine Form indirekter Außenpolitik zu bezeichnen. Wilhelm G. Grewe, der Leiter der deutschen Verhandlungsdelegation für die Ablösung des Besatzungsstatuts, gibt z.B. in seinem Buch „Rückblenden" eine genaue Darstellung der Zusammensetzung dieses Gremiums und seiner Arbeitsweise zur Vorbereitung der ab 10. Mai 1951 stattfindenden komplizierten Gespräche mit den drei westlichen Besatzungsmächten. Er betont dabei die Unentbehrlichkeit eines zusätzlichen, im Auswärtigen Amt unter Leitung von Walter Hallstein arbeitenden Instruktionsausschusses, welcher, aus sechs bis zehn Experten bestehend, alle Einzelheiten der Vertragsformulierungen genauestens überprüfte und den Verhand-

---

[190] Ebd.

lungsleiter auf etwaige „Fallstricke" aufmerksam machte.[191] – Die in der Zeitgeschichtsforschung zuweilen vertretene These, die Verantwortlichen in der jungen Bundesrepublik Deutschland seien sich der Unmöglichkeit einer baldigen deutschen Wiedervereinigung voll bewußt gewesen, hätten aber aus Rücksicht auf die Wählermassen den neuen Weststaat einschließlich Grundgesetz und Bundeshauptstadt als Provisorium deklariert[192], ist angesichts des Beleges über die Hoffnung führender britischer Kreise auf eine Einigung Deutschlands auf dem Verhandlungswege doch wohl etwas zu relativieren.

Der Bericht des Deutsch-Amerikaners spricht auch noch wirtschaftliche Interessen als Basis der Einstellung der Mehrzahl der britischen Politiker gegenüber Deutschland an und verweist auf die daraus resultierenden Widersprüche in der britischen Deutschlandpolitik: „Anders steht es in Fragen der deutschen Wirtschaftspolitik. Hier leidet die englische Politik an einer Art Schizophrenie: Man will einerseits Deutschland nicht zu einem gefährlichen Slum werden lassen, andererseits ist man entschlossen, die englische Exportindustrie um jeden Preis, d.h. vor allem auf Kosten Deutschlands und der deutschen Wiedergenesung, zu stärken und auszubauen. In diesem Punkte sind sich die Sozialisten in der Regierung und die konservativen und liberalen Wirtschaftsführer durchaus einig, wobei es allerdings nur fair ist zu sagen, daß es selbstverständlich auch Ausnahmen gibt. So sagte mir z.B. ein früherer Präsident der Federation of British Industries, was England zur Gesundung brauche, sei schärfste deutsche Konkurrenz; nur so könne die altmodische Industrie reorganisiert werden. Die Geschäftsinteressen dieses Mannes stehen aber mit den deutschen nicht in Konflikt; er hatte also gut reden. Ebenso hat der bekannte Richard Crossman, M.P., nach seinem Besuch in Stuttgart und Tübingen in 'New Statesman and Nation' eine sehr freimütige Kritik an der Demontage-Politik geübt, die ihm allerdings im Foreign Office sehr verübelt worden ist. Auf meine Frage, wie er sich nun mit Bevin stehe, meinte Crossman: 'Denkbar schlecht; wir können uns weder über Palästina noch über Deutschland

---

[191]) Vgl. Wilhelm G. Grewe, Rückblenden 1976–1951, Frankfurt a. Main, Berlin, Wien 1979, S. 128 u. 130 ff.

[192]) Vgl. z.B. Falk Wiesemann, Die Gründung des deutschen Weststaates und die Entstehung des Grundgesetzes. In: Westdeutschlands Weg zur Bundesrepublik. München 1976, S. 126 und 131.

verständigen.'"[193] Crossman, der von 1938 bis 1955 als stellvertretender Chefredakteur für die Zeitschrift „New Statesman and Nation" arbeitete – 1970 wurde er deren Herausgeber – und der während des Zweiten Weltkrieges die Position des stellvertretenden Leiters des Amtes für psychologische Kriegsführung inngehabt hatte, saß seit 1946 als Abgeordneter der Labour Party, also der Regierungspartei, im Unterhaus, wo er die sofortige Beendigung der Demontagen in Deutschland forderte. Sein daraus resultierender Konflikt mit Bevin hat seiner politischen Karriere jedoch nicht geschadet, denn 1952 – jetzt war die Labour Party allerdings wieder in der Opposition – wurde er Mitglied des Gesamtvorstandes seiner Partei. In späteren Jahren übertrug man ihm ein Ministeramt und andere hohe politische Funktionen.

Einen Beweis für die manchmal unzureichende Koordination der Maßnahmen britischer Besatzungsbehörden und der Interessen britischer Wirtschaftskreise liefert ein dem Bericht beigefügter Auszug aus dem „Daily Express" vom 19. August 1948. Dieser Artikel enthüllte der Öffentlichkeit folgenden, aus britischer Sicht skandalösen Vorgang: Der JEIA hatte einer deutschen Firma einen niedrigen Preis (sh 1/6) für den Export von Schneidemessern für landwirtschaftliche Maschinen nach Indien vorgeschrieben. Die unbeabsichtigte Konsequenz dieser Entscheidung war jedoch, daß nun eine britische Konkurrenzfirma, welche sh 4/6 verlangte, unterboten wurde. Der amerikanische Gewährsmann merkt dazu an: „Charakteristisch für den Druck, der von seiten der englischen Exporteure auf das Board of Trade und von da auf JEIA ausgeübt wird, um konkurrierende deutsche Exporte zu verhindern, ist der nachstehende im Auszug wiedergegebene Artikel im 'Daily Express', der dort, wie in anderen Zeitungen, am 19. August auf der ersten Seite erschien und großes Aufsehen erregte. Es ist klar, daß JEIA solchem Druck nicht widerstehen kann, es ist ebenso klar, daß, solange JEIA den deutschen Export leitet, dieser nie auf die Höhe kommen kann. Deutscherseits sollte man dieses Argument, gestützt auf den nachstehenden Artikel, nach Kräften auswerten. Ich sprach mehrere meiner Freunde darauf an. Typisch waren die fast gleichlautenden Antworten eines Freundes, der eine wichtige Stellung in der Wirtschaftsabteilung des Foreign Office hat, und eines Herausgebers des 'Economist'. Beide meinten übereinstimmend: Selbstverständlich sei es Aufgabe der JEIA,

---

[193]) *Bundesarchiv*, Akten des Deutschen Büros für Friedensfragen Z 35/574, Bl. 56.

den deutschen Export nur insoweit zuzulassen, als es englischen Interessen nicht schade. Man müsse verhindern, daß in englischen Geschäftskreisen zu großer Widerstand gegen das Wiederaufleben Deutschlands als Exportfaktor entstehe. Einer meiner Freunde ging sogar soweit, zu sagen, viele englische Exporteure beneideten schon heute ihre deutschen Konkurrenten und Kollegen und würden gerne mit ihnen tauschen. Ich erwiderte, dieses Gefühl beruhe sicher auf Gegenseitigkeit."[194]

Diese Fakten und Erläuterungen ergänzen und relativieren die 1979 von dem Historiker Donald C. Watt veröffentlichte These, alle führenden britischen Politiker hätten sich folgendem Grundwiderspruch gegenübergesehen: „In militärischer und politischer Hinsicht würde ein geteiltes oder gar aufgeteiltes Deutschland den britischen Interessen am besten dienen. In wirtschaftlicher und finanzieller Hinsicht jedoch hing Großbritanniens Wiederaufbau davon ab, daß Deutschlands industrielle Produktivität einen hohen Stand erreichte und das Land als wirtschaftliche Einheit leben konnte.[195] Watt läßt dabei das Konkurrenzdenken mancher britischer Industriekreise außer acht. Watts These hätte ihre Berechtigung, wenn man britische Politiker und Industriekreise scharf voneinander trennen könnte, was allerdings – auch bei einer Labourregierung – zu bezweifeln ist.

Der Berichterstatter geht auch auf die Meinung des britischen Volkes und seiner Politiker bezüglich der Position Großbritanniens zwischen den USA und der Sowjetunion ein, wobei die von der Forschung aufgestellte These von der nach dem Kriege ursprünglich pro-russischen Einstellung Großbritanniens[196] eine weitere Bestätigung findet. Der amerikanische Beobachter glaubt auch im Jahre 1948 noch zu erkennen, daß die englische Einstellung gegenüber Rußland eine andere sei als die Amerikas. Sie sei noch von „manchen Illusionen ideologischer wie machtpolitischer Art" geprägt. Überraschend angesichts der späteren ablehnenden Haltung vieler Engländer gegenüber einem EG-Beitritt Großbritanniens allerdings ist folgende Feststellung: „Sehr stark ist dagegen in allen Kreisen des Volkes die Idee eines geeinten Europas, oder jedenfalls Westeuropas, schon wohl deshalb, weil man auf diese Weise eine dritte Kraft schaffen zu können glaubt, die sowohl amerikanischem wie russischem Druck widerstehen kann. Daß mindestens

---

[194]) Ebd.
[195]) Donald C. Watt, a.a.O. S. 16.
[196]) Vgl. Jochen Thies, a.a.O. S. 46f.

Westdeutschland in diese Union einbezogen werden muß, gilt als selbstverständlich. Die allgemeine Enttäuschung war daher groß, als Mr. Attlee auf den Vorschlag Churchills und der französischen Regierung nicht eingehen zu wollen schien. Während Walter Lippmann für diese ablehnende Haltung die sozialistische Planung der britischen Regierung verantwortlich macht, munkelt man in London, sie sei eher auf die konservative Haltung von Gladwyn Jebb, des zuständigen Mannes im Foreign Office, zurückzuführen. Wie dem auch sei, die Antwort Attlees hat dem Prestige der Labour-Regierung sehr geschadet und ihre Stellung geschwächt. Dazu ist zu bemerken, daß gerade auch das Ansehen Bevins, das einst in konservativen wie in Labourkreisen sehr hoch war, eher gering geworden ist."[197] Vermutlich steht das Gefühl der Notwendigkeit, eine europäische Machtkonzentration unter Einschluß Westdeutschlands zum Schutz gegen die sowjetische Bedrohung zu schaffen, in engem Zusammenhang mit der Blockade Berlins durch die Sowjets. Der Berichterstatter kommt zu der Überzeugung, man habe „innerlich in London auch Berlin längst abgeschrieben", um die Gefahr eines künftigen Krieges zu verringern. Immerhin bestätigt dieser Bericht die These, Großbritannien habe sich, ähnlich wie Frankreich, nur widerstrebend aus wirtschaftlichen und politischen Gründen dem Führungsanspruch der USA gebeugt.

Bemerkenswert ist die Einstellung gegenüber Deutschland, die in einem den Ausführungen beigefügten „Observer"-Artikel vom 5. September 1948 zum Ausdruck kommt. Es heißt darin, das Londoner Abkommen über Deutschland sei an die Stelle des Potsdamer Abkommens getreten, die Währungsreform habe sich positiv ausgewirkt, der Parlamentarische Rat leiste gute Arbeit vor dem Hintergrund der Ereignisse in Berlin, und die Mehrheit des Deutschen Volkes wünsche einen deutschen Bundesstaat, und zwar einen Bund auf der jetzt erreichbaren höchsten Stufe, d.h. auf der westdeutschen Stufe, und man wolle von den Russen nichts wissen. – Ob diese Aussagen auf exakten Meinungsumfragen oder nur auf Vermutungen des britischen Korrespondenten beruhen, geht aus dem Artikel allerdings nicht hervor. Das Kernstück des Artikels sei hier wegen seiner Bedeutung im Wortlaut zitiert: „Damit ist die Voraussetzung für einen wirklichen und dauerhaften Frieden mit Deutschland geschaffen. Wir sollten uns diese Chance nicht entgehen lassen. Wir müssen uns vor allem den Gedanken einer dauernden

---

[197] *Bundesarchiv*, a.a.O. Bl. 57.

Spaltung Deutschlands aus dem Kopf schlagen. Man könnte auf dieser Basis vielleicht mit den Sowjets einen Waffenstillstand schließen, aber niemals einen Frieden mit Deutschland. Ferner müßten alle Hindernisse beseitigt werden, die einer voll gleichberechtigten Teilnahme Deutschlands an einer Westeuropäischen Union immer noch im Wege stehen. Das heißt u.a., daß wir in Deutschland mit der Demontage Schluß machen müssen. Sie hatte Sinn, solange wir mit Deutschland als einem ständigen Feinde rechnen mußten. Wenn Deutschland ein Teil des politischen Organismus wird, in dem wir selbst stehen, schneiden wir uns mit solchen Maßnahmen ins eigene Fleisch. Die rein wirtschaftlichen Erwägungen, die heute noch für die Demontage ins Feld geführt werden, müssen hinter höheren politischen Erwägungen zurücktreten. Vor allem aber dürfen wir den deutschen guten Willen für Westeuropa nicht erkalten lassen. Die Deutschen sind heute bereit, in einem Westeuropa aufzugehen. Die deutsche Verfassung sieht die Übertragung deutscher Hoheitsrechte auf europäische Organe ausdrücklich vor. Jetzt ist es Zeit für uns zu handeln. So etwas hat es früher in Deutschland niemals gegeben. Es wird auch in der Zukunft nicht noch einmal vorkommen, daß sowohl Deutschland als auch Frankreich gleichzeitig eine höhere europäische Einheit fordern. Das ist eine Gelegenheit, von der man bisher nicht zu träumen wagte. Wir dürfen diese historische Stunde nicht verpassen."[198]

In diesem Abschnitt des „Observer"-Artikels kommt eine ausgesprochen deutschfreundliche Einstellung zum Ausdruck, deren Bedeutung auch dadurch nicht geschmälert wird, daß der Verfasser, der Diplomatische Korrespondent des „Observer", S. Haffner, deutscher Abstammung war. Bekanntlich können Zeitungsartikel die öffentliche Meinung stark beeinflussen oder gar erst schaffen.

Die hier versuchte Darstellung der Haltung britischer Regierungs- und Oppositionskreise einschließlich einflußreicher Wirtschaftsführer und Presseorgane erhebt keineswegs Anspruch auf Vollständigkeit, da sie in vielen Punkten der Ergänzung durch Detailstudien bedarf. Sie soll lediglich ein Schlaglicht auf die Grundeinstellungen, Tendenzen und Motive der britischen Deutschlandpolitik werfen.

Neben dieser allgemeinen Deutschlandpolitik ist das Vorgehen der Militärregierung in der britischen Besatzungszone zu berücksichtigen. Zumindest in den Jahren bis 1947 nahmen die Londoner Regierungsstel-

---

[198]) A.a.O. Bl. 58 Anlage 1.

len nur wenig Einfluß auf die konkrete Besatzungspolitik, da andere Probleme im Vordergrund ihres Interesses standen.

Zum Oberbefehlshaber der britischen Zone wurde zunächst am 22. Mai 1945 Feldmarschall Montgomery ernannt. Vorher hatten die Briten nur einen kleinen Verbindungsstab mit den beiden Offizieren Steel und Brown eingerichtet. Bis zum 31. Mai 1945 hatte das Foreign Office die Verantwortung für die Planung bezüglich Deutschlands getragen, dann ging die Kompetenz auf das War Office über, das Montgomery ohne Absprache mit dem Foreign Office ernannte. Jochen Thies sieht in diesem Vorgang ein Indiz für Koordinationsprobleme der britischen Deutschlandpolitik.[199] Ab 5. Juni 1945 stellte man dem Militärgouverneur den Rußlandexperten Sir William Strang als politischen Chefberater zur Seite. Dieser differenzierte nicht zwischen Nationalsozialisten und anderen Deutschen und stand den Besiegten insgesamt ablehnend gegenüber, ähnlich wie sein Chef. Montgomery blieb nur bis zum 1. Mai 1946 im Amt. Sein Nachfolger wurde zunächst der Marschall der Luftwaffe, Sir Sholto Douglas, dann Sir Brian Robertson, der nach Gründung der Bundesrepublik Deutschland auch als Alliierter Hoher Kommissar fungierte. Sitz der britischen Militärregierung waren die kleinen, weitgehend unzerstörten, in der Nähe von Bielefeld gelegenen Städte Bad Oeynhausen, Bünde, Minden, Detmold und Lübbecke.[200] Jochen Thies bringt seine Anerkennung über die in den ersten Monaten nach Kriegsende von den damals zweitausend Offizieren und dreitausend Mann in der britischen Besatzungszone geleistete Arbeit zum Ausdruck und bezeichnet ihre Ergebnisse bezüglich der Wiederinstandsetzung von Brücken, Straßen, Eisenbahnlinien und Schiffskanälen sogar als hervorragend.[201] Auch der Rücktransport der Mehrzahl von ca. zwei Millionen Displaced Persons aus mehr als vierzig Ländern in ihre Heimat war ihr Verdienst. Hier offenbarte sich die Befähigung der Briten zur Improvisation unter schwierigen Bedingungen.[202] Die im September 1945 einsetzende Demobilisierung der britischen Armee führte zu einem einschneidenden Wandel der Zusammensetzung des

---

[199]) Vgl. Jochen Thies, a.a.O. S. 34.
[200]) Einzelheiten über den organisatorischen Aufbau der britischen Militärverwaltung siehe bei Jochen Thies, a.a.O. S. 37–39, insbesondere die graphische Darstellung auf S. 39.
[201]) Vgl. Jochen Thies, a.a.O. S. 38.
[202]) Vgl. ebd..

Verwaltungspersonals für die Besatzungszone. Qualifizierte Offiziere verließen aus zivilen Karrieregründen die Militärverwaltung und kehrten nach Großbritannien zurück, während von dort minder geeignetes Personal nachrückte. Die Verwaltung blähte sich bald erheblich auf. Ende 1946 waren bereits sechsundzwanzigtausend Briten in Deutschland tätig, was auf heftigste Kritik seitens des um Sparsamkeit bemühten britischen Unterhauses stieß.

Für die Erhellung der Bemühungen um Völkerverständigung zwischen Briten und Deutschen verdient die Tatsache Beachtung, daß manche ehemaligen Mitglieder der britischen Militärverwaltung in Leserbriefen ihre Enttäuschung über die neuerlichen Praktiken des Verwaltungsapparates zum Ausdruck brachten und das britische Gewissen aufzurütteln versuchten.[203] Auch einflußreiche Presseleute, wie der schon erwähnte Richard Crossman und der damalige Herausgeber von „New Statesman and Nation", Kingsley Martin, prangerten die mangelhafte Kompetenz des Verwaltungspersonals sowie unangemessene Praktiken britischer Industrieller gegenüber deutschen Konkurrenzfirmen an.[204]

Allerdings darf man einzelne Mißstände nicht überbewerten. So gelangt z.B. Alfred Müller-Armack, deutscher Wirtschaftspolitiker und geistiger Vater der Sozialen Marktwirtschaft, zu einem durchweg positiven Urteil über die persönliche Integrität der Wirtschaftsberater der britischen Militärregierung, mit denen er Gespräche über die künftige Gestaltung der deutschen Wirtschaftspolitik führen konnte, wobei er allerdings Meinungsunterschiede in der allgemeinen Beurteilung der

---

[203]) Jochen Thies beruft sich in diesem Zusammenhang z.B. auf Leserbriefe im Manchester Guardian vom 21. September 1946 sowie im New Statesman vom 22. März 1947. Vgl. Jochen Thies, a.a.O. S. 41.

[204]) Vgl. dazu Jochen Thies a.a.O. S. 41f.: „Bereits am 8. September 1945 kritisiere Crossman den Mangel an höheren Offizieren in der Britischen Zone, die als Experten für Gewerkschaftsprobleme, Kohlezechen oder überhaupt als Kenner deutscher Verhältnisse anzusehen seien...
Ein anderer, häufig in der Presse geäußerter Punkt der Kritik lautete, die Administration sei überorganisiert und in ihrer Aufpasserfunktion über die Deutschen zu kleinlich. Ihre Effizienz leide darunter, daß die Gliederung horizontal verlaufe aund vorgesetzte Stellen sich kein Gesamtbild über die Lage in Deutschland verschaffen könnten... Viele Beamte hätten Schwierigkeiten, sich auf mitteleuropäische Verhältnisse einzustellen, kaum jemand besitze deutsche Sprachkenntnisse..."

ökonomischen Situation einräumt. Dies sei durch ein Zitat aus seinem Erinnerungswerk verdeutlicht:

„Mein Münsteraner Kollege Walther Hoffmann, der durch seine lange Tätigkeit am Weltwirtschaftlichen Institut in Kiel, dessen führende Zeitschrift er herausgab, ein guter Vermittler für internationale Gespräche war, lud zu mehreren Konferenzen ein, in denen wir mit den Wirtschaftsberatern der englischen Militärregierung zusammentrafen. Der Wille, dem besiegten Deutschland und seiner Bevölkerung zu helfen, war allgemein und der persönliche Kontakt mit den englischen Beratern offen und herzlich. Doch schien mir bei der Verteidigung liberaler Prinzipien, daß man in England den Vater unserer Wissenschaft, Adam Smith, nur zu sehr vergessen hatte. Die Labour Party, das war freilich in diesen Gesprächen zu fühlen, hatte in England die Konservative Regierung abgelöst. Die Beurteilung der deutschen Lage durch die englischen Wirtschaftsattachés war eindeutig bestimmt von ihrer sozialistischen Ausgangslage. Man hielt eine Währungsreform für unmöglich und suchte sie uns auszureden, weil eben – so behaupteten sie – die Knappheit aller Lebensmittel ein Abgehen von der Bewirtschaftung ausschlösse. Zudem, und dieses Argument schien noch weit gewichtiger, herrsche in der gesamten Welt insbesondere ein Mangel an Fetten. Es wurde sogar die Diagnose gestellt, auf Jahrzehnte müsse mit einer Lücke in der Energieversorgung gerechnet werden, und auch die Knappheit an der einzigen konvertiblen Währung, die sog. Dollarlücke, werde sich erst in einem langen Zeitablauf schließen lassen, da sie Ausdruck einer Schwäche Europas gegenüber Amerika sei. Gott sei Dank haben sich alle diese Prophezeiungen, die uns Barrieren auf unserem Weg voraussagten, im folgenden Jahrzehnt als gegenstandslos erwiesen. Mein Argument gegenüber dem Labour-Berater, daß nicht die Bewirtschaftung notwendig sei, weil die Güter knapp wären, sondern daß die Güter knapp seien, solange wir nicht eine völlige Bewirtschaftungsreform herbeiführten, hat sich durchaus bestätigt. Man kann, von heute aus gesehen, kaum ermessen, wie beschwerlich es war, in einer allgemeinen Misere künftige Entwicklungen vorauszusagen."[205]

Die Wirtschaftsexperten bemühten sich also redlich um eine, wegen des herrschenden Mangels an Lebensmitteln und Gütern aller Art von ihnen für notwendig erachtete zentral gesteuerte Wirtschaftslenkung.

---

[205] Alfred Müller-Armack, Auf dem Weg nach Europa. Erinnerungen und Ausblicke. Tübingen, Stuttgart 1971, S. 38 f.

Alfred Müller-Armack stellte dieser Auffassung seine Konzeption des Wettbewerbsgedankens gegenüber:

„Alle, die sahen, daß die wirtschaftlichen Schwierigkeiten des Nationalsozialismus, die übrigens – was heute wie damals zu wenig herausgestellt wird – wesentlich zu seinem militärischen Untergange beitrugen, also Mängel einer versagenden dirigistischen Organisation waren, begriffen zugleich, daß die Weiterführung einer solchen Ordnung keinen Erfolg versprach. Aber in den Jahren 1945 und 1946 dominierten bei uns in sehr offen geführten Diskussionen die wissenschaftlichen Berater der Labour Party . . ."[206]

In der Literatur besonders hervorgehoben werden die Verdienste von Robert Birley, der im April 1947, also nach der Wende in der britischen Re-education-Politik, als Educational Adviser to the Military Governor in die britische Besatzungszone kam.[207] Schon im November und Dezember 1946 hatte er während einer Deutschlandreise Einblick in die in der britischen Besatzungszone herrschende Not bekommen. Birley vertrat die Ansicht, die Briten müßten bei ihrer Erziehungsarbeit in Deutschland an deutsche Traditionen anknüpfen, um „die persönliche Verantwortungsbereitschaft als Basis einer gesunden demokratischen Staatsordnung zu wecken"[208]. Er erkannte klar, daß man britische politische Institutionen nicht einfach nach Deutschland verpflanzen konnte, sondern daß man vor allem den Lehrern der nächsten Generation Kenntnisse und Anregungen für die eigene Arbeit im Dienste einer demokratischen Erneuerung vermitteln mußte. Dies sollte durch Austauschprogramme ermöglicht werden.[209] Auch Herbert Blankenhorn,

---

[206]) A.a.O. S. 49.
[207]) Kurt Jürgensen rühmt Birleys starke Persönlichkeit, hohe Intelligenz und charakterliche Lauterkeit. (K. Jürgensen, Elemente britischer Deutschlandpolitik, S. 114.) – Vgl. auch Herbert Blankenhorn, a.a.O. S. 131.
[208]) Kurt Jürgensen, Elemente britischer Deutschlandpolitik, S. 115.
[209]) Vgl. dazu Kurt Jürgensen, a.a.O. S. 126: „Ziel der ‚politischen Umerziehung' war es nicht, wesensfremde Institutionen und Formen in Deutschland einzuführen, sondern die Erneuerung dieses Landes von innen her, aus seiner geschichtlich verankerten geistigen und politischen Substanz, vorzunehmen. In diesem Sinne erinnerte Sir Robert Birley in der Tat seine Landsleute schon bald nach dem Kriege wiederholt an den deutschen Beitrag zur abendländischen Kultur; er erinnerte an die Freiheitsbewegung in der deutschen Geschichte, er verwies auf den opferreichen Widerstand in Deutschland gegen die nationalsozialistische Gewaltherrschaft, und er hat das Lebensbild deutscher Wider-

der den Bundeskanzler Adenauer im Dezember 1951 bei dessen Staatsbesuch nach London begleitete, rühmt in seinem politischen Tagebuch die Verdienste Robert Birleys, welcher inzwischen zum Headmaster von Eton avanciert war und als solcher während eines Dinners am 5. Dezember 1951 ein Gespräch mit dem Kanzler über die Intensivierung des deutsch-englischen Studentenaustausches führte. Blankenhorn urteilt über den Gesprächspartner: „Birley gehört zu jenen prominenten Engländern, die auf kulturellem und akademischem Gebiet, vor allem auf dem Gebiet der Erziehung viel taten, um in England und Deutschland Vorurteile abzubauen und Verständnis und Verständigung zu vertiefen."[210] Diesem Ziel diente auch die Arbeit der seit 1945 in den größeren Städten der britischen Besatzungszone eingerichteten englischen Informations- und Kulturzentren mit der Bezeichnung „Die Brücke". Hier wurden z.B. regelmäßig gegen ein geringes Eintrittsgeld Kulturfilme über Leben und Arbeit, Sitten und Gebräuche von Menschen in fremden Ländern, auch in Übersee, vorgeführt, was eine erhebliche Horizonterweiterung des meist jugendlichen Publikums mit sich brachte. Diese angenehme Möglichkeit, den Wissensdurst über fremde Länder zu stillen, hatte um so größere Bedeutung, da es damals noch kein Fernsehen gab.

Wichtig war auch die in der britischen Besatzungszone eingerichtete Schulspeisung, für die die Eltern der Kinder, soweit sie nicht arbeitslos waren, allerdings einen Geldbetrag aufbringen mußten. Die Lebensmittel stammten z.T. auch aus schwedischen Spenden.

Erwähnt sei noch, daß der Befehlshaber des XXX. Corps, Generalleutnant Horrocks, schon Ende August 1945 eine Party mit mehreren hundert deutschen Kindern organisierte, um den Boden für eine demokratische Lebenshaltung zu bereiten. Er empfahl sogar seinen Kommandeuren, diesem Beispiel zu folgen, stieß aber im Foreign Office auf Kritik.[211] Ein Beispiel des Mutes und der Besonnenheit gab der konserva-

---

standskämpfer (‚Das Gewissen steht auf') in England mit einer klugen Einleitung herausgebracht. So habe, wie Sir Robert Birley im Januar 1975 bei einem Kolloquium in Oxford sagte, die Erneuerung Deutschlands nach dem Kriege von innen her erfolgen können, und dabei sei die britische ‚policy of educational reconstruction' eine Hilfe gewesen...."

[210] Herbert Blankenhorn, a.a.O. S. 131.
[211] Vgl. Jochen Thies, a.a.O. S. 43f. – Thies verweist dabei auch auf Versuche, die britische Öffentlichkeit auf Mißstände in der Besatzungsadministration aufmerksam zu machen: „Wie kritisch die Verhältnisse in diesen Mona-

tive Oppositionsabgeordnete Nigel Birch in der Unterhausdebatte vom 22. Oktober 1946, worin er die Briten davor warnte, nun ihrerseits Nazimethoden gegenüber den Deutschen anzuwenden, und sie aufforderte, vom Haß gegen die Deutschen abzulassen.[212]

Auch Lord Pakenham, der 1947 den Deutschlandminister Hynd im Amt ablöste, bemühte sich in seinen Reden um die Weckung von Verständnis für die deutschen Belange, scheint aber damit bei den Deutschen selbst mehr Beachtung gefunden zu haben als bei seinen Landsleuten.[213]

Der Deputy President der Governmental Sub-Commission der Militärregierung, Mr. Austin H. Albu, forderte, ebenso wie andere Mitglieder der Militäradministration, eine Verbesserung der Ernährungssituation in Deutschland – allerdings wegen der prekären wirtschaftlichen Lage im Mutterland ohne Erfolg.[214]

Eine Differenzierung zwischen Nationalsozialisten und der breiten Masse des deutschen Volkes ist bereits 1945 auf dem linken Flügel der Labour Party – entsprechend seiner klassengebundenen Weltanschauung – nachzuweisen.[215]

Der Prozeß der political re-education in der britischen Besatzungszone mündete ein in eine Wechselbeziehung und gegenseitige Befruchtung von deutscher und britischer Kultur, die erst eine Selbsterziehung des deutschen Volkes zur Demokratie aufgrund eigener entsprechender Traditionen ermöglichte.

Zunächst jedoch legte die Militärregierung allgemeine Richtlinien für das Erziehungswesen in der britischen Besatzungszone fest. So bestimmte Feldmarschall Montgomery als Oberbefehlshaber der britischen Zone im August 1945, Ziel des deutschen Erziehungswesens

---

ten waren, zeigen die Initiativen einiger jüngerer Offiziere, die sich wiederholt an große britische Zeitungen wandten, um ihre in Deutschland gewonnenen Eindrücke publik zu machen. Die Einhaltung des Dienstwegs hatte offenbar keinerlei Resultate gebracht. Sie legten dabei Wert auf die Feststellung, daß es sich um ein humanitäres Engagement handele. Die Herausgeber der angeschriebenen Blätter traten mitunter als Vermittler auf, um die Informanten vor Disziplinarmaßnahmen und Repressalien zu schützen. . . ." (Thies, a.a.O. S. 44.)

[212]) Vgl. a.a.O. S. 45.
[213]) Vgl. a.a.O. S. 40 und 42 sowie die kritische Äußerung bei James P. May und William E. Paterson, a.a.O. S. 84.
[214]) Vgl. James P. May und William E. Paterson, a.a.O. S. 84f.
[215]) Vgl. a.a.O. S. 86.

müsse die völlige Ausschaltung nationalsozialistischen Gedankenguts sowie die Bejahung von Freiheit, Menschenwürde, Verantwortungsbewußtsein und Toleranz sein. Grundsatz war, daß die Deutschen selbst die Verantwortung für das Erziehungssystem übernehmen sollten. Dementsprechend erhielten die britischen Offiziere, denen die Überwachung des deutschen Schulwesens oblag, im November 1945 die Anweisung, sich den deutschen Stellen gegenüber Zurückhaltung aufzuerlegen und ihre Kontroll- und Leitungsfunktion möglichst nur indirekt auszuüben.[216] Anfang 1946 erging an die deutschen Behörden eine Erziehungsanweisung („Education Instruction to German Authorities", EIGA), welche die Erteilung des Religionsunterrichts regeln sollte und z.B. den Wünschen der evangelischen Kirche und der staatlichen Verwaltung in Schleswig-Holstein völlig entsprach, allerdings bei der sich in diesem Land in einer Minderheitssituation befindlichen katholischen Kirche auf Ablehnung stieß. Nach einem Streit um Bekenntnisschule oder Gemeinschaftsschule, der sogar zu einer – allerdings umstrittenen – Volksabstimmung führte, entschied der Kultusminister im Februar 1947, daß in Schleswig-Holstein weder katholische noch evangelische Bekenntnisschulen eingeführt würden.

Sowohl der nun amtierende Militärgouverneur der Britischen Zone, Sir Brian Robertson, als auch der damalige, hochqualifizierte Educational Adviser Sir Robert Birley vertraten die Ansicht, man dürfe den Deutschen auf keinen Fall das britische Erziehungssystem einfach aufzwingen, sondern die Deutschen müßten an eigene kulturelle Traditionen anknüpfen. Birley regte einen Austausch deutscher und britischer Lehrer an, um den deutschen Multiplikatoren der politischen Bildung Einblicke in das Leben in einer gewachsenen Demokratie zu vermitteln. Schon im Dezember 1946 war durch die Verordnung 57 der britischen Kontrollkommission den Ländern die Gesetzgebungskompetenz für den Schulbereich übertragen worden. Am 1. April 1948 verabschiedete der Landtag von Schleswig-Holstein ein Gesetz über eine Schulreform, wodurch die Grundschulzeit auf sechs Jahre verlängert wurde. Birley begrüßte diese Entscheidung zwar – ebenso wie General Robertson – grundsätzlich, kritisierte aber den Alleingang Schleswig-Holsteins und die mangelnde Vorbereitung dieses Schrittes, der sich zum Nachteil für die Schüler auswirken werde. Daß Birley trotz seiner Bedenken die deutsche Entscheidung akzeptierte, beweist die Aufrichtigkeit seiner

---

[216]) Vgl. Kurt Jürgensen, Die Stunde der Kirche, S. 119f.

Absicht, den Deutschen die Regelung ihrer Schulangelegenheiten selbst zu überlassen.[217]

Überhaupt bestand – wie die Zeitgeschichtsforschung inzwischen bestätigte – eine ausgesprochen vertrauensvolle, partnerschaftliche Kooperation zwischen führenden britischen Kulturbeauftragten und deutschen Pädagogen. So machten sich insbesondere der langjährige Director of the Education Branch, Dr. Riddy, und der Deputy Director of the Education Branch, Mr. Walker, um die Deutschen verdient, da sie über Sachkenntnis und Weitblick verfügten und auch zum Gedankenaustausch mit deutschen Pädagogen bereit waren.[218] Der Direktor der Religious Affairs Branch und Berater der britischen Kontrollkommission, J.W.W. Gwynne, brachte Anfang 1948 sogar seine Bewunderung für das deutsche Volk und dessen Aufbauleistung nach dem Kriege zum Ausdruck. Als er Deutschland verließ, klangen Zuneigung und Freundschaft aus seinen Abschiedsworten: „... my thoughts and prayers will continue to be with the German people and my friends in Germany."[219] Besondere Sympathien erwarb sich der schon erwähnte Robert Birley, dessen Verdienste auch der spätere deutsche Botschafter Blankenhorn in seinen Erinnerungen würdigt.[220] Birley bemühte sich nicht nur um die geistige Förderung der ihm Anvertrauten, sondern bewies auch die Fähigkeit zu praktischem Handeln. So veranlaßte er die Zuweisung von Baumaterial für die Reparatur der von Bomben schwer getroffenen, einsturzbedrohten Lübecker St.-Marien-Kirche.[221] Sowohl für die Bewältigung der nationalsozialistischen Vergangenheit in Deutschland als auch für den Brückenschlag zwischen den ehemaligen Kriegsgegnern erschien Birley die Hilfe der Kirche unentbehrlich. Nach britischem Vorbild sollten die Christen in Deutschland seiner Ansicht nach auch das Gespräch mit den Sozialisten suchen, selbst wenn dies in Deutschland wegen der weltanschaulichen Einstellung der damaligen SPD

---

[217] Vgl. a.a.O. S. 124–126.
[218] Vgl. a.a.O. S. 187.
[219] Zit. nach Kurt Jürgensen, a.a.O. S. 248.
[220] Vgl. Herbert Blankenhorn, a.a.O. S. 131.
[221] Bezüglich dieser zupackenden Handlungsweise ist Birley zu vergleichen mit jenem amerikanischen Offizier, der kurz nach dem Kriege auf eigene Verantwortung Baumaterial organisierte, um das beschädigte Dach der Würzburger Residenz abzudichten, wodurch er das wertvolle Deckengemälde von Tiepolo vor der Zerstörung durch Witterungseinflüsse rettete.

schwieriger war als in seiner Heimat.²²² – Der verantwortliche Erziehungsoffizier in Schleswig-Holstein, Colonel Wilcox, betonte schon im März 1948 seine Befriedigung über die gute Zusammenarbeit mit den zuständigen deutschen Stellen im Erziehungsbereich.²²³

Im Zuge der Beleuchtung des Bestrebens der britischen Militärregierung, gute Kontakte zur evangelischen Kirche in Deutschland herzustellen²²⁴, sei der große Kirchenkongreß vom August 1946 in Rendsburg berücksichtigt, den Oberst Wilcox als Leiter der Education Branch auf Veranlassung des Zivilgouverneurs von Schleswig-Holstein, Hugh de Crespigny, einberief. Eingeladen wurden Vertreter aller Konfessionen, darunter 350 Pastores der Schleswig-Holsteinischen Landeskirche. Präses Halfmann zeigte sich allerdings recht zurückhaltend, da er die Kirche nicht in den Dienst politischer Ziele gestellt sehen wollte.²²⁵

Colonel Wilcox war in Schleswig-Holstein auch für die Entnazifizierung betroffener evangelischer Geistlicher zuständig, wobei er an die sachlichen Weisungen der Religionsabteilung im Zonenhauptquartier der britischen Militärregierung in Bünde bzw. Bad Rothenfelde gebunden war. In Fragen der Entnazifizierung kam es – entgegen den sonstigen Gepflogenheiten der indirekten Überwachung – zu direkten Eingriffen der Besatzungsmacht in kirchliche Angelegenheiten.²²⁶

Ein Problem für Schleswig-Holstein war die britische Intention der völligen Zerstörung der Insel Helgoland, welche als Ziel für das Üben von Bombenabwürfen diente. Bischof Halfmann wandte sich im Frühjahr 1947 gegen diesen Destruktionsplan, um die Insel wenigstens als Zufluchtsort für Fischerei und Vögel zu erhalten. Ende April 1947 gab die britische Militärregierung die Zusage, Helgoland nicht völlig zu vernichten, sondern es später wieder den Deutschen zu überlassen. Dies Versprechen wurde im März 1952 eingelöst, und die Inselbewohner konnten zurückkehren und den Wiederaufbau ihrer Häuser in Angriff nehmen.

Wie aus einer Aufzeichnung des Legationsrats in der Dienststelle für Auswärtige Angelegenheiten beim Bundeskanzleramt in Bonn, Salat,

---

²²²) Vgl. Kurt Jürgensen, Die Stunde der Kirche, S. 187f.
²²³) Vgl. a.a.O. S. 125.
²²⁴) Kurt Jürgensen spricht geradezu von einem „Werben um die Kirche". (Jürgensen, a.a.O. S. 183.)
²²⁵) Vgl. Kurt Jürgensen, a.a.O. S. 183ff. – Zur Rede, die Crespigny auf dem Rendsburger Kirchenkongreß hielt, vgl. Kapitel I, 3, a dieses Buches.
²²⁶) Vgl. Kurt Jürgensen, a.a.O. S. 168.

vom 27. Oktober 1950 hervorgeht, erhielt er am 29. September 1950 den Besuch des englischen Unterhausabgeordneten H. Montgomery Hyde. Dieser suchte Material über Schulwesen, Theater und Kunst in Deutschland sowie über den deutsch-englischen Kulturaustausch, das er für eine geplante Artikelserie über den Stand des deutschen Kulturlebens in der Sunday Times verwenden wollte. Er zeigte sich aufgeschlossen für die Anregung Salats, daß der deutsch-britische Austausch künftig „stärker auf der Basis voller Gegenseitigkeit durchgeführt werden" sollte, und versprach, sich auch im britischen Unterhaus für dieses Ziel einzusetzen.[227]

Am 10. Januar 1951 besuchte der frühere Chef der Erziehungsabteilung der britischen Militärregierung, Prof. Dr. Robert Birley, der inzwischen Leiter des Eton-College geworden war, die Dienststelle für Auswärtige Angelegenheiten in Bonn und informierte seinen deutschen Gesprächspartner Salat über Aktivitäten der britischen Regierung zur Förderung der britisch-deutschen Zusammenarbeit im kulturellen Bereich. Die Erziehungsabteilung des britischen Hohen Kommissariats in Deutschland sollte in eine Cultural Relations Group umgewandelt werden. Die Finanzierung der Arbeiten dieser Dienststelle sollte das Foreign Office übernehmen, und zwar rückwirkend für das ganze Jahr 1950. Als Leiter der Cultural Relations Group war das bisherige Mitglied des britischen Erziehungsministeriums, Mr. Allen, vorgesehen, der den jetzigen Chef der Erziehungsabteilung, Prof. Marshall, ablösen sollte. Marshall werde Deutschland verlassen. Wie Birley betonte, war das Foreign Office „weiterhin stark daran interessiert, die Zusammenarbeit zwischen Deutschland und England auf kulturellem Gebiet zu fördern, vor allem durch den Austausch von Professoren und Lehrern". Birley selbst, der auf Grund seiner Kenntnis der deutschen Verhältnisse eine deutsch-britische Zusammenarbeit intensiv befürwortete, war Mitglied des Advisory Committee on Educational Relations with Germany und Vorsitzender des Wilton Park Advisory Committee und diente dem Foreign Office als Ratgeber in Angelegenheiten des britisch-deutschen Kulturaustauschs, denn beide Komitees waren beratende Ausschüsse des Foreign Office.

Birley äußerte dem Legationsrat Salat gegenüber seine Befriedigung über die Verlegung der britischen Tagungsstätte Wilton Park an einen

---

[227] Vgl. *Politisches Archiv des Auswärtigen Amtes*, Bd. 40, Aufzeichnung Salat vom 27. Oktober 1950.

anderen Ort. Denn „dadurch würde die Institution endgültig von dem Ort getrennt, an dem die Umschulungskurse der Kriegsgefangenen stattfanden, und damit auch psychologisch der große Unterschied zwischen der früheren und der jetzigen Zielsetzung deutlich gemacht"[228]. Britischerseits bestand ein großes Interesse daran, daß auch weiterhin höhere Beamte der deutschen Bundesministerien an den Wilton-Park-Konferenzen teilnahmen.[229] Schließlich gab Birley seiner Anerkennung für die Aktivitäten der Gesellschaft für kulturellen Austausch mit England e.V. Ausdruck und versicherte, diese Institution finde bei den zuständigen britischen Stellen große Beachtung.[230]

Einen ersten Höhepunkt der deutsch-britischen Zusammenarbeit stellte der Besuch des deutschen Bundeskanzlers Adenauer in Großbritannien Anfang Dezember 1951 dar. Am 4. Dezember 1951 gab Winston Churchill, inzwischen wieder britischer Premierminister, zu Ehren des Gastes ein Frühstück, an dem auch Außenminister Sir Anthony Eden, der Earl of Rosebery, Macmillan, der nunmehrige Oppositionsführer Attlee, der Speaker des House of Commons, Herbert Morrison, sowie Sir Ivone Kirkpatrick teilnahmen. Von der Begleitung des deutschen Kanzlers sind vor allem der deutsche Geschäftsträger Hans Schlange-Schöningen und Herbert Blankenhorn zu nennen. Churchill brachte in einem Trinkspruch den Wunsch zum Ausdruck, daß „ein großes Band der gegenseitigen Loyalität Großbritannien, Frankreich und Deutschland" verbinden möge. Eines der Gesprächsthemen des Treffens war die europäische Zusammenarbeit.

Der Bundeskanzler fand bei seinem Besuch auch die Gelegenheit zu einem Gespräch mit Robert Birley über die Intensivierung des deutsch-englischen Studentenaustauschs.[231]

Churchill knüpfte in seiner Deutschlandpolitik im Grunde wieder an seine berühmt gewordene Rede an, die er als Oppositionsführer am

---

[228]) A.a.O. Aufzeichnung Salat vom 10. Januar 1951.

[229]) Dexter M. Keezer nennt einige Namen von Teilnehmern an Tagungen in Wilton Park, die später im politischen Leben der Bundesrepublik Deutschland eine wichtige Position einnahmen: Rainer Barzel, Karl-Wilhelm Berkhan, Ralf Dahrendorf, Horst Grabert, Hildegard Hamm-Brücher, Winfried Hedergott, Karl Hemfler, Hermann Höcherl, Alois Hundhammer, Wilhelm Kaisen, Heinrich Köppler, Lauritz Lauritzen und Willi Weyer. (A.a.O. S. 25)

[230]) Vgl. *Politisches Archiv des Auswärtigen Amtes*, a.a.O. Aufzeichnung Salat vom 10. Januar 1951.

[231]) Vgl. Herbert Blankenhorn, a.a.O. S. 129ff.

19. September 1946 in Zürich hielt und in der er die Vision einer europäischen Kooperation unter Einbeziehung Deutschlands entwarf.

d) Deutsche Initiativen zur Verbesserung des deutsch-britischen Verhältnisses

Schon im August 1945 fanden eine katholische Bischofskonferenz in Fulda und ein Treffen evangelischer Kirchenführer in Treysa statt, an denen der britische Controller General of Religious Affairs, Col. R.L. Sedgwick, als Beobachter teilnahm. In seinem Bericht vom September 1945 über die Konferenz von Treysa zeigt Sedgwick sich vor allem von der Erklärung Niemöllers beeindruckt, es sei gut, daß der Krieg auf diese Weise beendet worden sei, da ein deutscher Sieg den Untergang des Christentums in Deutschland nach sich gezogen hätte. Anerkennend äußert sich der britische Besatzungsoffizier auch über die Kirchenvertreter Wurm, Gerstenmaier, Lilje, Asmussen und über den Leiter der Bethelschen Anstalten bei Bielefeld, Pastor von Bodelschwingh.[232] Einer der wichtigsten Schritte deutscherseits, im Ausland Vertrauen und Achtung zurückzugewinnen, war das sog. Stuttgarter Schuldbekenntnis des Rats der Evangelischen Kirche Deutschlands vom 19. Oktober 1945. Darin erklärten die Kirchenvertreter in Gegenwart ausländischer Kirchenführer u.a.:

„Der Rat der Evangelischen Kirche in Deutschland begrüßt bei seiner Sitzung am 18. und 19. Oktober 1945 in Stuttgart Vertreter des Ökumenischen Rates der Kirchen. Wir sind für diesen Besuch um so dankbarer, als wir uns mit unserem Volk nicht nur in einer großen Gemeinschaft der Leiden wissen, sondern auch in einer Solidarität der Schuld. Mit großem Schmerz sagen wir: Durch uns ist unendliches Leid über viele Völker und Länder gebracht worden. Was wir unseren Gemeinden oft bezeugt haben, das sprechen wir jetzt im Namen der ganzen Kirche aus: Wohl haben wir lange Jahre hindurch im Namen Jesu Christi gegen den Geist gekämpft, der im nationalsozialistischen Gewaltregiment seinen furchtbaren Ausdruck gefunden hat; aber wir klagen uns an, daß wir nicht mutiger bekannt, nicht treuer gebetet, nicht fröhlicher geglaubt und

---

[232] Vgl. Report by Colonel R. L. Sedgwick on the Conference of Protestant Church Leaders held at Treysa, 27. August bis 1. September 1945. Abgedruckt als Dokument 4 in: Kurt Jürgensen, Die Stunde der Kirche, S. 277–285.

nicht brennender geliebt haben. Nun soll in unseren Kirchen ein neuer Anfang gemacht werden."[233]

Unterzeichner der Erklärung waren: Landesbischof D. Wurm, Landesbischof D. Meiser, Bischof D.Dr. Dibelius, Superintendent Hahn, Pastor Asmussen D.D., Pastor Niemöller D.D., Landesoberkirchenrat Dr. Lilje, Superintendent Held, Pastor Lic. Niesel und der spätere Bundespräsident Dr.Dr. Heinemann.

Zwar fand das Manifest nach seinem Bekanntwerden in Deutschland nicht zur Zustimmung, sondern stieß auch auf heftige Kritik, da es in manchen Kreisen offenbar politisch mißverstanden wurde. Die anwesenden Vertreter der Ökumene zeigten sich jedoch von dem deutschen Vorstoß tief beeindruckt und bemühten sich nun ihrerseits um Gewissenserforschung und Überwindung etwaiger Selbstgerechtigkeit gegenüber den Besiegten. Die Generalsynode der Niederländischen Reformierten Kirche erwiderte die deutsche Geste am 9. März 1946 sogar mit einem eigenen Schuldbekenntnis über ihr Verhalten während der Zeit der Besatzung durch das nationalsozialistische Deutschland.[234] Hochachtung und Dankbarkeit spiegelten sich auch in dem Echo aus der 6. allgemeinen Versammlung des französischen Protestantismus vom 23. bis 29. Oktober 1945 in Nîmes, in der Erklärung des Exekutivausschusses des Nordamerikanischen Kirchenbundes vom 15. Januar 1946 sowie in der Antwort des Oberhauptes der Church of England, des Erzbischofs von Canterbury, vom 13. Februar 1946 und in einem offenen Brief des Bischofs von Chichester, George Bell, worin dieser aus Gründen der Gerechtigkeit ein eigenes Schuldbekenntnis der Nicht-Deutschen forderte, da sie dem Aufstieg Hitlers nicht energisch genug entgegengetreten seien.[235]

---

[233]) Zit. nach Armin Boyens, Das Stuttgarter Schuldbekenntnis vom 19. Oktober 1945 – Entstehung und Bedeutung. In: VfZG 19, 1971, S. 374f.

[234]) Vgl. a.a.O. S. 393. – Vgl. in diesem Buch Kap. I, 4, a.

[235]) Armin Boyens gelangt zu folgendem Ergebnis: „Zusammenfassend wird man sagen dürfen, daß das Stuttgarter Schuldbekenntnis des Rates der EKD in den Kirchen der Ökumene verstanden worden ist. Die Antworten, die es ausgelöst hat, sind frei von pharisäerhafter Überheblichkeit und Selbstgerechtigkeit und geben nirgends Anlaß, von Mißverständis oder Mißbrauch zu sprechen." (Ebd.) Der nach Stuttgart entsandten Delegation des Ökumenischen Rats der Kirchen gehörten folgende Persönlichkeiten an: Samuel McCrea Cavert, Generalsekretär des Nordamerikanischen Kirchenbundes, Bischof George Bell von Chichester/England, Alphons Koechlin, Präsident des Schweizerischen

Ergebnis der Stuttgarter Erklärung waren daher die Überwindung der Isolation und eine enge Verbindung der EKD mit der internationalen ökumenischen Bewegung, was nicht zuletzt auch materielle Hilfe ausländischer Christen für die notleidende deutsche Bevölkerung erleichterte. Da die Kirche im Ausland Gehör fand, konnte sie – beim Fehlen einer deutschen Zentralregierung – als Anwalt des ganzen Volkes nach außen hin, auch gegenüber den westlichen Siegermächten, auftreten.[236]

Von dieser Möglichkeit machte der Ratsvorsitzende, Bischof D. Wurm, im Februar 1946 Gebrauch, als er einen offenen Brief an die Christen in England richtete. Darin appellierte er an die britischen Glaubensbrüder, sich für eine Linderung der Not in Deutschland einzusetzen.[237]

Der hannoversche Kultusminister Adolf Grimme hielt sich im Juni 1946 zu einem Besuch in Großbritannien auf, wo er u.a. mit seinem Freund Bell zusammentraf und im Rundfunk sprechen konnte. Er gab seiner Überzeugung Ausdruck, daß Demokratie als Lebensform, nicht nur als Regierungsform zu verstehen sei[238], eine Auffassung, welche noch heute die Basis jeder sinnvollen politischen Bildungsarbeit ist.

Bezüglich weiterer deutsch-britischer Verständigungsbemühungen sei noch erwähnt, daß die schleswig-holsteinische Kirchenleitung auf ihrer Sitzung vom 30. September 1947 die besondere Förderung des British-German Christian Fellowship beschloß. Diese Vereinigung bemühte sich um das Zustandekommen deutsch-englischer Gesprächskreise zum

---

Evangelischen Kirchenbundes, Hendrik Kraemer aus Holland, Pierre Maury aus Frankreich, S.C. Michelfelder, Vertreter der amerikanischen lutherischen Kirchen beim ÖRK in Genf und W.A. Visser't Hooft. Der als Vertreter für Bischof Berggrav von Norwegen vorgesehene Pfarrer Reidar Hauge konnte infolge verkehrstechnischer Schwierigkeiten nicht nach Stuttgart kommen. (Vgl. a.a.O. S. 389 und George Bell, Alphons Koechlin, a.a.O. S. 425.)

[236]) Vgl. Kurt Jürgensen, Die Stunde der Kirche, S. 230 und 249. Dementsprechend schrieb Martin Niemöller im Kieler Kurier vom 7. November 1945: „Die Kirche ist heute eine der wenigen Stimmen, durch die das deutsche Volk zum Herzen der anderen Völker reden kann." (Zit. nach K. Jürgensen, a.a.O. S. 423, Anm. 75).

[237]) Vgl. Kurt Jürgensen, a.a.O. S. 229. – Schon am 30. Oktober 1945 hatte Wurm durch Vermittlung seines britischen Amtsbruders Bell einen Brief im Manchester Guardian veröffentlichen können. (Vgl. K. Jürgensen, a.a.O. S. 249f.)

[238]) Vgl. a.a.O. S. 253.

Abbau von Vorurteilen durch persönliche Begegnungen und Gedankenaustausch.[239]

Die Landessynode der Evangelisch-Lutherischen Landeskirche Schleswig-Holsteins mit ihren 92 anwesenden Abgeordneten richtete im Oktober 1947 von Rendsburg aus eine Dankadresse[240] an die evangelischen Kirchen und Christen im Ausland, worin sie die seelische und materielle Hilfe dieser Christen in den beiden Nachkriegsjahren eingehend würdigte. Allein das vom Flüchtlingselend besonders hart getroffene Land Schleswig-Holstein hatte mehr als 2 Millionen kg Auslandsspenden erhalten. Mit Hilfe ausländischer und inländischer Spenden wurden Kinder-, Alters- und Versehrtenheime sowie Schulinternate neu gegründet. Schulspeisung und Schülererholung wurden ermöglicht. Die Dankadresse schließt allerdings mit dem eindringlichen Appell, „für das Lebensrecht der Besiegten vor den Mächtigen der Erde einzutreten", und mit der Bitte um weitere materielle Hilfe angesichts des bevorstehenden, neue Not mit sich bringenden Winters.

Im Namen des Stuttgarter Zentralbüros des Hilfswerks der Evangelischen Kirchen in Deutschland teilte Wilhelm von Hahn dem Auswärtigen Amt, Bonn, am 30. August 1951 seine Absicht mit, gemeinsam mit Dr. Collmer in Großbritannien den Dank des evangelischen Hilfswerks für die von dort empfangene Hilfe auszusprechen. Wie von Hahn hervorhob, hatten englische Colleges seit 1947 deutsche Theologiestudenten kostenlos bei sich aufgenommen. Jetzt, da in der jungen Bundesrepublik Deutschland ein wirtschaftlicher Aufschwung begann, wollte die evangelische Organisation zum Dank englische Studenten, die keine Theologen waren, als Gäste zu einem einjährigen Studienaufenthalt nach Deutschland einladen. Ins Auge gefaßt wurde auch die Möglichkeit der Arbeit deutscher Jugendlicher zwischen 16 und 20 Jahren in ausländischen Lehrstellen.[241]

Besonders verdienstvoll war die Arbeit der im Frühjahr 1949 in Düsseldorf ins Leben gerufenen „Gesellschaft für kulturellen Austausch mit England", die Ende 1951 in „Deutsch-Englische Gesellschaft" umbenannt wurde.

Nach Gründung der Bundesrepublik Deutschland gingen wirksame Initiativen zur Verbesserung der deutsch-britischen Beziehungen direkt

---

[239] Vgl. a.a.O. S. 189.
[240] Abgedruckt als Dokument 23 a.a.O. S. 324f.
[241] Vgl. *Politisches Archiv des Auswärtigen Amtes*, Bd. 41.

von der Bundesregierung aus. Wie schon erwähnt, stellte die Dienststelle für Auswärtige Angelegenheiten beim Bundeskanzleramt der deutschen Gruppe der „German Educational Reconstruction" als Beihilfe zu den bei dem „Harvest Scheme" entstehenden Reisekosten 10000 DM zur Verfügung.[242]

Am 10. Februar 1951, einem Samstag, fand auf Einladung der Dienststelle für Auswärtige Angelegenheiten in der Bad Godesberger Redoute ein Frühstück zu Ehren des Leiters der Europa-Abteilung in der Londoner Zentrale des British Council, Mr. Johnstone, statt. Johnstone wurde begleitet von dem Vertreter des British Council in Deutschland, Hitchcock, und dessen Mitarbeiter Creighton. Von deutscher Seite nahmen an der Begegnung teil: Staatssekretär Dr. Wende vom Bundesministerium des Innern, der Rektor der Universität Bonn, Prof. Friesenhahn, der Vorsitzende des Deutschen Akademischen Austauschdienstes, Prof. Klauser, der geschäftsführende Vizepräsident der Notgemeinschaft der deutschen Wissenschaft, Dr. Zierold, sowie der Legationsrat in der Dienststelle für Auswärtige Angelegenheiten, Salat, als eigentlicher Initiator des Treffens. In den Gesprächen ging es um die Verbesserung des deutsch-britischen kulturellen Austauschs. Einzelheiten darüber gehen aus den Unterlagen des Auswärtigen Amtes allerdings nicht hervor. Zu Ehren von Professor Robert Birley, der im Januar 1951 in offizieller Mission in Deutschland weilte (vgl. Kap. I, 3, c dieses Buches), gab der Rektor der Universität Bonn einen Empfang, an dem auch Dr. Pauls von der Dienststelle für Auswärtige Angelegenheiten in Vertretung von Legationsrat Salat teilnahm.[243]

Am 17. Mai 1951 notierte H. Salat, daß das besondere Interesse der deutschen Bundesregierung folgenden vier Bereichen der deutsch-englischen Kulturbeziehungen galt: 1. dem Studentenaustausch, 2. dem Austausch nicht-studentischer Jugend zur beruflichen Weiterbildung, 3. dem Professoren- und Lehreraustausch in Zusammenarbeit des British Council mit dem Deutschen Akademischen Austauschdienst und der Westdeutschen Rektorenkonferenz, 4. der Buchwerbung, wobei die Bundesregierung in den Handelsvereinbarungen größere Möglichkeiten für den Buchexport in beiden Richtungen wünschte.[244] Darüber hinaus

---

[242] Vgl. a.a.O. Bd. 40, Schreiben der Dienststelle für Auswärtige Angelegenheiten an das Generalkonsulat in London vom 25. September 1950. – Vgl. auch Kapitel I, 3, c dieses Buches.
[243] Vgl. a.a.O. Bd. 40.
[244] Vgl. ebd.

wurde eine Zusammenarbeit in den Bereichen Kunst, Theater, Musik und Filmwesen – auch unter Einbeziehung des Commonwealth – angestrebt, wobei ggf. die Vermittlungshilfe von Europarat und UNESCO in Anspruch genommen werden sollte.

Nachdem Großbritannien am 9. Juli 1951 den Kriegszustand mit Deutschland beendet hatte[245], reiste der Bundeskanzler Adenauer zu einem offiziellen Besuch, der vom 3.–8. Dezember 1951 dauerte, nach London. Dies war nach seinem Aufenthalt in Italien vom 14.–18. Juni 1951 der zweite offizielle Auslandsbesuch des Kanzlers. Unmittelbar vorher, im November 1951, hatte Churchill als Führer der Konservativen wieder das Amt des Premierministers übernommen. Das Amt des Außenministers erhielt Anthony Eden. Den letzten offiziellen Besuch eines deutschen Regierungschefs in Großbritannien hatte der Reichskanzler Brüning 20 Jahre zuvor, 1931, durchgeführt. Zum Inhalt der Gespräche gehörten Fragen der wirtschaftlichen Zusammenarbeit, der Zukunft Europas, des deutschen Verteidigungsbeitrags und der innenpolitischen Entwicklung der Bundesrepublik. Während einer Veranstaltung der Foreign Press Association am 8. Dezember 1951 in London hatte Adenauer die Gelegenheit, die Lage Deutschlands vor einem breiteren Publikum eingehend darzustellen und um Verständnis für die Deutschen zu werben. In einem Gespräch mit Churchill wurden das Problem der Eingliederung der Flüchtlinge in die Bundesrepublik Deutschland und die zum Teil ablehnende Haltung der jungen Generation gegenüber dem Staat angesprochen. Adenauer wies den Gesprächspartner auch hier auf die Notwendigkeit von Zugeständnissen hin: „Je mehr die Bundesrepublik als gleichberechtigter Partner in Europa eingeordnet wäre, desto anziehender würde sie für die jungen Leute sein."[246] Er fuhr fort, man „müsse die Einbildungskraft der jungen Leute auf Europa konzentrieren" und hob die Bedeutung eines deutsch-englischen Jugendaustausches hervor. Dabei sollten, so betonte er, viel mehr junge Engländer nach Deutschland kommen. Außenminister Eden stimmte mit dem Kanzler in der Befürwortung des gegenseitigen Jugendaustausches überein. Adenauer hielt in Großbritannien mehrere Reden, u.a. vor der britischen Gruppe der Interparlamentarischen Union und vor dem Royal Institute of International Affairs. Wenn die britische Presse

---

[245]) Es folgten Frankreich und die USA am 13. Juli 1951 bzw. am 24. Oktober 1951.
[246]) Konrad Adenauer, a.a.O. S. 509.

auch durchweg kühl auf den Besuch reagierte und sogar einige kleinere antideutsche Demonstrationen stattfanden[247], so kam Adenauer doch zu einer recht positiven Gesamtbeurteilung seiner Begegnungen mit führenden britischen Persönlichkeiten:

„Rückblickend erinnere ich mich noch sehr deutlich, wie angenehm berührt ich war von der Aufgeschlossenheit und dem freundschaftlichen Geist, in dem ich von allen, mit denen ich zusammentraf, insbesondere auch von Churchill und Eden, empfangen wurde. Ich nahm Fühlung mit Vertretern des englischen politischen und geistigen Lebens. Ich erhielt überall das starke Empfinden, daß dieser Besuch den Schlußstrich unter die Vergangenheit ziehen sollte und konnte. Diese Überzeugung war das Wertvollste, was ich als Resultat mit nach Deutschland zurückbringen durfte."[248]

---

[247]) Vgl. a.a.O. S. 510.
[248]) A.a.O. S. 502. – Zum Adenauer-Besuch in London 1951 vgl. auch die Tagebuchaufzeichnungen des späteren Botschafters Herbert Blankenhorn, der den Bundeskanzler begleitete: Herbert Blankenhorn, a.a.O. S. 129ff. – Über einen weiteren Besuch des Kanzlers in Großbritannien im Jahre 1953 urteilt Blankenhorn in einer Aufzeichnung vom 16. Mai 1953 ähnlich positiv: „Für den historischen Betrachter, der die vielen mißglückten Versuche in den Zeiten Bismarcks, Wilhelms II. und der Weimarer Republik kennt, eine dauerhafte Verständigung und Zusammenarbeit zwischen Deutschland und Großbritannien zustande zu bringen, ist es eine Freude, am Ende dieser Tage in London festzustellen, daß es Adenauer aufgrund seiner maßvollen, dem Ausgleich dienenden, folgerichtigen Politik gelungen ist, einen solchen Grad an Übereinstimmung der Auffassungen zwischen den beiden Regierungen herbeizuführen, daß man in der Tat heute schon von einer britisch-deutschen Bündnisgemeinschaft sprechen könnte. Damit wird auch eine allzu starke Abhängigkeit der deutschen Politik von den Vereinigten Staaten vermieden, die selbstredend nach wie vor die führende Schutzmacht der Bundesrepublik und damit Europas bleibt und bleiben muß." (A.a.O. S. 152.) – Im Zusammenhang mit der Erlangung der Souveränität durch die Bundesrepublik Deutschland wurden am 1. Mai 1955 die deutschen diplomatischen Vertretungen in Washington, London und Paris in Botschaften umgewandelt. Am 30. Juli 1956 erfolgte die Unterzeichnung eines deutsch-britischen Konsularvertrags, und am 18. April 1958 wurde ein deutsch-britisches Kulturabkommen geschlossen. Erst am 9. Juni 1964 erfolgte der Abschluß eines deutschen Wiedergutmachungsabkommens mit Großbritannien.

4. Die Beziehungen zwischen Deutschen und Angehörigen anderer, nicht zu den Großmächten zählender Staaten

a) Niederländer, Belgier und Deutsche

Konrad Adenauer hatte schon nach dem Ersten Weltkrieg die Auffassung vertreten, daß der Friede in Europa am besten durch eine Verflechtung der französischen, belgischen und deutschen Wirtschaft zu sichern sei, da nach seiner Überzeugung „parallellaufende, gleichgeschaltete wirtschaftliche Interessen das gesundeste und dauerhafteste Fundament für gute politische Beziehungen zwischen den Völkern"[249] waren. Dementsprechend trat er auch nach dem Zweiten Weltkrieg für eine Befriedigung des französischen und belgischen Sicherheitsbedürfnisses durch die Verschmelzung des ökonomischen Potentials Frankreichs, Belgiens, Luxemburgs, der Niederlande und Westdeutschlands ein.[250] Den Plan einer wirtschaftlichen Verschmelzung des Rhein-Ruhr-Gebietes mit Frankreich und Belgien als Friedensgrundlage und Sicherheitsgarantie für die Zukunft erwähnte Adenauer z. B. am 9. Oktober 1945, am Tage nach seiner Entlassung als Oberbürgermeister von Köln durch die britische Besatzungsmacht, in einem Interview, das er Journalisten des News Chronicle und der Associated Press gab.[251] Den Zusammenhang zwischen der wirtschaftlichen Situation in Deutschland und den eigenen ökonomischen Schwierigkeiten hatten auch die westeuropäischen Nachbarstaaten erkannt. Dazu berichtet Adenauer in seinen Erinnerungen:

„Der wirtschaftliche Niedergang Westeuropas war infolge der trostlosen Lage in Deutschland weiter fortgeschritten. Am 26. November 1947 richteten die Regierungen Belgiens, Luxemburgs und der Niederlande eine Note an die in London tagenden vier Außenminister, in der sie die Festlegung der politischen und wirtschaftlichen Struktur Deutschlands verlangten. Die Unsicherheit und Verwirrung müsse ein Ende haben, um eine allgemeine Stabilität in Europa herbeizuführen. Es müsse eine Möglichkeit gefunden werden, Deutschland ‚im Rahmen einer friedli-

---

[249]) Konrad Adenauer, a.a.O. S. 41
[250]) Vgl. a.a.O. S. 40.
[251]) Vgl. a.a.O. S. 35.

chen und erfolgreichen Organisation Europas und der ganzen Welt' wiedererstehen zu lassen."²⁵²

Die USA und Großbritannien gelangten 1948 zu der Überzeugung, daß eine Beteiligung der Benelux-Staaten an den Beratungen über die Zukunft Deutschlands wünschenswert sei, und luden sie daher zu der entscheidenden, vom 23. Februar bis 6. März 1948 ohne die Sowjets in London stattfindenden Sechs-Mächte-Konferenz ein, auf der die Weichen für die Gründung der Bundesrepublik Deutschland gestellt wurden und Beratungen über die Beteiligung Westdeutschlands am Marshall-Plan stattfanden.

Die Benelux-Staaten rückten durch die Londoner Beschlüsse vom Juni 1948 formell in bezug auf das Ruhrgebiet an die Stelle der Sowjetunion. Dies betont das Mitglied des Deutschen Büros für Friedensfragen, Dr. Hartmann, in einer an Dr. Velhagen gerichteten kritischen Stellungnahme vom 15. Juni 1948. Darin führt er aus:

„Als das weitaus Bedenklichste an den Londoner Beschlüssen ist aber der Umstand zu betrachten, daß damit das Kernstück des Potsdamer Abkommens, nämlich die *Vier-Mächte-Kontrolle* über ganz Deutschland, nunmehr vom Westen aus in aller Form *über Bord geworfen* wird. Bisher stand die oberste Kontrolle über Deutschland, und damit auch über die Ruhr, sowie die Verantwortung für die Verhinderung einer Wiederaufrüstung formell dem Kontrollrat und damit anteilig auch der Sowjetunion zu. Auch die Kohlenverteilung war durch Kontrollratsbeschluß und später die gleitende Skala der Moskauer Viermächtekonferenz geregelt. Nunmehr wird die Sowjetunion definitiv aus diesen Komplexen ausgeschaltet und dafür Benelux in die Aufsicht über die Ruhr einbezogen. Entgegen der im Londoner Kommuniqué ausgesprochenen Versicherung, daß die Londoner Empfehlungen ,einem Viermächteabkommen über das deutsche Problem in keiner Weise vorgreifen, sondern im Gegenteil ein solches erleichtern' sollen, bedeuten diese Empfehlungen in Wirklichkeit eine offene Absage an den Gedanken einer Viermächteregelung und damit den Verzicht der Westmächte auf die Wahrung oder Wiederherstellung der politischen Einheit Deutschlands. Die offene Abkehr vom Potsdamer Abkommen gibt der Sowjetunion nunmehr auch formell vollständig freie Hand, die von ihr besetzte

---

²⁵²) A.a.O. S. 133.

Zone ohne jede Rücksicht auf die westlichen Großmächte nach ihrem Belieben zu organisieren. Wenn sich die Westmächte in der Frage der Währungsreform, trotz der kürzlichen Bereitschaftserklärung der Russen zur Weiterarbeit in der dafür zuständigen Unterkommission des Kontrollrats, zu selbständigem Vorgehen in den Westzonen entschließen, wird die Sowjetzone für uns Devisenausland werden und der an sich schon geringe Warenaustausch mit ihr vermutlich nahezu zum Erliegen kommen. Dieser wirtschaftlichen Spaltung Deutschlands wird sich nach Preisgabe des Potsdamer Abkommens unvermeidlich die politische Spaltung anschließen..."[253]

Die Gefahr, daß die von den USA und den Mitgliedern des Brüsseler Militärpaktes – Großbritannien, Frankreich und den Benelux-Staaten – vereinbarten Londoner Beschlüsse einer Teilung Deutschlands Vorschub leisten könnten, wird hier klar formuliert. Allerdings darf man bei der Beurteilung dieser Situation nicht außer acht lassen, daß die Teilung schon infolge des von weltpolitischen Gegensätzen der Supermächte verursachten Scheiterns der Moskauer Außenministerkonferenz vom März/April 1947 kaum noch aufzuhalten war.

Obwohl vor allem in den Niederlanden aufgrund der schlimmen Erfahrungen während der Besatzungszeit durch die Nationalsozialisten großes Mißtrauen gegenüber den Deutschen herrschte[254], wurden doch schon bald nach Kriegsende in den Beneluxstaaten neben den regierungsoffiziellen Schritten auch private Anstrengungen hin zu einem vereinigten Europa unter Einbeziehung Deutschlands, genauer: des westlichen Teils Deutschlands, unternommen. So entstanden aus privater Initiative, ähnlich wie in den anderen, während des Krieges von Hitlertruppen besetzten Staaten, aufgrund des von den Widerstandsgruppen mit dem Ziel der künftigen Friedenserhaltung erarbeiteten Europakonzepts in den Niederlanden zwei Verbände, die sich am 4. Oktober 1947 zur Beweging van Europese Federalisten mit zweitausend

---

[253]) *Bundesarchiv*, Akten des Deutschen Büros für Friedensfragen Z 35/572, Bl. 1. Zu der in den „Londoner Empfehlungen" ins Auge gefaßten Beteiligung der Beneluxstaaten an der Deutschlandpolitik vgl. auch Konrad Adenauer, a.a.O. S. 138. Der französische Außenminister Bidault hatte bereits auf der vom 10. März bis zum 24. April 1947 in Moskau stattfindenden Außenministerkonferenz den Plan vorgelegt, die Leitung der Kohlengruben und Gießereien des Ruhrgebietes den Großen Vier *und* Belgien, den Niederlanden und Luxemburg zu übertragen. (Vgl. Konrad Adenauer, a.a.O. S. 111.)

Mitgliedern zusammenschlossen. Ihr Vorsitzender wurde Professor Brandt, die Namen der stellvertretenden Vorsitzenden waren Duynstee und Brugmans. Die Vereinigung trat der internationalen Union Européenne des Fédéralistes bei, welche im April 1947 in Amsterdam einen Kongreß abgehalten hatte. Dr. Henri Brugmans wurde Vorsitzender des Exekutivkomitees der Europäischen Föderalistenunion. Diese gehörte ihrerseits – gemeinsam mit anderen Europagruppen – zunächst einem Comité de Liaison und dann dem Joint International Committee of the Movements for European Unity unter dem Vorsitz des Engländers Duncan Sandys an.[254] Henri Brugmans nahm während einer Tagung der Union Européenne des Fédéralistes an einer am 19. Mai 1948 in der Frankfurter Paulskirche hundert Jahre nach der Revolution von 1848 stattfindenden Europakundgebung teil und sprach dort, ebenso wie Europäer aus anderen Staaten, über das Thema: „Deutschland und Europa 1848–1948 und in Zukunft". Neben Brugmans nahmen noch vier weitere Niederländer, drei Belgier und ein Luxemburger an der vom 20.–24. Mai 1948 in Bad Homburg v. d. Höhe stattfindenden Arbeitstagung der Deutschland-Kommission der U.E.F. teil. Auch beim ersten ordentlichen Kongreß der Europa-Union in Hamburg vom 19.–22. Mai 1949 waren folgende niederländische Teilnehmer anwesend: Prof. Dr. Henri Brugmans, A. Moser, Frau J. Verheiy-Neumeijer und Herr Meertens. Vertreter Belgiens war A. Lohest.[256] Am 20. Mai 1949 hielt

---

[254]) Dies geht u.a. aus einer Aufzeichnung Hartmanns vom 2. Juni 1947 für das Deutsche Büro für Friedensfragen hervor, in welcher es heißt: „Die öffentliche Meinung in den Siegerländern und bei vielen anderen Nationen ist noch immer von dem stärksten Mißtrauen in die endgültige Überwindung des Militarismus und des Geistes der Gewalt in Deutschland beherrscht. Eine Umfrage des Gallup-Institutes und ähnlicher Institute in anderen Ländern zu Beginn dieses Jahres zeigte, daß noch immer die Vermutung für eine Rückentwicklung Deutschlands zu einer kriegerischen Nation in England doppelt, in den Vereinigten Staaten und Kanada dreimal, in Holland viermal und in Frankreich sechsmal so oft geäußert wurde wie das Vertrauen in eine friedliche Entwicklung." (*Bundesarchiv*, Akten des Deutschen Büros für Friedensfragen Z 35/351, Bl. 4.)
– Die wenig deutsch-freundliche Einstellung vieler Niederländer ist auch belegt durch einen Brief, betreffend die Rückerstattung deutschen Eigentums, den Günther Kempf, Stuttgart, am 21. Dezember 1948 an das Deutsche Büro für Friedensfragen richtete. (Vgl. *Bundesarchiv* Z 35/467, Bl. 33.)
[255]) Vgl. das Schema der Verbände für Europäische Einigung am Schluß des Buches von Walter L i p g e n s , Die Anfänge der europäischen Einigungspolitik 1945–1950.
[256]) *Bundesarchiv*, a.a.O. Z 35/611, Bl. 74–76.

Brugmans dort eine Rede über Grenzforderungen der Benelux-Staaten. Der Text dieser Rede ist allerdings in den Unterlagen des Deutschen Büros für Friedensfragen nicht mehr vorhanden.[257] Wie stark in maßgeblichen Kreisen der Benelux-Staaten schon 1949 die Einsicht war, daß eine wirtschaftliche Verflechtung der europäischen Länder einschließlich Westdeutschlands dem Wohle aller Beteiligten dienlich sein würde, beweist der Ausruf des führenden niederländischen Journalisten Jef Last vom November 1949, kurz nach Gründung der Bundesrepublik Deutschland: „Aus Benelux muß durch Einschluß Deutschlands Debenelux werden!"[258] Dazu heißt es in einem Bericht des damals in Überleitung befindlichen Deutschen Büros für Friedensfragen vom Mai 1950 mit dem Titel: „Die Entstehung von Benelux und die bisherigen Ergebnisse ihrer Arbeit" unter Punkt 8. „Benelux, Deutschland und Europa":

„... Der Ausspruch ist mehr als eine liebenswürdige Geste. Der Traum der Benelux-Länder, durch den Ausfall Deutschlands auf den Weltmärkten profitieren zu können, ist ausgeträumt. In den Benelux-Ländern hat sich die Erkenntnis Bahn gebrochen, daß ihre Wirtschaft auf Gedeih und Verderb mit der deutschen Wirtschaft verbunden ist. Die Hoffnungen auf eine wirtschaftspolitische Unterstützung von seiten Englands sind geschwunden. Nach Meldungen der großen Nachrichtenbüros werden die Benelux-Staaten bei den in Paris vorgesehenen Besprechungen über eine wirtschaftliche Vereinigung von Frankreich, Italien, Belgien, Luxemburg und den Niederlanden die Zuziehung und Einbeziehung Westdeutschlands verlangen. Nur im Rahmen einer westeuropäischen Union wird Benelux Wirklichkeit werden und Bestand haben können."[259] Belgische Privatleute gründeten im April 1948 das Mouvement belge pour les Etats-Unis d'Europe, mit J. Buchmann und Raymond Rifflet als Vorsitzenden. In Luxemburg entstand die Union Fédérale unter Henri Koch. Beide Vereinigungen schlossen sich, wie die niederländische, der Union Européenne des Fédéralistes an. Ergebnis der gemeinsamen Bemühungen von privater Seite und auf Regierungsebene war der Beitritt der Benelux-Staaten zum Europarat 1949, zur Europäischen Gemeinschaft für Kohle und Stahl 1951 sowie die Bereitschaft zur Unterstützung des Pleven-Plans und der EVG, die dann

---

[257]) A.a.O. Bl. 30.
[258]) A.a.O. Z 35/592, Bl. 210.
[259]) Ebd. – Zur vorbehaltlosen Bejahung des europäischen Zusammenschlusses durch die Beneluxstaaten vgl. auch Konrad Adenauer, a.a.O. S. 190.

allerdings scheiterten. Welche Schwierigkeiten es zuvor noch zu überwinden galt, zeigt das Ringen um die vorläufige oder endgültige Gestaltung der Grenze zwischen Belgien und den Niederlanden auf der einen und Deutschland auf der anderen Seite.[260] Wie Adenauer konstatiert, stimmten alle Unterzeichnerstaaten des Montanunion-Vertrages darin überein, daß die Schaffung der Montanunion der erste Schritt auf dem Wege des europäischen Zusammenschlusses war. In den Bereichen von Landwirtschaft und Verkehr plante man ähnliche Zusammenschlüsse.[261] Der deutsche Bundeskanzler setzte sich 1950 bereits für die Schaffung einer europäischen politischen Union ein, der auch die Benelux-Staaten, Großbritannien und Italien angehören sollten, damit der Eindruck, einen deutsch-französischen Block schaffen zu wollen, vermieden würde.[262]

Neben den Bemühungen niederländischer, belgischer und luxemburgischer Regierungskreise und Verbände, die Kluft zu den Besiegten durch eine Kooperation mit Deutschland auf europäischer Ebene zu überwinden, gab es seit Kriegsende im kirchlichen Bereich von seiten beider Konfessionen intensive, zum Teil spontane Aktivitäten zur Linderung der Not der deutschen Bevölkerung und zum Erreichen einer echten Versöhnung. 1947 gründete der Prämonstratenserpater Weerenfried van Straaten in den Niederlanden und in Belgien eine Bewegung mit dem Ziel, notleidenden Deutschen Hilfe zukommen zu lassen und eine Völkerversöhnung vorzubereiten.

---

[260]) Vgl. Konrad A d e n a u e r, a.a.O. S. 306 f. Vgl. Anm. 272 der vorliegenden Untersuchung. – Über die Haltung der Niederlande zum Pleven-Plan und zur EVG vgl. auch Konrad A d e n a u e r, a.a.O. S. 447: „Wie ich später durch den damaligen niederländischen Außenminister Stikker erfuhr, hatten die Niederlande einen eigenen Vorschlag eingebracht. Dem Pleven-Plan gab die niederländische Regierung keine großen Chancen, durch das französische Parlament angenommen zu werden. Um ihre skeptische Haltung deutlich zu zeigen, entsandte sie deshalb lediglich einen Beobachter zu dieser Konferenz. Im Spätherbst 1951 beteiligten sich die Niederlande als Vollmitglied an den Verhandlungen über die Europäische Verteidigungsgemeinschaft, da sie die Chancen nach dem Verlauf der Verhandlungen zu diesem Zeitpunkt positiver beurteilten."
[261]) Vgl. a.a.O. S. 425 und 211. – Zur Bejahung des Schuman-Plans der Gründung einer Montanunion durch die Beneluxstaaten vgl. a.a.O. S. 336 f.
[262]) Vgl. a.a.O. S. 312 sowie 315, worin Adenauer die Union der Beneluxstaaten – ihre Auswirkungen wohl etwas überschätzend – zum Vorbild für eine zu schaffende französisch-deutsche Union als Kern einer europäischen Vereinigung erhebt.

Das Elend der deutschen Flüchtlinge und Vertriebenen, die zum Teil in Baracken und Bunkern hausen mußten, hatte ihn so erschüttert, daß er Sammlungen organisierte und die belgischen Bauern aufforderte, jeder solle für die hungernden Menschen in Deutschland ein Schwein großziehen. Diese Aktivität trug ihm den Beinamen „Speckpater" ein. Unerschrocken kämpfte er gegen die aus den Erlebnissen der Kriegszeit resultierenden antideutschen Ressentiments in Belgien an und ermutigte seine Landsleute zu einer differenzierteren Betrachtungsweise der deutschen Bevölkerung. Es gelang ihm auch, vierhundert Volkswagen und 35 Kapellenwagen für heimatvertriebene ostdeutsche Priester zu beschaffen, um diesen die Betreuung ihrer in der Diaspora verstreuten Gemeindemitglieder zu ermöglichen. Sein Artikel von 1947 „Kein Platz in der Herberge" und seine Aufrufe bewirkten vor allem unter der flämischen Bevölkerung eine auf Verzeihen und Großmut beruhende Welle der Hilfsbereitschaft, die auch auf die Niederlande übergriff.[263] Dort fanden nach Kriegsende ebenfalls regelmäßig Sammlungen von Lebensmitteln und Kleidung für die bedürftige deutsche Bevölkerung statt, trotz der Leiden, die viele Niederländer von der deutschen Besatzungsmacht zu erdulden gehabt hatten.[264]

Vom 1.–4. April 1948 fand in dem unzerstörten niederrheinischen Wallfahrtsort Kevelaer nahe der deutsch-niederländischen Grenze ein Friedenskongreß statt, an dem neben dem französischen Bischof Théas und den Oberhirten von Aachen, Köln und Münster auch Bischof Lemmens von Roermond in den Niederlanden teilnahm. Niederländische Freunde der katholischen Gesellschaft für geistige Erneuerung hatten ihm die deutsche Einladung überbracht. Auf dem Kongreß wurde die noch heute bestehende deutsche Sektion der internationalen Pax-

---

[263]) Vgl. dazu u.a. Werenfried van Straaten, Sie nennen mich Speckpater. Recklinghausen 1964, S. 7–9. Später, nach dem Wiederaufblühen der deutschen Wirtschaft, wandte sich diese Bewegung der Aufgabe zu, in Not geratene Christen in den Ostblockstaaten zu unterstützen. Sie trägt jetzt den Namen „Liebeswerk Kirche in Not – Ostpriesterhilfe".

[264]) Mündliche Mitteilung des niederländischen, in Deutschland tätigen Pfarrers Siebe van der Meer vom 15. 5.1985 an die Verfasserin. – Die katholischen Organisationen der Niederlande setzten auch nach der Einstellung der Arbeit des staatlichen Zentralrats für ausländische Kinderfürsorge am 1. April 1950 die Aufnahme von Kindern, insbesondere Flüchtlingskindern, aus Deutschland, Österreich und anderen Ländern Europas fort. (Vgl. Zeitschrift „Pax Christi", 2. Jg. April/Mai 1950, Nr. 1, S. 15f.)

Christi-Bewegung gegründet. Da die Anzahl der Teilnehmer aus allen deutschen Besatzungszonen die Erwartungen der Initiatoren bei weitem übertraf, wurde die Frage der Verköstigung der vielen Menschen wegen der Nahrungsmittelknappheit zu einem Problem. In dieser Situation entschlossen sich die niederländischen Freunde zu einer spontanen, unbürokratischen Hilfsaktion. Sie schickten mehrere Lastwagen mit Lebensmitteln, die pünktlich am Tage vor Beginn des Kongresses in Kevelaer eintrafen.[265]

Auch auf evangelischer Seite begannen in den Niederlanden schon früh Bemühungen um eine Zusammenarbeit mit deutschen evangelischen Christen. Bereits 1942 bestand ein Briefkontakt zwischen Hans Asmussen, Berlin, und dem leitenden Mitglied des im Aufbaustadium befindlichen Ökumenischen Rates der Kirchen in Genf, dem Niederländer W. A. Visser't Hooft. Asmussen sprach damals bereits die Schuldfrage an.[266] Visser't Hooft erklärte im Mai 1943 in einem Rundschreiben an die Mitglieder des Vorläufigen Ausschusses des ÖRK, es sei die wichtigste Aufgabe für die Nachkriegszeit, eine wirkliche Versöhnung der Kirchen der am Krieg beteiligten Staaten zu erreichen. Er warnte dabei vor einer Wiederholung der Fehler aus der Zeit nach dem Ersten Weltkrieg, als die Kirchen der verschiedenen Staaten jahrelang über die Kriegsschuldfrage stritten. Die Darlegungen über die künftige Völkerversöhnung fanden bei der Sitzung des sog. Vorläufigen Ausschusses des ÖRK am 8. Juli 1943 in Genf besondere Beachtung und weitgehende Zustimmung. Vissert't Hooft unternahm am 26. April 1945 sogar den Versuch, eine von dem deutschen Pfarrer Dr. Adolf Freudenberg verfaßte Botschaft an die deutsche Kirche als „message of goodwill" verabschieden zu lassen, worin neben den deutschen Verbrechen auch die

---

[265]) Vgl. Wilhelm de Schmidt, Die Gründung der deutschen Sektion in Kevelaer. In: Pax Christi, Deutsche Sektion, Geschichte – Statuten – Chronik, Pax-Christi-Schriften Nr. 5. Vierte, veränderte Aufl. Frankfurt a. Main 1982, S. 15.
[266]) Vgl. Armin Boyens, a.a.O. S. 375f. – Willem Adolph Visser't Hooft wurde am 20. September 1900 in Haarlem bei Amsterdam geboren, arbeitete 1924– 31 als Sekretär des Weltbundes der Christlichen Vereine Junger Männer und übernahm von 1931–1938 das Amt des Generalsekretärs des Christlichen Studentenweltbundes. Seit 1938 war er führendes Mitglied der ökumenischen Bewegung und wurde 1948 Generalsekretär des Ökumenischen Rates der Kirchen. 1966 erhielt er für seine Verdienste den Friedenspreis des Deutschen Buchhandels. Er starb am 4. Juli 1985.

Schuld anderer Völker genannt wurde. Der designierte Generalsekretär konnte die Versendung dieser Botschaft zum damaligen Zeitpunkt jedoch nicht durchsetzen.[267] So war es notwendig, daß der erste Schritt zur Versöhnung von deutscher Seite ausging. Dies geschah am 19. Oktober 1945 durch das sog. Stuttgarter Schuldbekenntnis, das in Anwesenheit der Delegierten des ÖRK abgelegt wurde und einen starken Eindruck auf sie machte. Als Vertreter der niederländischen evangelischen Christen war Prof. Hendrik Kraemer, der spätere Direktor des Ökumenischen Instituts in Bossey, zugegen.[268] In Reaktion auf die deutsche Schulderklärung verabschiedete die Generalsynode der Niederländischen Reformierten Kirche am 9. März 1946 eine Botschaft an die Evangelische Kirche Deutschlands, worin sie ihren Dank für die Stuttgarter Erklärung aussprach und ein eigenes Schuldbekenntnis ablegte:

„Aufrichtig bekennen wir vor Gott und der Welt, daß wir in diesem Kampf nicht treu, leidenswillig und tapfer genug gewesen sind. Aber wir danken ihm für seine Gnade, daß er uns den eigentlichen Sinn des Bekennertums wieder neu erschlossen hat. Es ist uns eine freudige Pflicht der Dankbarkeit, auszusprechen, daß die Bekennende Kirche in Deutschland in einer entscheidungsschweren Zeit als ein Werkzeug Gottes dazu gedient hat, unsere Augen für diesen tieferen Sinn wieder zu öffnen."[269]

Allerdings hegte die Generalsynode der Niederländischen Reformierten Kirche einige Zweifel daran, daß das gesamte deutsche Kirchenvolk die Stuttgarter Schulderklärung voll unterstütze.[270] Die zwiespältige Reaktion in Deutschland hat die Zweifel der Niederländer zumindest teilweise bestätigt. Dennoch war der aufrichtige, ernsthafte Versöhnungswille beider Kirchenleitungen entscheidend für eine allmähliche, schrittweise Wiederannäherung niederländischer und deutscher evangelischer Christen.

Der Verbesserung der Beziehungen zu den Niederländern diente auch eine kurz nach Kriegsende von Gustav Heinemann organisierte Tagung

---

[267]) Vgl. a.a.O. S. 384.
[268]) Vgl. Kurt Jürgensen, Die Stunde der Kirche, S. 249 sowie George Bell, Alphons Koechlin, a.a.O. S. 425 und 441. Das Stuttgarter Schuldbekenntnis wurde ausführlich in Kapitel I, 3, d dieses Buches behandelt.
[269]) KJB 1945–1948, S. 65f., zit. nach Armin Boyens, a.a.O. S. 393.
[270]) Vgl. a.a.O. S. 394.

in Woudschooten in Holland, an der niederländische protestantische Kirchenvertreter und ein kleiner Kreis deutscher Politiker und Wissenschaftler, unter ihnen der Münsteraner Prof. Alfred Müller-Armack, der spätere „Vater" der Sozialen Marktwirtschaft, teilnahmen. Auf niederländischer Seite war u. a. der damalige Sekretär der Königin, Max Kohnstamm, vertreten, der sich später innerhalb der Europäischen Gemeinschaft engagierte. Ziel der Tagung war die Formulierung von Richtlinien für eine künftige Gesellschaftspolitik aus protestantischer Sicht. Außerdem diskutierte man über Möglichkeiten des Wiederaufbaus der Wirtschaft. Alfred Müller-Armack hebt in seinen Erinnerungen an dieses Treffen die unaufdringliche private Hilfsbereitschaft der niederländischen Teilnehmer hervor, die es den damals mittellosen, unter den Entbehrungen der Nachkriegszeit leidenden deutschen Gästen durch Geldspenden ermöglichten, in den gefüllten Läden des Gastlandes kleinere Einkäufe zu tätigen. Angeregt durch die Begegnung in den Niederlanden wurden in Deutschland durch kirchliche Initiative Diskussionsgruppen gebildet, aus denen später mehrere evangelische und katholische Akademien hervorgingen.[271]

Obwohl die Benelux-Staaten – insbesondere die Niederlande – während des Krieges unter der deutschen Besatzungsmacht schwer zu leiden hatten, ermöglichten in der Nachkriegszeit vor allem die Anstrengungen kirchlicher Kreise, europäisch gesinnter Gruppen und der weitblickenden Regierungen bei großen Teilen der Bevölkerung einen allmählichen Abbau der Vorbehalte gegenüber den Deutschen.[272]

---

[271]) Vgl. Alfred Müller-Armack, a.a.O. S. 39f.

[272]) Am 24. September 1956 erfolgte die Unterzeichnung eines deutsch-belgischen Grenzberichtigungsvertrages und eines deutsch-belgischen Kulturabkommens. In dem Grenzberichtigungsvertrag wurde auch die Rückgabe des beschlagnahmten grenzdurchschnittenen Grundbesitzes an die deutschen Grenzbauern vereinbart, allerdings gegen Zahlung des Einheitswertes. – Ein Wiedergutmachungsabkommen mit Belgien wurde am 28. September 1960 abgeschlossen. Schon am 8. April 1960 war ein Vertrag zwischen der Bundesrepublik Deutschland und den Niederlanden über Wiedergutmachung und Grenzziehung zustande gekommen. Darin wurde u. a. die Rückgabe des größten Teils der seit 1949 von den Niederlanden verwalteten deutschen Gebiete vereinbart. In einem Vertrag vom 1. Dezember 1964 regelten die Regierungen beider Staaten die seitliche Abgrenzung des Festlandsockels in Küstennähe. Am 18. Dezember 1969 wurde eine deutsch-niederländisch-britische Zusammenarbeit auf dem Gebiet der Urananreicherung für friedliche Zwecke beschlossen. – In einem Abkommen mit Luxemburg vom 11. Juli 1959 sicherte die deutsche Bundesre-

b) Der Vatikan und die Deutschen

Schon unmittelbar nach Kriegsende warnte Papst Pius XII. die Siegermächte in eindringlichen Appellen vor einem Machtmißbrauch gegenüber den durch die bedingungslose Kapitulation völlig wehrlosen Besiegten. Da ein Papst keine politische Macht besitzt, sondern nur moralische und religiöse Autorität ausüben kann, und auch dies nur gegenüber denjenigen Menschen, die ihn anerkennen, mußte Pius XII. seine Aktivitäten im politischen Bereich auf Mahnungen, Appelle, Botschaften und den Entwurf eines Minimalprogramms beschränken. Nur im karitativen Bereich konnte er selbst großangelegte Aktionen durchführen lassen.

In seinen allgemeinen, auch an die Nicht-Christen gerichteten Appellen berief sich der Papst vor allem auf das Naturgesetz und auf die Vernunft, welche die Schaffung eines dauerhaften Friedens unter Einbeziehung der Besiegten gebiete.

1946 warnte er die Sieger vor möglichen für die Zukunft verhängnisvollen Auswirkungen einer verfehlten Politik gegenüber den Unterlegenen.[273]

In seiner Weihnachtsbotschaft von 1947 übte er scharfe Kritik am Verhalten der Sieger, verurteilte die Zwangsdeportationen und wandte sich energisch gegen eine kollektive Bestrafung der Deutschen. Für die Zukunft sprach er die Hoffnung aus, daß es möglich sein werde, Sieger und Besiegte einander allmählich wieder anzunähern, so daß sie gemeinsam das Werk des Wiederaufbaus bewältigen könnten.[274]

Der Papst betrachtete – ebenso wie die ehemaligen nichtkommunistischen Widerstandsgruppen in Europa – das übertriebene nationalstaatliche Denken als Hauptursache des Zweiten Weltkrieges. Eine falsche und

---

gierung auch diesem Staat Wiedergutmachungsleistungen zu. (Vgl. Die Auswärtige Politik der Bundesrepublik Deutschland. Hg. v. Auswärtigen Amt unter Mitwirkung eines wissenschaftlichen Beirats. Köln 1972, S. 337ff., 405ff., 414ff., 532, 710f., 720ff., 798f.)

[273]) Vgl. Acta Apostolicae Sedis (=AAS), Commentarium Officiale, 39, Rom 1947, S. 8. Dazu A.F. Utz und J.F. Groner, Aufbau und Entfaltung des gesellschaftlichen Lebens, Soziale Summe Pius' des XII. 2. Aufl. Freiburg/Schweiz 1954–1961, 3734 (=UG).

[274]) Vgl. AAS 39, 1947, S. 12, UG 3746. Gegen den Kollektivschuldgedanken sprach sich der Papst auch noch Anfang der 50er Jahre aus (Vgl. AAS 44, 1952, S. 820; UG 3877).

maßlose Selbsteinschätzung der Nationen habe zu Feindschaften, Überlegenheitsgefühlen, Ressentiments und verallgemeinernden Fehlurteilen gegenüber anderen Völkern geführt. Daher sei Abstand zu gewinnen, und die Erinnerung an vergangene Feindseligkeiten müsse überwunden werden. Um einen Beitrag zur künftigen Friedenssicherung zu leisten, setzte sich Pius XII. für die Überwindung des nationalstaatlichen Egoismus und für die Schaffung eines vereinigten Europas ein. Als Basis für ein geeintes Europa bezeichnete er in einer Ansprache vom 11. November 1948 an die Mitglieder der Delegation des Zweiten internationalen Kongresses der Europäischen Union der Föderalisten das gemeinsame christliche Kulturerbe. Europa müsse erkennen, daß die Quellen seiner Kraft christlich seien.[275] Eine ähnliche Mahnung richtete der Papst an das Europa-Kolleg in Brüssel. 1949 nahm ein Vertreter des Vatikans an der europäischen Konferenz von Lausanne teil. 1952 sandte der Papst seinen engen Mitarbeiter Tisserant zu einer Tagung des Europarats nach Straßburg. Er unterstützte auch die damaligen Bemühungen um die Schaffung einer Europäischen Verteidigungsgemeinschaft und befürwortete die Einsetzung einer gemeinsamen übergeordneten politischen Autorität, welche eine gemeinsame Außenpolitik ermöglichen sollte. 1953 richtete er eine Botschaft an die Teilnehmer des Europa-Kongresses in Brüssel, worin er sogar die Vision der Welteinheit entwarf, deren Vorstufe das geeinte Europa werden sollte.[276] Auch in seiner Weihnachtsbotschaft von 1953 setzte sich Pius XII. für das Vorantreiben der europäischen Einigung ein. Bei all diesen Initiativen stand für ihn fest, daß Deutschland in dem vereinigten Europa einen angemessenen Platz einnehmen müsse.

Über den Einfluß der deutschen Mitarbeiter des Papstes auf die Politik des Vatikans gibt eine Mitteilung von A. von Kessel vom September 1948 an das Deutsche Büro für Friedensfragen Auskunft: Der frühere Zentrumsführer Ludwig Kaas besaß inzwischen die vatikanische Staatsangehörigkeit und hatte eine starke Position inne. Ebenso große Bedeutung besaß das Wort des Jesuitenpaters Robert Leiber, der das Amt eines Privatsekretärs für deutsche Angelegenheiten bekleidete und nebenamtlich eine Professur an der päpstlichen Gregorianischen Universität wahrnahm. Der dritte wichtige Deutsche im Vatikan war Monsignore Bruno Wüstenberg, der, obwohl noch jung, 1948 als einziges deutsches Mit-

---

[275]) Vgl. AAS 40, 1948, S. 509; UG 3868.
[276]) Vgl. AAS 45, 1953, S. 181; UG 3887.

glied im Päpstlichen Staatssekretariat, das mit einem Außenministerium zu vergleichen ist, arbeitete.[277]

Die ganz besondere Sorge des Papstes galt unmittelbar nach dem Krieg allen Hungernden und Notleidenden, vor allem den Kindern. Am 4. April 1946 rief er in einer Ansprache die reichen Länder, wie die USA, Kanada, Großbritannien (das damals noch Kolonialmacht war) und Argentinien, zur Hilfeleistung auf. In dem Rundschreiben „Quemadmodum" vom 6. Januar 1946 erinnerte er die Welt an die notleidenden Kinder. Besonders der deutschen Not nahm sich der Papst an. So veranlaßte er z. B. seit Kriegsende bis Ende 1947 Hilfssendungen nach Deutschland, die 7500 Tonnen Lebensmittel, 2500 Tonnen Bekleidung und 500 Tonnen Medikamente umfaßten. Die Ausgaben der päpstlichen Hilfskommission vom 1. März 1947 bis zum 31. Dezember 1948 beliefen sich auf 9 506 801 416 Lire. In den ersten drei Jahren nach dem Kriege verteilte sie rund 40 Millionen Kleidungsstücke an Notleidende in den verschiedensten Ländern.[278]

c) Israel und die Deutschen

Konrad Adenauer rühmt in seinen Erinnerungen die Hilfsbereitschaft seiner beiden jüdischen Freunde, Dannie Heinemann aus Greenwich, Connecticut, und Professor Kraus. Beide waren die einzigen, die Adenauer nach dessen Absetzung als Oberbürgermeister von Köln und der Sperrung seines Bankkontos finanzielle Hilfe angeboten hatten, damit er seine Familie weiter versorgen konnte.[279]

Zu den schwersten Hypotheken, die die Nationalsozialisten dem Nachkriegsdeutschland hinterlassen hatten, gehörte die moralische Bela-

---

[277]) *Bundesarchiv*, Akten des Deutschen Büros für Friedensfragen Z 35/467, Bl. 88. Zur Situation innerhalb des Vatikans vor und nach Kriegsende vgl. auch Hubert J e d i n , Lebensbericht. Mit einem Dokumentenanhang hg. v. Konrad Repgen. 2., verb. Aufl. Mainz 1985, S. 137–166.

[278]) Vgl. Papst Pius XII. (1939–1958), eine Dokumentation seines Pontifikats. In: Herder-Korrespondenz. Jg. 13, 1958, H. 2, S. 65 sowie W. S a n d f u c h s , Papst Pius XII. Karlsruhe 1949, S. 130.
Einzelheiten über das Programm und die Aktivitäten des Papstes sind zusammengestellt bei Manfred C l a u s s , Die Bemühungen Pius XII. um die Beseitigung der Folgen des Zweiten Weltkriegs (Unveröffentlichte Untersuchung Bonn 1969).

[279]) Konrad A d e n a u e r , Erinnerungen 1953–1955. Dritte Aufl. Stuttgart 1980, S. 157f.

stung durch die Judenvernichtung. Die Verpflichtung des deutschen Volkes zur symbolischen Wiedergutmachung durch materielle Leistungen für die noch lebenden Juden wurde im westlichen Deutschland allgemein anerkannt. Schon während der Besatzungszeit begann man mit Zahlungen an die Betroffenen. Dazu erläutert Adenauer:

„Auf dem Gebiet der individuellen Wiedergutmachung gab es bereits vor dem Entstehen der Bundesrepublik eine Anzahl von Gesetzen und Verordnungen, die durch die Militärregierungen und die Länder erlassen worden waren. Die drei westlichen Besatzungsmächte hatten jeweils für ihre Zone auf dem Gebiete der Rückerstattung feststellbaren Eigentums Regelungen getroffen. Diese Regelungen waren aber nicht erschöpfend und zufriedenstellend. Ihre Ergänzung und Erweiterung waren dringend notwendig. Es gab viele Juden, die durch das nationalsozialistische Regime ihr Hab und Gut, ihre Stellung und ihre Heimat verloren hatten, die aber durch die bisherige Gesetzgebung nicht erfaßt waren. Wiederum gab es andere, auf die die geltenden Gesetze Anwendung fanden, die aber nicht die ihnen zustehenden Rückerstattungsgelder erhalten konnten, weil sie außerhalb Deutschlands ihren Wohnsitz hatten und die Devisenbestimmungen der Besatzungsmächte die Transferierung der ihnen zustehenden Beträge nicht zuließen. Nach Aufnahme ihrer Arbeit im September 1949 hat sich die Bundesregierung dem Ausbau und der Verbesserung dieser Gesetzgebung in besonders hohem Maße gewidmet. Für den Bereich der amerikanischen Zone war 1949 eine einheitliche Gesetzgebung geschaffen worden, die später in ihren wesentlichen Bestimmungen von dem deutschen Gesetzgeber übernommen worden ist."[280]

Eng verbunden mit der Wiedergutmachungsabsicht war der Wunsch nach einer Rehabilitierung des deutschen Volkes, welche die Voraussetzung für die Glaubwürdigkeit der deutschen Demokratie, die internationale Anerkennung und die Integration der Bundesrepublik in die noch immer argwöhnische westliche Staatenwelt war.[281] Die Bundesregierung hatte bei der Realisierung ihres Ziels jedoch große Schwierigkeiten zu überwinden. Ein völkerrechtliches Problem bestand darin, daß der Staat

---

[280]) Konrad Adenauer, a.a.O. S. 132f.
[281]) Vgl. Jekutiel Deligdisch, Die Einstellung der Bundesrepublik Deutschland zum Staate Israel. Eine Zusammenfassung der Entwicklung seit 1949. Bonn-Bad Godesberg 1974, S. 40 und 152.

Israel erst 1948 entstanden war und daher keinen direkten Rechtsanspruch auf Wiedergutmachungsleistungen besaß. Dieses Argument wurde hauptsächlich von den arabischen Staaten und der DDR vorgebracht.[282] Entschädigungsansprüche erhob auch die „Conference on Jewish Material Claims against Germany", eine 1951 gebildete Dachorganisation jüdischer Verbände aus aller Welt. Es galt nun, sowohl mit dem Staate Israel als einem legitimen Vertreter des Judentums als auch mit den jüdischen Weltorganisationen Verhandlungen aufzunehmen. Am 25. November 1949, also kurz nach Bildung der Bundesregierung, erklärte Bundeskanzler Adenauer in einem Interview mit der „Allgemeinen Wochenzeitung der Juden in Deutschland", daß das deutsche Volk den Wunsch habe, das in seinem Namen an den Juden begangene Unrecht wiedergutzumachen.[283] Allerdings besaß die Bundesrepublik Deutschland zunächst noch keine volle Souveränität und war bei außenpolitischen Schritten von der Zustimmung der Alliierten Hohen Kommission abhängig. Die Alliierten jedoch hatten durch Gesetz Nr. 53 der Militärregierung über die Devisenbewirtschaftung die Zahlungen an entschädigungsberechtigte Israelis gesperrt und auch die Verwendung dieser Gelder für die Finanzierung deutscher Warenlieferungen an Israel abgelehnt. Grund für diese Ablehnung der Hohen Kommissare war die Befürchtung, die noch schwache deutsche Wirtschaft könne durch Wiedergutmachungsleistungen so gefährdet werden, daß sie schließlich wieden den Steuerzahlern der Siegermächte zur Last fallen würde. Eine weitere Schwierigkeit bestand darin, daß die USA in naher Zukunft eine Rückzahlung eines Teils ihrer Nachkriegshilfe an Deutschland wünschten und daß viele andere Gläubigerstaaten auf die Erstattung deutscher

---

[282]) Die DDR argumentierte darüber hinaus auch aus der Sicht des Klassenantagonismus.
[283]) Vgl. Alfred Grosser, a.a.O. S. 432. – Von den damaligen privaten Aktivitäten mit dem Ziel der Versöhnung von Juden und Deutschen sei hier nur die Aktion des Hamburger Journalisten Erich Lüth erwähnt, der 1951 eine öffentliche Friedensbitte an Israel richtete. Der äußere Anlaß dazu war der Protest Ben Gurions gegen die Absicht der 47 früheren „Feindstaaten", den Kriegszustand mit Deutschland zu beenden. Ben Gurion wollte vorher die Rechtsansprüche Israels gegenüber den Deutschen sichern. (Vgl. Erich Lüth, die Friedensbitte an Israel 1951. Eine Hamburger Initiative, O.O.o.J. S. 13ff.) Zu weiteren Initiativen Lüths und anderer vgl. Alfred Grosser, a.a.O. S. 312 und Jörg Seelbach, Die Aufnahme der diplomatischen Beziehungen zu Israel als Problem der deutschen Politik seit 1955. Diss. Meisenheim/Glan 1970, S. 114ff.

Vorkriegsschulden warteten. Es war für die deutsche Bundesregierung äußerst schwierig, eine Prioritätenliste zu erstellen, da all diese Finanzprobleme durch die Beteiligung jüdischer Bankiers eng miteinander verflochten waren und da die spätere wirtschaftliche Prosperität des jungen deutschen Staates damals nicht vorauszusehen war. Außerdem galt es im Innern des Landes noch viel Not zu überwinden.

Im Frühjahr 1950 wurden erste Kontakte zwischen Vertretern des Staates Israel und der deutschen Bundesregierung aufgenommen, die jedoch noch nicht zu Ergebnissen führten. Israel lehnte zunächst direkte Verhandlungen mit der Bundesrepublik Deutschland ab und wandte sich statt dessen am 12. März 1951 mit einer Note an die vier (!) Besatzungsmächte. In dieser Note wurden die Forderungen Israels an Deutschland als Ganzes genannt und ausdrücklich begründet. Für den Ausgleich der bei der Eingliederung der aufgrund der Verfolgung durch die Nationalsozialisten nach Israel geflüchteten Juden entstandenen Kosten verlangte die israelische Regierung insgesamt 1,5 Milliarden US-Dollars. Die Sowjetunion ließ diese Not unbeantwortet, während die USA und Großbritannien vermutlich signalisierten, Israel solle in direkte Verhandlungen mit der deutschen Bundesregierung eintreten.[284]

Im September 1951 konnte eine Änderung der Devisenvorschriften herbeigeführt werden, so daß Adenauer sich in der Lage sah, am 27. September 1951 vor dem Bundestag eine Regierungserklärung zur Frage der Wiedergutmachung gegenüber den Juden abzugeben. Der Bundespräsident und die im Bundestag vertretenen Parteien hatten, ebenso wie die Vertreter Israels und der jüdischen Weltorganisation, diese Erklärung vorher gebilligt.[285] In seinen Ausführungen berief sich Adenauer zunächst auf die Artikel 1 und 3 des Grundgesetzes, welche die Unan-

---

[284]) Vgl. dazu Konrad Adenauer, Erinnerungen 1953–1955, S. 135f.: „Die Antworten der drei Westmächte sind uns nicht im Wortlaut bekannt. Wie wir hörten, vertrat die amerikanische Regierung den Standpunkt, daß eine Regelung des israelischen Anspruchs gegenüber Deutschland am zweckmäßigsten in direkten Verhandlungen zwischen der israelischen Regierung und der Regierung der Bundesrepublik Deutschland zu erreichen sei. Die britische Regierung soll diese Auffassung geteilt haben."
[285]) Zu den Schwierigkeiten, die den Wiedergutmachungsleistungen an Israel entgegenstanden, vgl. Konrad Adenauer, a.a.O. S. 133f. – Bereits am 11. Mai 1951 hatte der Deutsche Bundestag ein allgemeines Wiedergutmachungsgesetz verabschiedet, an das sich die Gesetzgebung für die Regelung der Wiedergutmachung nationalsozialistischen Unrechts für die im In- und Ausland lebenden

tastbarkeit der Würde des Menschen und die Gleichheit aller vor dem Gesetz gewährleisten. Daher sei jede Form rassischer Diskriminierung abzulehnen. Er forderte dann die Erziehung der deutschen Jugend im Geiste der Toleranz und kündigte eine Ergänzung des Strafrechts an, durch die jede rassenhetzerische Propaganda unter schwere Strafe gestellt werden sollte. Der Bundeskanzler fuhr fort:

„Die Bundesregierung und mit ihr die große Mehrheit des deutschen Volkes sind sich des unermeßlichen Leides bewußt, das in der Zeit des Nationalsozialismus über die Juden in Deutschland und in den besetzten Gebieten gebracht wurde. Das deutsche Volk hat in seiner überwiegenden Mehrheit die an den Juden begangenen Verbrechen verabscheut und hat sich an ihnen nicht beteiligt. Es hat in der Zeit des Nationalsozialismus im deutschen Volke viele gegeben, die mit eigener Gefährdung aus religiösen Gründen, aus Gewissensnot, aus Scham über die Schändung des deutschen Namens ihren jüdischen Mitbürgern Hilfsbereitschaft gezeigt haben. Im Namen des deutschen Volkes sind aber unsagbare Verbrechen begangen worden, die zur moralischen und materiellen Wiedergutmachung verpflichten, sowohl hinsichtlich der individuellen Schäden, die Juden erlitten haben, als auch des jüdischen Eigentums, für das heute individuell Berechtigte nicht mehr vorhanden sind. Auf diesem Gebiet sind erste Schritte getan. Sehr vieles bleibt aber noch zu tun. Die Bundesregierung wird für den baldigen Abschluß der Wiedergutmachungsgesetzgebung und ihre gerechte Durchführung Sorge tragen. Ein Teil des identifizierbaren jüdischen Eigentums ist zurückerstattet worden; weitere Rückerstattungen werden folgen.

Hinsichtlich des Umfangs der Wiedergutmachung – in Anbetracht der ungeheuren Zerstörung jüdischer Werte durch den Nationalsozialismus ein sehr bedeutsames Problem – müssen die Grenzen berücksichtigt werden, die der deutschen Leistungsfähigkeit durch die bittere Notwendigkeit der Versorgung der zahllosen Kriegsopfer und der Fürsorge für die Flüchtlinge und Vertriebenen gezogen sind. Die Bundesregierung ist bereit, gemeinsam mit Vertretern des Judentums und des Staates Israel, der so viele heimatlose jüdische Flüchtlinge aufgenommen hat, eine Lösung des materiellen Wiedergutmachungsproblems herbeizuführen, um damit den Weg zur seelischen Bereinigung unendlichen Leides zu erleichtern. Sie ist tief davon durchdrungen, daß der Geist wahrer

---

Geschädigten anschloß. (Vgl. Die Auswärtige Politik der Bundesrepublik Deutschland, a.a.O. S. 848 sowie Alfred G r o s s e r, a.a.O. S. 309f.)

Menschlichkeit wieder lebendig und fruchtbar werden muß. Diesem Geist mit aller Kraft zu dienen, betrachtet die Bundesregierung als die vornehmste Pflicht des deutschen Volkes."[286]

Mit Ausnahme der Kommunisten und einiger rechtsgerichteter Abgeordneter bedachte der gesamte Bundestag diese Erklärung mit lebhaftem Beifall.

Von jüdischer Seite wurde nun der Vorsitzende des „World Jewish Congress" und der „Conference on Jewish Material Claims against Germany", Dr. Nahum Goldmann, zum Verhandlungspartner für die Bundesregierung gewählt. Adenauer und Goldmann trafen sich zum ersten Mal persönlich am 6. Dezember 1951 während des Londonbesuchs des Bundeskanzlers. Beide Politiker stimmten darin überein, daß das deutsche Volk eine moralische Verpflichtung zur Wiedergutmachung habe und daß dabei die symbolhafte Bedeutung der Leistung, nicht aber ihr materieller Wert, im Vordergrund stehen müsse. Auf Wunsch Goldmanns bestätigte ihm der deutsche Bundeskanzler schriftlich, daß die Bundesrepublik die in der israelischen Note vom 12. März 1951 erhobenen Ansprüche Israels als Verhandlungsbasis akzeptiere.[287]

---

[286]) Erklärung des Bundeskanzlers Dr. Konrad Adenauer vom 27. September 1951 vor dem Deutschen Bundestag. In: Verhandlungen des Deutschen Bundestages. I. Wahlperiode 1949, Stenograph. Berichte Bd. 9. Bonn 1951, S. 669f.

[287]) Dieser Brief ist bei Konrad Adenauer, Erinnerungen 1953–1955, S. 138f. im Wortlaut abgedruckt:

„Herrn   6. Dezember 1951
Dr. Nahum Goldmann
Vorsitzender der Conference
of Jewish Claims against Germany
z. Z. London

Sehr geehrter Herr Dr. Goldmann!

Unter Bezugnahme auf die Erklärung, die die Bundesregierung am 27. 9.1951 im Bundestag abgab und in der sie sich bereit erklärte, mit Vertretern des jüdischen Volkes und Israels Verhandlungen wegen der Wiedergutmachung der unter dem nazistischen Regime entstandenen Schäden aufzunehmen, möchte ich Ihnen mitteilen, daß die Bundesregierung den Zeitpunkt für gekommen erachtet, in dem solche Verhandlungen beginnen sollten. Ich bitte Sie, in Ihrer Eigenschaft als Vorsitzender der Conference of Jewish Claims against Germany, sowohl dieser Konferenz als auch der Regierung Israels von dieser Bereitschaft Kenntnis zu geben.

Am 17. Februar 1952 teilte Goldmann dem Bundeskanzler offiziell mit, das israelische Parlament habe am 9. Januar 1952 die Annahme des deutschen Verhandlungsangebots beschlossen. Dagegen hatten sich allerdings die israelischen Linken und die Rechtsextremisten ausgesprochen. Letztere bedrohten die Unterhändler sogar mit einem Attentat, so daß diese sich veranlaßt sahen, den kleinen Ort Wassenaar bei Den Haag für die am 20. März 1952 beginnenden Verhandlungen zu wählen. Adenauer faßt in seinen Erinnerungen die jüdischen Forderungen zusammen:

„1. Globalentschädigung für den Staat Israel in Höhe von 1 Milliarde US-Dollars für Ansiedlung und Eingliederung von Flüchtlingen.
2. Globalsumme in Höhe von 500 Millionen US-Dollars für die Claims Conference zur Abgeltung erbenloser Ansprüche.
3. Verbesserung und Vereinheitlichung der innerdeutschen Wiedergutmachungsgesetzgebung zur Regelung der individuellen Ansprüche von Geschädigten. Diese Einzelansprüche sollten durch die Globalregelung nicht berührt werden."[288]

Erschwert wurden die Verhandlungen dadurch, daß, wie schon erwähnt, 23 Staaten auf einer am 28. Februar 1952 in London stattfindenden Konferenz von der Bundesrepublik die Begleichung der deutschen Vorkriegsschulden verlangten. Dazu kam eine Boykottdrohung seitens der Arabischen Liga. Adenauer gab in dieser Situation den politischen Überlegungen den Vorzug gegenüber wirtschaftlichen und finanziellen Gesichtspunkten und sorgte persönlich mit seiner Autorität für den Abschluß der deutsch-jüdischen Besprechungen. Voll und ganz

---

Ich möchte dazu bemerken, daß die Bundesregierung in dem Problem der Wiedergutmachung vor allem auch eine moralische Verpflichtung sieht und es für eine Ehrenpflicht des deutschen Volkes hält, das Möglichste zu tun, um das an dem jüdischen Volk begangene Unrecht wiedergutzumachen. Die Bundesregierung wird in diesem Zusammenhang die Möglichkeit begrüßen, durch Warenlieferungen zu dem Aufbau des Staates Israel einen Beitrag zu leisten. Die Bundesregierung ist bereit, bei diesen Verhandlungen die Ansprüche, die die Regierung des Staates Israel in ihrer Note vom 12. 3. 1951 gestellt hat, zur Grundlage der Besprechungen zu machen.
Mit vorzüglicher Hochachtung
Ihr ergebener

gez. Adenauer"
[288]) a.a.O. S. 140.

unterstützt wurde er dabei von dem deutschen Delegationsführer Prof. Dr. Franz Böhm[289], nicht aber von dem Leiter der deutschen Abordnung auf der Londoner Schuldenkonferenz, Hermann Abs. Dieser vertrat die Ansicht, man müsse über alle gegen Deutschland erhobenen Ansprüche auf der Londoner Schuldenkonferenz verhandeln und dürfe nebenher keine Sondergespräche mit den Juden führen, da sonst die Festlegung der äußersten Grenze der deutschen Leistungsfähigkeit in London unglaubwürdig werde. Auch das Bundesfinanzministerium trug Bedenken vor, da „neben den jetzt erhobenen, nach Grund und Umfang sehr unbestimmten Forderungen bereits in großem Maße rechtlich begründete Ansprüche aus der Individualwiedergutmachung bestünden, über deren Höhe zur Zeit mit den Alliierten äußerst schwierige Verhandlungen geführt wurden."[290] Zur Deckung dieser jüdischen Individualansprüche forderten Bund und Länder bereits 3,5 Milliarden DM, die aber noch nicht bereitgestellt werden konnten. Zur Aufbringung aller erforderlichen Summen müsse eine Auslandsanleihe aufgenommen werden. Diese würde aber nur gewährt werden, wenn die deutsche Kreditwürdigkeit wiederhergestellt sei.[291]

Es gelang Adenauer durch die Bevorzugung der Vorschläge von Professor Böhm, ein Scheitern der Verhandlungen mit den Juden zu vermeiden, so daß schließlich am 10. September 1952 in Luxemburg die Unterzeichung des Wiedergutmachungsabkommens zwischen der Bundesrepublik Deutschland und dem Staate Israel sowie die Unterzeichnung zweier Protokolle erfolgen konnten. Unterzeichner waren der israelische Außenminister Sharett, Dr. Goldmann für die jüdischen Verbände sowie Dr. Konrad Adenauer. Vereinbart wurde die Zahlung von 3,45 Milliarden DM an den Staat Israel, wovon dieser 450 Millionen DM an die „Conference on Jewish Material Claims against Germany" weiterleiten sollte. Mit dem Geld sollten der Ankauf von Waren und Dienstleistungen ermöglicht werden, „die der Erweiterung der Ansiedlungs- und Wiedereingliederungsmöglichkeiten für jüdische Flüchtlinge in Israel" dienten (Art. 2). Der Vertrag[292] legte die deutschen Jahreslei-

---

[289]) Vgl. a.a.O. S. 144f.
[290]) Vgl. a.a.O. S. 142.
[291]) Vgl. ebd..
[292]) Vgl. Bundesgesetzblatt, Teil II, vom 21. März 1953, Nr. 5, S. 35ff. Über die psychologischen Auswirkungen des Abkommens in Israel schreibt der Israeli Jekutiel Deligdisch: „Allein der Abschluß des Wiedergutmachungsabkom-

stungen fest, die später von deutscher Seite genau erfüllt wurden. Der Austausch der Ratifikationsurkunden erfolgte am 27. März 1953 im Generalsekretariat der Vereinten Nationen in New York, wodurch das Abkommen mit den zwei Protokollen in Kraft trat. Adenauer bemerkt zu dem Versöhnungswerk:

„Das Abkommen mit Israel war etwas anderes als ein üblicher Vertrag zwischen zwei Staaten. Es beruhte auf einer zwingenden moralischen Verpflichtung. Die Bundesrepublik war entschlossen, im Rahmen des Möglichen wiedergutzumachen, was Hitler den Juden angetan hatte. Es wäre beschämend gewesen, wenn wir in unserem Entschluß geschwankt hätten, nur weil uns wirtschaftliche Nachteile angedroht wurden. Es gibt Höheres als gute Geschäfte. Wir wollten ein anderes Deutschland als das Deutschland Hitlers. Wir mußten die Probe bestehen, und zwar nicht nur mit schönen Worten, sondern auch mit materiellen Opfern. Ich war überzeugt, daß das deutsche Volk und die deutsche Wirtschaft hinter mir standen."[293]

Neben den regierungsoffiziellen Wiedergutmachungsaktivitäten gab es auch Bemühungen von katholischer und evangelischer Seite, durch

---

mens war also keinesfalls in der Lage, die Vergangenheit zu bewältigen. Erst die genaue Einhaltung der Vereinbarungen und die kontinuierlichen Bemühungen der deutschen Seite lösen langsam die Verkrampfung. Obwohl noch weit von der Normalisierung entfernt, ändert sich die Haltung besonders der israelischen Öffentlichkeit durch den Akt der Wiedergutmachung von der schroffen Ablehnung zur Haltung des mißtrauischen Abwartens, was in der Zukunft geschehen wird." (J. Deligdisch, a.a.O. S. 152f.) Deligdisch nennt auch die Namen derjenigen deutschen Persönlichkeiten, die sich aus israelischer Sicht besonders um die deutsch-jüdische Versöhnung verdient gemacht haben: Es sind dies neben Konrad Adenauer Franz Böhm, Carlo Schmid, Eugen Gerstenmaier, später Rainer Barzel und Ernst Benda, der aber selbst jüdischer Abstammung ist. (Vgl. a.a.O. S. 156.) – Vgl. auch Alfred Grosser, a.a.O. S. 433.

[293]) Konrad Adenauer, a.a.O. S. 155. Die Aufnahme der diplomatischen Beziehungen zwischen der Bundesrepublik Deutschland und Israel zog sich noch bis zum 13. Mai 1965, also bis zur Amtsperiode Ludwig Erhards als Bundeskanzler, hin, hauptsächlich, weil die arabischen Staaten für diesen Fall die Anerkennung der DDR und den Abbruch der diplomatischen Beziehungen zur Bundesrepublik Deutschland angedroht hatten, was dann auch prompt erfolgte. Im Mai 1966 hielt sich Adenauer, der im Oktober 1963 das Amt des Bundeskanzlers niedergelegt hatte, auf Einladung der israelischen Regierung zu einem Besuch in Israel auf. Vgl. Adenauer, a.a.O. S. 160ff. – 1966 erfolgte auch die Gründung der Deutsch-Israelischen Gesellschaft.

den Abbau von religiösen, rassischen und nationalen Vorurteilen eine Haltung von echter Toleranz und Achtung gegenüber Minderheiten zu erreichen. Aus diesem Geiste heraus gründete man bereits 1946 und 1947 in der amerikanischen Besatzungszone Initiativkomitees, die, unterstützt durch die amerikanische „National Conference of Christians and Jews", eine Zusammenarbeit von Christen und Juden zum Ziel hatten. 1948 entstand in München die erste Christlich-Jüdische Gesellschaft. Im Frühjahr 1949 erfolgte die Gründung ähnlicher Zusammenschlüsse in Frankfurt am Main und Stuttgart. In demselben Jahr wurde in Frankfurt am Main der „Deutsche Koordinierungsrat der Christen und Juden" (später: „Deutscher Koordinierungsrat der Gesellschaften für Christlich-Jüdische Zusammenarbeit" mit 45 Mitgliedsgesellschaften) gegründet. Seit 1951 veranstaltet der Koordinierungsrat in jedem Jahr in der Bundesrepublik Deutschland eine „Woche der Brüderlichkeit", in der er sich bemüht, in Zusammenarbeit mit Presse, Rundfunk und Fernsehen die Öffentlichkeit an seine Ziele zu erinnern.

d) Rückgabe deutschen Eigentums

Die Minsterpräsidenten der amerikanischen Besatzungszone beauftragten 1948 das Deutsche Büro für Friedensfragen mit der Sammlung von Material zur Vorbereitung eines Friedensvertrages und zur Untermauerung etwaiger damit im Zusammenhang stehender künftiger Verhandlungen. Dazu gehörte auch die Feststellung der noch im Ausland befindlichen deutschen Vermögenswerte.[294] Zu diesem deutschen Besitz zählten auch kulturelle und karitative Einrichtungen, z. B. Krankenhäuser, Schulen, Missionsanstalten und andere kirchliche und wissenschaftliche Institute. Die im neugegründeten Deutschen Büro für Friedensfragen tätigen Dr. Hartmann und Dr. Adolf Velhagen standen nun vor der schwierigen Aufgabe, nach der Zerschlagung des Auswärtigen Amtes, Berlin, ohne behördliche Basis Unterlagen zu beschaffen, welche den Umfang und Wert des deutschen Auslandsbesitzes belegten. Sie wandten sich daher 1948 mit Briefen an ehemalige Mitglieder des Auswärtigen Amtes, die den Krieg überlebt hatten und deren Anschriften ausfindig zu machen ihnen gelang.[295]

---

[294]) Vgl. *Bundesarchiv*, Akten des Deutschen Büros für Friedensfragen Z 35/467, Bl. 12.
[295]) Folgendes Beispiel für ein deutsches Diplomatenschicksal sei hier skizziert: Wie aus den Akten hervorgeht, hielt sich Dr. Adolf Velhagen während des

In den Archivakten des Deutschen Büros für Friedensfragen sind die Antworten, die sich auf deutsches Eigentum in Mexiko, in der Südafrikanischen Union, in Italien und in Griechenland beziehen, noch vorhanden. Über Mexiko wurde am 18. September 1948 mitgeteilt, daß dieser Staat einen Teil des deutschen Besitzes bereits zurückgegeben hatte. Noch nicht freigegeben war allerdings das Eigentum der Deutsch-Südamerikanischen Bank, der Allgemeinen Elektricitäts-Gesellschaft (AEG), der Siemens-Werke Mexiko und der IG-Betriebe.[296] – Die Regierung der Südafrikanischen Union war nach Mitteilung von Dr. Werz vom 21. September 1948 bereit, das Eigentum der deutschen Diplomaten gegen Zahlung der Lagerkosten freizugeben.[297] – In Rom bestanden die folgenden deutschen Einrichtungen: Das Archäologische Institut, die Bibliothek Hertziana und das Historische Institut; in Florenz befand sich das Institut für Kunstgeschichte. Aus einer Mitteilung über Italien geht hervor, daß der kulturelle Gesandte der US-Botschaft in Rom, Charles R. Morey, zugleich Vorsitzender der „International Union of the Institutes of Archeology, History, and Art History in Rome" war. Morey lehnte einen Übergang der deutschen Institute in italienische Regie ab und schlug statt dessen einen Kompromiß vor: Die Institute sollten zwar in italienischen Besitz übergehen, aber von der International Union verwaltet werden.[298] Der evangelische Pfarrer Wabnitz berichtete in einem Schreiben vom 15. Februar 1949, die evangelischen Einrichtungen seien aufgrund des Washingtoner Abkommens über das deutsche Eigentum in Italien aus dem Sequester zurückgeholt worden, d.h., sie galten nicht länger als strittige Objekte, die einem durch Gerichtsbeschluß bestellten Verwalter überantwortet waren.[299] – Am 15. Februar 1949 erläuterte der ehemalige Richter Kurt Franz Schreiber in einem an

---

Krieges in Portugal auf, geriet dann für 15 Monate bis zum Februar 1947 in ein amerikanisches Internierungslager, verbrachte danach einige Monate in Bielefeld und erhielt im Oktober 1947 eine Anstellung beim neugeschaffenen Friedensbüro in Stuttgart, wo er sich intensiv um die Wiederaufnahme von Kontakten zu früheren deutschen Diplomaten bemühte. (BA Z 35/467.)

[296]) Vgl. a.a.O. Bl. 48.
[297]) Vgl. a.a.O. Bl. 68.
[298]) Vgl. a.a.O. Bl. 40.
[299]) Vgl. a.a.O. Bl. 41. – Der erste offizielle Auslandsbesuch des Bundeskanzlers Adenauer galt vom 14.–18. Juni 1951 Italien. Am 21. November 1957 erfolgte die Unterzeichnung eines deutsch-italienischen Freundschafts-, Handels- und Schiffahrtsvertrages. 1961 schloß die Bundesrepublik Deutschland einen Wiedergutmachungsvertrag mit Italien ab.

die inzwischen eingerichtete Frankfurter Dienststelle des Deutschen Büros für Friedensfragen gerichteten Brief die griechische Haltung zum Problem des deutschen Vermögens. Dabei betonte er, daß das deutsche Vermögen in Griechenland seit Jahrhunderten mit allen Genehmigungen der griechischen Regierung rechtmäßig erworben worden war. Es belief sich auf ca. 2,4 Millionen Dollar. Die Mobilien wurden inzwischen versteigert, während die Immobilien von griechischen Dienststellen benutzt wurden. Zu diesen Immobilien gehörten u. a. die deutschen Schulen in Athen und Saloniki, das Deutsche Archäologische Institut, eine deutsche Kirche und das Wohnhaus des früheren deutschen Gesandten. Darüber hinaus bestand eine Beteiligung deutscher Firmen an griechischen Aktiengesellschaften. Diese Werte waren unter Sequester gestellt worden. Eine in Griechenland selbst umstrittene Gesetzesvorlage sah den Einzug des gesamten deutschen Vermögens vor. Dagegen wandten sich diejenigen griechischen Kreise, die an einer Wiederaufnahme der kulturellen und geschäftlichen Beziehungen mit Deutschland interessiert waren. Vor allem die Tabakhändler wünschten gute wirtschaftliche Kontakte mit den Deutschen. In Eingaben an den griechischen Ministerpräsidenten und an den griechischen Außenminister wurde die Gesetzesvorlage als übereilt bezeichnet. Der griechische Außenminister Tsaldaris zeigte Verständnis für die Bedenken und äußerte den Wunsch, daß die aufrichtig freundschaftlichen Beziehungen, wie sie zwischen Griechen und Deutschen vor dem Kriege bestanden hatten, zum Wohl und Nutzen beider Völker wiederhergestellt würden. Wie Kurt F. Schreiber in seinem Brief außerdem mitteilte, sollten damals in Frankfurt am Main Besprechungen „griechischer und deutscher Kreise" stattfinden mit dem Ziel einer weiteren Förderung des zwischen beiden Ländern bereits wieder aufgenommenen Geschäftsverkehrs.[300] Die Rückgabe der deutschen Immobilien wurde Adenauer 1953 bei seinem Griechenlandbesuch versprochen und im November 1954 endgültig zugesagt. 1960 schloß die deutsche Bundesregierung einen Wiedergutmachungsvertrag mit Griechenland ab.

Diese Beispiele zeigen, daß es durch Verhandlungen möglich war, auch diffizile wirtschaftliche und finanzielle zwischenstaatliche Probleme für jeweils beide Seiten zufriedenstellend zu lösen und dadurch die Weichen zu einer Wiederannäherung der Völker zu stellen.

---

[300]) Vgl. a.a.O. Bl. 25–27.

II. EUROPÄISCHES EINIGUNGSBEMÜHEN 1947–1951 UNTER EINBEZIEHUNG WESTDEUTSCHLANDS

Die Inititativen zur Schaffung eines vereinigten Europas einschließlich supranationaler Institutionen zur Verhinderung eines künftigen, aus nationalstaatlichen Gegensätzen resultierenden Krieges wurden nach Kriegsende zunächst von privater Seite ergriffen, hatten aber anfangs keine Erfolgsaussichten, da die beiden neuen Supermächte USA und UdSSR aus unterschiedlichen Gründen an einer Restauration der europäischen Nationalstaaten interessiert waren.[301] Die Aktivitäten der aus den ehemaligen Widerstandsgruppen hervorgegangenen privaten Europa-Verbände hat Walter Lipgens für den Zeitraum von 1945–1947 umfassend dokumentiert und analysiert.[302] Daher setzt die hier vorgelegte Untersuchung der privaten europäischen Einigungsbemühungen erst 1947 ein. Sie stützt sich dabei vorwiegend auf Akten des Deutschen Büros für Friedensfragen aus dem Bundesarchiv Koblenz.

Erst nach dem Beginn des Kalten Krieges vollzog sich 1947 ein Wandel in der amerikanischen Europapolitik. Die USA wünschten nun aus weltpolitischen Gründen ein konsolidiertes, einiges Europa und machten daher ihre Marshallplanhilfe von der Bereitschaft der europäischen Empfängerstaaten zur Zusammenarbeit abhängig. Aus diesem Grunde wurde 1948 die Organization of European Economic Cooperation (OEEC) gegründet, welche zunächst die folgenden sechzehn Staaten umfaßte: Belgien, Dänemark, Frankreich, Griechenland, Großbritannien, Irland, Island, Italien, Luxemburg, Norwegen, die Niederlande, Österreich, Portugal, Schweden, die Schweiz und die Türkei. Erst auf Drängen der USA begannen nun auch seitens der Regierungen europäischer Staaten offizielle Bemühungen zur Schaffung einer europäischen Union unter Einbeziehung Deutschlands. Ab 1947 beteiligten sich also

---

[301]) Vgl. Walter Lipgens, Die Anfänge der europäischen Einigungspolitik 1945–1950, S. 639f. sowie Andreas Hillgruber, Europa in der Weltpolitik der Nachkriegszeit (1945–1963). Zweite, erg. Aufl. München, Wien 1981, S. 11–14.
[302]) Vgl. Walter Lipgens, a.a.O.

sowohl die privaten Europaverbände, die bald eine Bewegung bildeten, als auch die Regierungen einiger europäischer Staaten an den Vorüberlegungen zur Bildung eines europäischen Zusammenschlusses[303], über dessen äußere und innere Gestaltung allerdings noch recht unterschiedliche Vorstellungen bestanden, von denen sich schließlich das Prinzip des Funktionalismus, also des Beginns mit einer Fusion der Kohle- und Montanindustrie von sechs Staaten mit dem Ziel der Schaffung einer späteren politischen Union und mit der Beitrittsmöglichkeit weiterer Staaten durchsetzte.

Die wichtigsten dieser privaten und regierungsoffiziellen Initiativen zur Bildung eines vereinigten Europas unter Einbeziehung Deutschlands in den Jahren 1947–1951 sollen im folgenden dargestellt werden.

1. Ziele und Aktivitäten der Europabewegung ab 1947

a) Kongresse

Vom 7.–10. Mai 1948 fand in Den Haag auf Initiative des Koordinierungskomitees der europäischen Bewegungen ein großer Europa-Kongreß mit ca. 800 Teilnehmern aus vielen europäischen Nationen statt.

---

[303]) Vgl. dazu folgenden Auszug aus dem Bericht des Exekutiv-Komitees des Mouvement Européen:
„8. Zur selben Zeit, da das Interesse der öffentlichen Meinung erwachte, erfuhr die Haltung der Regierungen gegenüber der europäischen Idee eine radikale Wendung.
9. Im Juni 1947 machte Mr. Marshall sein berühmtes Hilfsangebot an Europa. Wenige Wochen später traten in Paris die Vertreter von 16 europäischen Regierungen zusammen, um die Grundlage eines gemeinsamen wirtschaftlichen Wiederaufbauplanes zu legen. Die materielle Hilfe und die moralische Unterstützung des Marshallplanes gaben der Bewegung zur europäischen Einheit einen neuen und kräftigen Impuls.
10. Ende 1947 begannen sich die Regierungen von West-Europa mehr und mehr für die Idee einer Europa-Union zu interessieren. Im Januar und Februar des Jahres 1948 erklärten die Außenminister von Frankreich, England, von Belgien und Italien öffentlich, daß sie das Prinzip der europäischen Einheit als ein wichtiges Ziel politischer Tätigkeit akzeptierten. Die folgenden Monate brachten eine Reihe von wichtigen praktischen Entscheidungen, vor allem die Unterzeichnung des Brüsseler Paktes und den Beginn der Verhandlungen über eine französisch-italienische Zollunion."
(*Bundesarchiv*, Akten des Deutschen Büros für Friedensfragen Z 35/611, Bl. 32).

Wie aus den Akten des Deutschen Büros für Friedensfragen hervorgeht, gehörten den Delegationen auch Staatsmänner an, darunter z. B. ehemalige Premierminister, Ministerpräsidenten oder Außenminister, mehrere aktive Minister, Parlamentarier aller politischen Richtungen, Vertreter der Kirche, der Industrie, der Gewerkschaften, der Juristen, Wissenschaftler, Universitätsprofessoren, Künstler, Schriftsteller und Mitglieder von Frauen- und Jugendverbänden. Diese Teilnehmer repräsentierten nach Ansicht des Berichterstatters durchaus alle wichtigen Bereiche des öffentlichen Lebens der europäischen Völker.[304] Winston Churchill, damals britischer Oppositionsführer, wurde zum Ehrenpräsidenten des Kongresses gewählt. Von deutscher Seite nahm u. a. Konrad Adenauer als Vorsitzender der CDU der britischen Besatzungszone teil, der sich später daran erinnerte, Churchill habe in seiner Rede die Mitglieder der deutschen Delegation besonders herzlich begrüßt. Churchill sei auf das deutsche Problem eingegangen, das nach seiner Ansicht darin bestanden habe, „das wirtschaftliche Leben und den alten guten Ruf des deutschen Volkes wiederherzustellen und den Nachbarn Deutschlands die Furcht vor der Gefahr einer neuen deutschen Militärmacht zu nehmen"[305]. Churchill wandte sich gegen eine Beschränkung der Integration auf Westeuropa und nannte als Ziel die Vereinigung aller europäischen Völker, welche die Charta der Menschenrechte anerkannten. Er bedauerte es, daß den ost- und südosteuropäischen Staaten die Beteiligung an der Integration noch verwehrt war.

Nach dreitägigen Debatten in Kommissionen und im Plenum verabschiedete der Kongreß einstimmig drei Resolutionen über politische, wirtschaftliche und kulturelle Ziele, die weltweit publiziert wurden. Hier sei eine Zusammenfassung des Inhalts dieser Resolutionen abgedruckt:

„a) Jeder Versuch, Europa auf der Grundlage der nationalen Souveränität wiederherzustellen, muß scheitern.

b) Die europäischen Nationen müssen eine wirtschaftliche und politische Union errichten, um die Sicherheit, die wirtschaftliche Unabhängigkeit und den sozialen Fortschritt zu gewährleisten, und zu diesem Zweck müssen sie übereinkommen, einen Teil ihrer Souveränitätsrechte gemeinsam auszuüben.

---

[304]) A.a.O. Bl. 32 (Rückseite).
[305]) Konrad Adenauer, Erinnerungen 1945–1953, S. 136.

c) Unverzüglich soll eine europäische Ratsversammlung einberufen werden, deren Mitglieder durch die Parlamente der beteiligten Nationen ernannt werden sollen.
d) Die europäische Union soll allen demokratischen Nationen Europas offenstehen, die sich verpflichten, die Grundrechte der Person, die in einer Charta niedergelegt werden sollen, zu respektieren.
e) Ein europäischer Gerichtshof der Menschenrechte, dem entsprechende Sanktionen zur Verfügung stehen, soll errichtet werden, um die Verletzungen der Charta, die ihm unterbreitet werden, abzuurteilen.
f) Die europäische Union soll die besonderen Bindungen respektieren, die gegenwärtig zwischen gewissen europäischen Ländern und abhängigen Staaten und Territorien in Übersee bestehen.
g) Die Handelsbeschränkungen zwischen europäischen Nationen, die sich aus Kontingenten, Ein- und Ausfuhrverboten und Zollbestimmungen ergeben, sollen allmählich abgebaut werden. Es sollen Maßnahmen ergriffen werden, um die freie Konvertibilität der Währungen vorzubereiten.
h) Ein allgemeines Programm soll festgelegt werden zur gemeinsamen Ausnutzung der landwirtschaftlichen und industriellen Hilfsquellen von Europa und zum Erwerb der notwendigen Hilfsmittel.
i) Der Arbeitslohn soll so beweglich wie möglich gestaltet werden, und die Wirtschaftspolitik der beteiligten Nationen soll koordiniert werden, daß der volle Genuß gesichert wird.
k) Ein europäisches Kulturzentrum soll geschaffen werden, um das Bewußtsein der europäischen Einheit zu stärken und um den Anregern des europäischen Gedankens einen Treffpunkt zu geben.
l) Die Schaffung eines vereinigten Europas muß als eine Etappe auf dem Weg zu einer vereinigten Welt betrachtet werden."[306]

Wie man sieht, wurden in diesen Resolutionen bereits wichtige Bestimmungen der späteren EWG vorformuliert.

Als Konsequenz der Haager Beschlüsse wurde am 25. Oktober 1948 in Brüssel das „Mouvement Européen" gegründet.

Das Deutsche Büro für Friedensfragen widmete den Aktivitäten der Europaverbände besondere Aufmerksamkeit und sammelte entsprechendes Informationsmaterial. In einem Bericht von 1949 heißt es u. a.:

---

[306] *Bundesarchiv*, a.a.O. Bl. 32 (Rs.) und Bl. 33. – Vgl. auch Konrad Adenauer, a.a.O. S. 137 und 210f.

„Das Mouvement Européen ist eine Koordinierung einer Reihe von internationalen Bewegungen, die das Ziel verfolgen, den Gedanken der Zusammenarbeit unter den europäischen Nationen zu fördern."[307] Im einzelnen nennt der Bericht folgende Bewegungen:

Le Conseil Français pour l'Europe Unie (Präs. M. Edouard Herriot, Frankreich),
La Ligue Européenne des Coopérations Economiques (Präs. M. van Zeeland, Belgien),
Le Mouvement Socialiste pour les Etats-Unis d'Europe,
Les Nouvelles Equipes Internationales (Präs. M.R. Bichet, Frankreich),
L'Union Européenne des Fédéralistes (Präs. Prof. Dr. H. Brugmans, Holland),
United Europe Committee (Präs. Mr. Winston Churchill, England).[308]

Der Union Européenne des Fédéralistes gehörten deutsche Verbände an: die Europa-Union mit Dr. Eugen Kogon als Präsident, Minister Dr. Spiecker als Vizepräsident und Prof. Dr. Carlo Schmid, der Bund deutscher Föderalisten, die Liga für Weltregierung und der Internationale Studentenbund. Daneben bestand in Deutschland noch die von Richard von Coudenhove-Kalergi gegründete Europäische Parlamentarier-Union.

Die Dachorganisation, das Mouvement Européen, besaß einen Conseil International mit folgenden Ehrenpräsidenten: dem Franzosen Léon Blum, dem Briten Winston Churchill, dem Italiener Alcide de Gasperi und dem Belgier Paul Henri Spaak. Präsident wurde Léon Jouhaux. Neben dem Conseil International bestand ein Comité Exécutif International mit dem Engländer Duncan Sandys an der Spitze. Zusätzlich bildete man internationale Studiengruppen.

Dem Internationalen Rat gehörten an:
a) Repräsentanten der nationalen Räte:
Frankreich (8), England (8), Italien (8), Westzonen Deutschlands (8), Türkei (5), Österreich (4), Belgien (4), Griechenland (4), Holland (4), Portugal (4), Schweden (4), Dänemark (3), Irland (3), Norwegen (3), Schweiz (3), Island (1), Luxemburg (1).

---

[307] *Bundesarchiv*, a.a.O. Bd. 611, Bl. 31.
[308] Ebd. – Vgl. auch die graphische Darstellung am Schluß des Buches von Walter Lipgens, Die Anfänge der europäischen Einigungspolitik 1945–1950.

(Die Zahlen orientierten sich in etwa an der Größe der Bevölkerung, wobei die kleineren Länder bevorzugt wurden.)
b) Zwei Repräsentanten jedes provisorischen Rates, und zwar für folgende Länder:
Bulgarien, Spanien, Ungarn, Polen, Rumänien, Tschechoslowakei, Jugoslawien.
c) Ein Repräsentant des Papstes.
d) Ein Repräsentant jeder Organisation, die dem Mouvement Européen angeschlossen war.
(1949 waren dies lediglich die „Internationale der Liberalen" und die „Union Internationale Paysanne".)
e) Die Mitglieder des internationalen Exekutiv-Komitees. Auf Einladung durften auch andere Persönlichkeiten, z. B. Experten, mit beratender Stimme an den Sitzungen teilnehmen.[309]

Mitglieder des internationalen Exekutiv-Komitees waren:
a) Repräsentanten der Organisationen, die das Mouvement gebildet hatten,
Conseil Français pour l'Europe Unie,
Ligue Economique de Coopération Européenne,
Mouvement Socialiste pour les Etats-Unis d'Europe,
Nouvelles Equipes Internationales,
Union Européenne des Fédéralistes,
United Europe Committee.
b) Ein Repräsentant jedes nationalen Rates.
c) Eine zusätzliche Zahl von Personen, die als Mitglieder des Exekutiv-Komitees kooptiert wurden, um dort Nationalitäten oder wichtige Bezirke des öffentlichen Lebens zu vertreten, die unter anderen Titeln noch nicht vertreten waren.[310]

In einem Bericht des Exekutiv-Komitees heißt es u. a.:
1. „Die Idee einer westeuropäischen Einheit ist keineswegs neu. Sie ist so alt wie Europa selbst. In allen Jahrhunderten haben Staatsmänner und Philosophen ein vereinigtes Europa ersehnt.
2. Nach dem ersten Weltkrieg wurde das Interesse an dieser Idee durch den Grafen Coudenhove-Kalergi neu geweckt. Im Jahre 1930 legte Aristide Briand, damals französischer Ministerpräsident, dem Völ-

---

[309]) Vgl. *Bundesarchiv*, a.a.O. Rückseite von Bl. 33 sowie Bl. 34.
[310]) A.a.O. Bl. 34.

kerbund den Plan einer Europa-Union vor. Die anderen Regierungen verhielten sich zurückhaltend. Das Projekt mußte aufgegeben werden, als Hitler groß zu werden begann.
3. Einige Jahre später wurden die wirtschaftlichen Möglichkeiten eines vereinten Europas in einem wichtigen Bericht des belgischen Premierministers Paul van Zeeland analysiert. Der Bericht wurde den Regierungen Englands und Frankreichs vorgelegt.
4. Wieder etwas später wurde die Idee von Winston Churchill aufgenommen, zuerst über den Rundfunk während des Krieges, dann in einer Rede vor der Universität in Zürich im September 1946. Die Züricher Rede hatte ein starkes Echo in Europa, und in Amerika konzentrierte sich die Aufmerksamkeit der öffentlichen Meinung auf das Problem Europa-Union.
5. Es war klar, daß man, bevor das geringste praktische Resultat erreichbar erschien, eine gewaltige Erziehungs- und Propagandaarbeit leisten mußte. Eine Reihe bedeutender Organisationen bildete sich alsbald, um diese Arbeit aufzunehmen, und begann, jede in ihrem Bereich, eine lebhafte Aktivität für die europäische Einheit...
6. Die Verschiedenheit der Organisationen brachte die Gefahr der Doppelarbeit und der Verwirrung. Deshalb einigte man sich im September 1947 darauf, das Comité International de Coordination des Mouvements pour l'Unité Européenne zu bilden. Unter dem Vorsitz von M. Duncan Sandys hatte dieses Komitee den Auftrg, die Aktionen der verschiedenen Organisationen zu koordinieren und einen gemeinsamen Propagandafeldzug einzuleiten...
7. Unter der Leitung des vorläufigen Generalsekretärs Dr. J.H. Retinger wurde eine Gruppe von Experten mit den Problemen der Organisation, der Spezialstudien und der Propaganda beauftragt. Büros entstanden in Paris und London..."[311]

Die Europäische Bewegung betrachtete es als ihre Pflicht, die Regierungen in ihrem Streben nach europäischer Einheit zu unterstützen.

„Die Aufgabe der europäischen Bewegungen lautet daher: Information und Lenkung der öffentlichen Meinung, Studium der politischen, wirtschaftlichen und technischen Probleme, die sich durch die Einheit von Europa stellen, und Ausarbeitung von Lösungen, Förderung eines

---

[311] A.a.O. Bl. 31 (Rs.) und 32.

europäischen Bewußtseins und der allgemeinen Neigung zu einem vereinigten Europa. Mobilisierung der öffentlichen Meinung mit allen verfügbaren Mitteln und Schaffung eines Instrumentes, das den Anhängern dieser Sache gewissen Einfluß sichert."[312]

Das internationale Exekutiv-Komitee bildete drei internationale Studiengruppen, eine für wirtschaftliche und soziale Probleme, eine für kulturelle Fragen und eine weitere zur Lösung juristischer Schwierigkeiten. Die erstgenannte, unter Leitung von Sir Harald Butler stehende Arbeitsgruppe mit Sitz in Paris entwarf vor allem Dokumente zur Vorbereitung der vom 19.–25. April 1949 in Westminster stattfindenden europäischen Wirtschaftskonferenz. An dieser Konferenz nahmen dann u. a. 19 deutsche Delegierte teil, darunter der Generaldirektor von Felten & Guilleaume Carlswerk AG, Köln-Mülheim, Generaldirektor M.C. Müller, Fachstelle Stahl und Eisen, Düsseldorf, sowie Georg Reuter und Ludwig Rosenberg als Vertreter des Gewerkschaftsrats, Frankfurt. Erörtert wurden Möglichkeiten einer großräumigen Gestaltung der europäischen Wirtschaft.[313] Die Kultur-Arbeitsgruppe mit einem Büro in Genf leistete unter ihrem Präsidenten Salvador de Madariaga Vorarbeiten für die Schaffung des auf dem Haager Kongreß beschlossenen europäischen Kulturzentrums und für die für den Herbst 1949 vorgesehene europäische Kulturkonferenz. Hauptaufgabe der juristischen Studiengruppe war die Klärung von Problemen im Zusammenhang mit der geplanten Gründung des europäischen Gerichtshofs für Menschenrechte.[314] Hieraus läßt sich erkennen, daß wichtige Leistungen des späteren Europarates bereits von langer Hand aufgrund der Ergebnisse des Haager Kongresses vorbereitet waren.

Zur Realisierung der Ziele entstand zusätzlich in jedem der beteiligten Staaten ein nationaler Rat des Mouvement Européen, der sich aus Delegierten der Europa-Verbände und Repräsentanten des öffentlichen Lebens zusammensetzte. Gefördert durch diese nationalen Räte begannen auch nationale Studiengruppen mit der Prüfung der bei der Gestaltung eines vereinigten Europas auftretenden wirtschaftlichen, sozialen, kulturellen und juristischen Probleme. Für die im sowjetischen Einfluß-

---

[312]) A.a.O. Bl. 32 (Rs.).
[313]) Vgl. Frankfurter Neue Presse, Nr. 90 vom 19. 4. 1949, S. 1 (BA, a.a.O. Bl. 113).
[314]) Vgl. ebd.

bereich liegenden europäischen Staaten entstanden vorläufige Räte, denen führende Exilpolitiker angehörten. Die Finanzierung der Arbeit des Mouvement Européen sollte durch Beiträge der nationalen Räte, der angeschlossenen Organisationen und durch „besondere Zuwendungen" gesichert werden.[315]

Über die weiteren aus den Beschlüssen des Haager Kongresses resultierenden Aktivitäten konnte das Deutsche Büro für Friedensfragen aus dem ihm vorliegenden Bericht folgende Einzelheiten entnehmen:

„33. Während der ganzen zweiten Hälfte des Jahres 1948 haben wir unsere Anstrengungen auf präzise Projekte konzentriert, nämlich die allgemeine politische Linie des Kongresses vom Haag zu unterstützen und im besonderen die schnelle Schaffung einer europäischen Versammlung zu forcieren.

34. In den Wochen nach dem Haager Kongreß haben repräsentative Delegationen den Text der Haager Resolutionen allen Premierministern und Außenministern der freien europäischen Länder vorgelegt.

35. Im August 1948 übergab das internationale Exekutiv-Komitee den europäischen Regierungen ein Memorandum über die Notwendigkeit einer sofortigen Schaffung einer europäischen Ratsversammlung mit der Aufforderung, die fünf Signatarmächte des Brüsseler Paktes sollten die Initiative ergreifen, diese Versammlung einzuberufen. Dieses Memorandum wurde von der französischen und belgischen Regierung offiziell angenommen, und diese beiden haben es im September der permanenten Kommission des Brüsseler Paktes unterbreitet.

36. Auf ihrer Zusammenkunft am 25. und 26. 10. 1948 in Paris beschlossen die Außenminister der 5 Westmächte, ein Regierungskomitee zu beauftragen, diesen Vorschlag zu studieren. Am 23. November unterbreitete unser Exekutiv-Komitee diesem Regierungs-Komitee ein neues Memorandum, welches detaillierte Empfehlungen enthielt über die Funktion und die Zusammensetzung einer europäischen Ratsversammlung und eines europäischen Ministerrates. Am 9. Dezember wurde eine Abordnung unseres Exekutiv-Komitees im Quai d'Orsay von dem Regierungskomitee empfangen, um die im Memorandum formulierten Vorschläge im einzelnen zu entwickeln.

37. Die Resultate des Regierungskomitees wurden von den Außenministern der 5 Mächte im Laufe einer Sitzung in London am 27. und

---

[315]) Vgl. a.a.O. Bl. 33 (einschl. Rs.).

29. 1. 1949 geprüft. Aus einem Kommuniqué im Anschluß an die Sitzung geht hervor, daß man einen Europa-Rat, bestehend aus einem Rat der Minister und einer europäischen Ratsversammlung, schaffen will. Der erste wichtige Punkt unseres Programms ist damit begonnen."[316]

Schon wenige Tage nach dem Haager Kongreß hielt die Deutschland-Kommission der Union Européenne des Fédéralistes (U.E.F.) vom 20.–24. Mai 1948 in Bad Homburg v. d. Höhe eine Arbeitstagung ab mit dem Ziel, „... die konkrete Problematik und die konkreten Aufgaben aufzuweisen, die sich aus der Notwendigkeit einer europäischen Lösung der deutschen Frage ergeben, und zu zeigen, wie diese Lösung auf föderalistischer Grundlage in Angriff zu nehmen" war.[317] Die Deutschland-Kommission war im August 1947 auf dem Kongreß der U.E.F. in Montreux gebildet worden. Ihr gehörten Delegierte der Landesverbände an, welche der U.E.F. angeschlossen waren. Die Tagung in Bad Homburg fand also als Tagung der internationalen europäischen Organisation U.E.F. statt, deren Diskussionsgrundlagen von deutschen Referenten vorgelegt wurden. Die eigentliche Arbeit wurde in kleinen Kommissionen geleistet. Welche Bedeutung der Zukunft Deutschlands in den anderen Staaten beigemessen wurde, läßt die Teilnahme von Delegierten aus fast allen europäischen Ländern erkennen. Insgesamt wurden eingeladen: 51 Deutsche, 11 Italiener, 5 Niederländer, 3 Belgier, 13 Franzosen, 1 Luxemburger, 16 Schweizer, 1 Norweger, 9 Engländer und 14 Österreicher. Bei den Eingeladenen handelte es sich meistens um Journalisten oder Professoren.[318] Am Abend des 20. Mai 1948 eröffneten die fünf Mitglieder des Bureau Exécutif der U.E.F. die Tagung: Der Niederländer Dr. Henri Brugmans, der Franzose Alexandre Marc, Miss F.L. Josephy aus Großbritannien, Henri Koch aus Luxemburg und der

---

[316]) A.a.O. Bl. 34 (Rs.).
[317]) Aus dem Programm der Arbeitstagung, a.a.O. Bl. 131–135. In dem zur Vorbereitung der Hamburger Tagung publizierten Informationsmaterial der Europa-Union hieß es: „Die Europa-Union, frei von allen parteipolitischen, konfessionellen und rassischen Bindungen, will: alle europäisch Denkenden zusammenschließen, für die Ausbreitung europäischer Gesinnung in Deutschland wirken und mit den gleichgerichteten ausländischen Organisationen zur Schaffung der Vereinigten Staaten von Europa zusammenarbeiten, um eine bessere Zukunft unseres Kontinents zu sichern. Deutschland ist unsere Heimat, Europa ist unser Vaterland. ... Stimmen Sie unseren Bestrebungen zu, wollen Sie mithelfen, unsere Kultur zu erhalten und Wirtschaft und Politik einheitlich zu gestalten, dann werden Sie Mitglied der Europa-Union". (A.a.O. Bl. 114f.)
[318]) Vgl. a.a.O. Bl. 144–146.

Schweizer Dr. Ernst von Schenck.[319] Einen Tag zuvor nahmen Mitglieder der U.E.F. an den Jahrhundertfeierlichkeiten für die Revolution von 1848 in der Frankfurter Paulskirche teil. Die dort veranstaltete Europakundgebung wurde eröffnet durch Dr. Eugen Kogon, den Vorsitzenden der Arbeitsgemeinschaft der Europa-Verbände Deutschlands in Frankfurt am Main. Zu dem Thema der Tagung: „Deutschland und Europa 1848–1948 und in Zukunft" sprachen: der Niederländer Dr. Henri Brugmans, der Franzose Alexandre Marc, außerdem Mr. Catlin, Miss F.L. Josephy und Mr. E.R. Millington aus Großbritannien sowie Dr. Bauer aus der Schweiz. Auf deutscher Seite waren noch Delegationen der Europa-Union, des Bundes deutscher Föderalisten und der Liga für Weltregierung in der Frankfurter Paulskirche vertreten. Anwesend war auch eine europäische Jugenddelegation. Weitere Ansprachen hielten: der Präsident der deutschen Europa-Union, Wilhelm Hermes, der Delegierte der Schweizer Europa-Union, H.G. Ritzel, der britische Unterhausabgeordnete Hugh Delargy, der Luxemburger Henri Koch, der Italiener Dr. Anton Milo di Villagrazia, der Schweizer Dr. Ernst von Schenck und der Leiter des Landesverbandes Bayern der Europa-Union, Joachim C. Berringer aus München.[320] An der Kundgebung vom 19. Mai 1948 in der Paulskirche nahmen seitens des Deutschen Büros für Friedensfragen, das damals bereits eine Dienststelle in Frankfurt am Main unterhielt, teil: Staatssekretär Dr. Eberhard sowie Dr. Forster, Dr. Steeg und Dr. Graf von Posadowski-Wehner.[321]

Zu derselben Zeit fand in der Paulskirche eine deutsche Schriftsteller-Tagung statt, zu der auch ausländische Autoren eingeladen waren. Der französische Schriftsteller Vercors hatte hierfür seine grundsätzliche Zusage zum Halten eines zwanzigminütigen Referates gegeben.[322]

Im September 1948 fand in Interlaken in der Schweiz ein Kongreß der „Union Parlementaire Européenne" statt, auf den im November 1948 in

---

[319]) Vgl. a.a.O. Bl. 132 Rs. – Daß während dieser Tagung auch unterschiedliche Meinungen aufeinanderprallten, läßt sich aus einem Brief des Grafen Posadowski, Deutsches Büro für Friedensfragen, an den Leiter des Landesverbands Bayern der „Europa-Union", Dipl. Ing. J. Berringer, vom 28. März 1949 schließen, in welchem er „die alten Kontroversen der Homburger Tage" erwähnt, ohne allerdings Einzelheiten zu nennen. (A.a.O. Bl. 116).
[320]) Vgl. a.a.O. Bl. 136.
[321]) Vgl. Schreiben des Frankfurter Büros der Europa-Union an das Deutsche Büro für Friedensfragen vom 7. Mai 1948. A.a.O. Bl. 142.
[322]) Vgl. a.a.O. Bl. 138.

Rom ein Kongreß der „Union Européenne des Fédéralistes" folgte. Auf den vier Europa-Kongressen in Den Haag, Bad Homburg, Interlaken und Rom verabschiedete man jeweils politische Resolutionen, die das Ziel der Schaffung einer europäischen Föderation mit gleichberechtigter Einbeziehung Deutschlands unterstrichen.[323]

Auf Einladung des Mitglieds des Zentralkomitees und des Exekutivkomitees der Europäischen Föderalisten-Union, Eugen Kogon, nahmen ca. 55 Persönlichkeiten des öffentlichen Lebens, unter ihnen Ludwig Erhard, Hermann Pünder, Erich Roßmann, Heinrich Hellwege, die nordrhein-westfälische Kultusministerin Christine Teusch und Dolf Sternberger, am 21. Januar 1949 an einer Tagung der Europa-Bewegung in Schönberg bei Frankfurt am Main teil. Nach eingehenden Darlegungen des Präsidenten des Koordinationskomitees der Europa-Bewegung, des britischen Unterhausabgeordneten Duncan Sandys, über die Vorbereitungen zur Schaffung einer Europäischen Versammlung und eines Europäischen Ministerrats, konstituierten sich die Anwesenden unter Einschluß von weiteren 35 Eingeladenen, die schriftlich ihre Bereitschaft zur Mitarbeit erklärt hatten, als provisorische deutsche Repräsentanz, die eine Vorstufe für einen Internationalen Europäischen Rat sein sollte. Die erste Zusammenkunft des Internationalen Rates sollte vom 25.–27. Februar 1949 in Brüssel stattfinden.

Diese Aktivitäten waren noch nicht Sache der Regierungen, sondern wurden von maßgeblichen Persönlichkeiten in inoffizieller Funktion durchgeführt. Dies erleichterte die Mitarbeit der Westdeutschen, die noch nicht über eine nationale Repräsentanz verfügten und durch Landtage, Wirtschaftsrat und Parlamentarischen Rat nur provisorisch hätten vertreten werden können. Angelegenheit der bestehenden europäischen Regierungen waren hingegen z. B. die Westunion und die Organisation für europäische ökonomische Zusammenarbeit (OEEC). Wichtig ist in diesem Zusammenhang noch, daß der damalige Ex-Arbeitsminister von Niedersachsen und spätere Bundesverkehrsminister Seebohm in Schönberg auf diejenigen Bestimmungen des in Vorbereitung befindlichen deutschen Grundgesetzes verweisen konnte, die ausdrücklich die Möglichkeit der Übertragung von deutschen Souveränitätsrechten auf europäische, supranationale Einrichtungen durch einfaches Gesetz vorsahen.[324] Der Brite Duncan Sandys bekräftigte als Ziel der Europa-Bewe-

---
[323] Vgl. a.a.O. Bl. 108.
[324] Vgl. a.a.O. Bl. 129 sowie Bl. 121 f., 126, 124. – Vgl. auch Artikel 24 GG.

gung die Vereinigung von ganz Europa. Dabei sollte die Bewegung „den Regierungen immer voran sein, sowohl im Sachlichen als auch im Territorialen".[325]

Das Ziel einer großeuropäischen Lösung unter Einbeziehung von Gesamtdeutschland stand auch im Mittelpunkt einer Resolution der Kommission für Politik der Delegiertenversammlung des Landesverbandes Bayern der Europa-Union, die am 6. Februar 1949 unter Leitung des Diplom-Ingenieurs J.C. Berringer mit Berücksichtigung der Tagungsergebnisse von Den Haag, Bad Homburg, Interlaken und Rom erarbeitet wurde. Gegen den Anschluß eines etwaigen westdeutschen Staates an eine westeuropäische Föderation bestanden in der Kommission erhebliche Bedenken, da ein solcher Teilanschluß die Spaltung Deutschlands und Europas endgültig festigen würde, eine Auffassung, die ein Jahr später auch von dem Leiter des französischen Planungskommissariats und eigentlichen „Vater" des Schuman-Plans, Jean Monnet, formuliert wurde.[326] Bezüglich der praktischen Realisierung einer europäischen Föderation bekräftigt die Münchener Resolution:

„Die Landesversammlung ist der Überzeugung, daß die Bildung einer wirtschaftlichen und politischen Einheit Europas ein stufenweiser Vorgang ist, mit dem Ziel, eine europäische *Föderation* zu schaffen, innerhalb der die Mitgliedsstaaten, die ihren Willen zur Teilnahme an dieser Föderation in freier und demokratischer Weise zum Ausdruck gebracht haben, sich verpflichten, eine Charta der Menschenrechte anzuerkennen und einzuhalten und auf Teile der eigenen Souveränität zu verzichten, um sie auf eine Bundesinstanz zu übertragen, die sich auf das europäische Parlament stützt."[327]

Die Resolution des Landesverbandes Bayern wurde in leicht geänderter Form als Diskussionsgrundlage für die Arbeit der politischen Kommission des vom 19.–22. Mai 1949 in Hamburg stattfindenden ersten ordentlichen Kongresses der Europa-Union vorgelegt.[328] Der Hauptge-

---

[325]) A.a.O. Bl. 122.
[326]) Vgl. a.a.O. Bl. 108 + Rs. sowie das Monnet-Memorandum vom 3. Mai 1950, abgedruckt in: Gilbert Ziebura, a.a.O. S. 195–200.
[327]) *Bundesarchiv*, a.a.O. Bl. 108. Auch der nordrhein-westfälische Landesverband der Europa-Union legte in Hamburg einige Resolutionen vor.
[328]) A.a.O. Bl. 95 (einschl. Rs.). Zu dem Hamburger Kongreß der Europa-Union waren erschienen:
1. Ausländische Teilnehmer:

danke der Resolution kehrte in Punkt 2 der Entschließung des Kongresses zur Politik in herausgehobener Form wieder: „Die Europa-Union erstrebt ein geeintes Deutschland im geeinten Europa."[329] Dasselbe Ziel hatte der Präsident der „Union Européenne des Fédéralistes", der Niederländer Prof. Dr. Henri Brugmans, in seinem Eröffnungsreferat über

---

Prof. Dr. H. Brugmans, Niederlande,
H. Frenay, Frankreich,
Miss J. Josephy, Großbritannien,
A. Lohest, Belgien,
Dr. A. Milo di Villagrazia, Italien,
A. Moser, Niederlande,
G. Ritzel, Schweiz,
Dr. E. von Schenck, Schweiz,
G. Usellini, Frankreich,
Frau J. Verheij-Neumeijer, Niederlande,
H. Meertens, Niederlande.
2. Inländische Teilnehmer (die nicht zu den Delegationen gehörten):
Dr. W. Cornides, Oberursel,
Staatssekretär Dr. Fr. Eberhard, Stuttgart,
Prof. Dr. Geiler, Heidelberg,
Landrat Hummelsheim, Bernkastel-Kues,
Dr. Eugen Kogon, Frankfurt a. Main,
Generalsekretär Erich Roßmann, Stuttgart,
Minister Dr. K. Spiecker, Frankfurt a. Main,
Dr. Graf zu Trauttmansdorff, Schlüchtern.
3. Mitglieder deutscher Delegationen
aus Bayern: 24 (u. a. G. Deininger),
Baden: 9,
Berlin: 4,
Bremen: 2,
Hamburg: 10,
Hessen: 5,
Niedersachsen: 20,
Nordrhein-Westfalen: 33 (u. a. W. Stephan),
Rheinland-Pfalz: 2,
Schleswig-Holstein: 5,
Württemberg-Baden: 11,
Württemberg-Hohenzollern: 2.
(A.a.O. Bl. 74–76).
Der Beschluß zur Einberufung dieses Kongresses war vom Hauptausschuß der Europa-Union auf einer Tagung in Düsseldorf am 19./20. Februar 1949 gefaßt worden. (Vgl. Mitteilung des Generalsekretärs E. Rossmann an den Grafen Posadowski, Deutsches Büro für Friedensfragen, vom 5. 5. 1949, a.a.O. Bl. 106.
[329]) A.a.O. Bl. 77.

das Thema: „Deutschland und die U.E.F." bereits als Schlagwort formuliert.[330]

In den drei Entschließungen des Hamburger Kongresses zur Politik, Wirtschaft und Kultur wurden die Hauptgedanken der Resolutionen des Haager Kongresses wieder aufgegriffen, jedoch unter besonderer Berücksichtigung der deutschen Anliegen. So hieß es darin u. a., ein Bekenntnis zu Europa lasse eine Neutralisierung Deutschlands nicht zu, da Deutschland nicht in der Lage sei, seine Neutralität aus eigener Kraft zu verteidigen. Eine „ungeschützte Neutralität" aber würde im Ernstfall keine Beachtung finden. In der Eingliederung in eine starke europäische Föderation sah man den „einzigen und wirksamen Schutz Deutschlands". Die Verfasser bekräftigten die Absicht der Europa-Union, auf die Repräsentanten der offiziellen deutschen Politik und auf die deutsche öffentliche Meinung einzuwirken sowie mit den anderen europäischen Einigungsbewegungen zusammenzuarbeiten mit dem Ziel des Beitritts Deutschlands zum Straßburger Europarat.

Hauptanliegen der Entschließung zur Wirtschaft war „die Wiederherstellung der wirtschaftlichen Handlungsfreiheit für Deutschland im Rahmen einer europäischen Wirtschaftseinheit". Die zur Erreichung dieses Zieles aufgestellten Forderungen umfaßten: die Beseitigung der Handelsbeschränkungen in Europa, den Abbau der Zollgrenzen, die Einführung eines europäischen Passes, die Vereinheitlichung des Warenverkehrs, die Beseitigung aller Verkehrsbehinderungen, eine bessere Nutzung der europäischen Energiereserven, die Beendigung der Demontagen und der Beschränkungen für die deutsche Industrie, die Verabschiedung eines Gesetzes zum Patentwesen unter Berücksichtigung der beschlagnahmten deutschen Patente, eine einheitliche Sozialgesetzgebung sowie die Schaffung einer europäischen Wirtschaftsordnung. Darüber hinaus erhoffte sich die Europa-Union von der Einrichtung eines europäischen Währungssystems einen Schutz vor einem erneuten Verfall der deutschen Währung, der, wie es hieß, in den Jahren 1923 und 1931 „die schwersten gesellschaftlichen und politischen Folgen nicht nur für Deutschland..." gehabt habe. Zur Verbesserung der Ernährungslage forderte man für die Landwirtschaft u. a. eine langfristige europäische Anbauplanung, eine Intensivierung der Bodennutzung und Verbesse-

---

[330]) Vgl. Kein Europa ohne Deutschland. Große Kundgebung der Europa-Union in Hamburg. In: Hamburger Freie Presse vom 21. Mai 1949. (BA, a.a.O. Bl. 92.)

rung der Viehwirtschaft, eine bessere Ausbildung der jungen Landwirte sowie – was aus deutscher Perspektive besonders wichtig erschien – eine Bewirtschaftung brachliegenden Landes zur Lösung des Problems der Heimatvertriebenen, das hier zu einem gesamteuropäischen Problem deklariert wurde. Auf kulturellem Gebiet verlangte die Europa-Union bereits europäische Lehrpläne und Lehrmittel für die Jugend- und Erwachsenenbildung sowie die Einführung eines einheitlichen europäischen Abiturs, die Gründung von europäischen Bildungseinrichtungen, wie Akademien, Universitäten und Volkshochschulen, aber vor allem die Schaffung europäischer Lehrerausbildungseinrichtungen in der richtigen Erkenntnis, daß besonders die Lehrer Multiplikatoren der politischen Bildung und somit auch Förderer der Verbreitung des europäischen Einigungsgedankens sind.[331] Bei den Vorarbeiten für die Hamburger Resolutionen hatte der Landesverband Bayern der Europa-Union unter Leitung des Diplom-Ingenieurs J. Berringer besondere Aktivitäten entfaltet. So entstanden hier Diskussionspapiere zur Agrarpolitik und zur allgemeinen Politik. Der Frauenarbeitskreis des Landesverbandes legte eine Resolution vor, in der er unter Punkt 6 die „Aufstellung eines zusammengefaßten Leitfadens für die europäische Geschichte" forderte, „nach dem an allen europäischen Schulen unterrichtet werden" sollte. Die Gestaltung des Schulbuchs sollten international anerkannte Fachkräfte übernehmen.[332] Diese Anregung beweist den erstaunlichen Weitblick der damaligen Verfasserinnen, konnte aber bisher leider nur bruchstückhaft in – meist bilateralen – Schulbuchkonferenzen einer Realisierung nähergebracht werden.

Die ausländischen Kongreßteilnehmer befaßten sich auch verständnisvoll mit dem Problem der deutschen Kriegsgefangenen und richteten einen Antrag an das internationale Comité Central, sich der folgenden Erklärung „in entsprechend veränderter Form" anzuschließen:

„(Auf dem) Jahreskongreß der Europa-Union in Hamburg wurde auch der Sorge zahlloser Mitbürger und namentlich Mitbürgerinnen und deren Kinder um das Schicksal der immer noch in Kriegsgefangenschaft befindlichen Kriegsteilnehmer gedacht. Die am Kongreß als Gäste anwesenden ausländischen Funktionäre der Union Europäischer Föderalisten nahmen von dieser großen deutschen Sorge Kenntnis und erklärten sich

---

[331]) Vgl. a.a.O. Bl. 77–80. Der Text der Resolutionen des Hamburger Kongresses ist im Anhang abgedruckt.
[332]) Vgl. a.a.O. Bl. 96.

als damit solidarisch, da sie auch diese Deutschen als zukünftige Bürger der bald zu schaffenden Vereinigten Staaten von Europa betrachten."[333]

In diesen Sätzen kommt die Überwindung nationalstaatlicher Engherzigkeit und vielleicht begründeter Rachegefühle zugunsten einer einsichtsvollen zukunftsorientierten, durch das Ziel echter Versöhnung mit dem ehemaligen Kriegsgegner geprägten Haltung zum Ausdruck.

Die „Hamburger Freie Presse" veröffentlichte am 21. Mai 1949 einen Bericht über den Hamburger Kongreß mit der programmatischen Überschrift „Kein Europa ohne Deutschland". Darin würdigte sie vor allem die besonnene, „von europäischem Geist getragene" Einschätzung der deutschen Probleme durch die drei niederländischen Redner, Prof. Dr. Henri Brugmans, Dr. Meertens als Generalsekretär der Königlichen Akademie der Wissenschaften, Amsterdam, und einen Vertreter der Partei der Arbeit namens Moser. Brugmans wird in dem Artikel sogar als „Vorkämpfer der deutsch-holländischen Verständigung" gefeiert. Brugmans betonte in seiner öffentlichen Ansprache aus Anlaß der Kundgebung im Schauspielhaus am 20. Mai, in „Europa" liege die einzige Möglichkeit der Lösung der deutschen Frage. Meertens erklärte: „Deutschlands Los ist das unsrige. Kein Europa ohne Deutschland, und kein Deutschland ohne Europa. Wir rufen die Jugend Deutschlands: Helft uns Europa retten und die abendländische Kultur."[334] Moser plädierte für eine Realisierung der „Demokratie als Lebenshaltung". Auch die Engländerin Miss Josephy setzte sich für den Eintritt Deutschlands als gleichberechtigtes Mitglied in den Europa-Rat ein. Der belgische Redner Lohet protestierte entschieden gegen die Demontagen in Deutschland, die er als „Verbrechen an der Wirtschaft Europas" bezeichnete. – Der Vorsitzende der Arbeitsgemeinschaft der Europa-Verbände Deutschlands, Dr. Eugen Kogon, bekräftigte die Absicht der Deutschen, den Sonderstatus zu überwinden und Partner in der Europäischen Gemeinschaft zu werden.[335]

Bedenkt man, daß diese Deklarationen noch vor dem Entstehen der ersten deutschen Bundesregierung, ja sogar noch vor den ersten Bundestagswahlen, deren Ausgang immerhin ein Moment der Ungewißheit besaß, abgegeben wurden, so wird hierin das hohe Maß an Vertrauen der

---

[333]) A.a.O. Bl. 40.
[334]) Artikel „Kein Europa ohne Deutschland", in: Hamburger Freie Presse vom 21. Mai 1949, S. 2. Zit. nach BA, a.a.O. Bl. 92.
[335]) Vgl. ebd.

ausländischen Persönlichkeiten in die Demokratiefähigkeit der deutschen Bevölkerung deutlich. In einem Kommentar derselben Zeitung, der sich um die Beantwortung der Fragen: Was war Europa? Und was ist Europa? Und was könnte es sein? Und was wird es sein? bemüht, wird folgende dramatische und zugleich realistische Alternative gesehen: „Entweder endgültige Abdankung oder neuer Aufstieg. Entweder ausgelöscht werden von der Geschichte oder wieder Teilhaber werden an der Geschichte. Entweder hörig werden dem großen Interessenspiel der anderen oder wieder Herr werden des eigenen Geschicks."[336]

Im Mai 1949 beschloß das Comité Central der U.E.F., die Kommissionsarbeit zu dezentralisieren. Daher erhielt die Kommission für die deutschen Probleme ihren Sitz in Stuttgart, wo bereits ihr Präsident und ihr Sekretär arbeiteten. Dr. von Schenck und Otto Blessing heben in einem Bericht dieser Internationalen Kommission der U.E.F. für die deutschen Probleme vom 31. Mai 1949, der am 10. Juni 1949 in der Dienststelle Frankfurt des Deutschen Büros für Friedensfragen einging, hervor, daß die Anwesenheit der Mehrheit der Mitglieder des Bureau Exécutif der U.E.F. bei dem Hamburger Kongreß die „Solidarität unserer internationalen Bewegung mit der deutschen Gruppe erneut unter Beweis gestellt und vertieft" habe.[337] Die Sprache der Deutschlandkommission und ihres Schriftverkehrs blieb weiterhin Deutsch. Zu den in Stuttgart in regelmäßigem Abstand von ca. 14 Tagen stattfindenden Sitzungen wurden auch die nicht in Deutschland wohnhaften Mitglieder eingeladen und, sofern sie nicht teilnehmen konnten, zumindest durch Protokolle über die Sitzungen informiert. Die Kommission besaß nur beratende und vorschlagende, nicht aber beschlußfassende Funktion. Dementsprechend sollte sie die grundlegenden Beschlüsse der Kongresse der U.E.F. bezüglich des Verhältnisses zwischen Deutschland und Europa vorbereiten und die Deutschland betreffenden Fragen klären. Für die am 5. und 6. Juli 1949 in Bernkastel stattfindende Sitzung des Comité Central hatte die Deutschlandkommission folgende Themenbereiche zu bearbeiten: 1. Die Einheit Deutschlands – unter Berücksichtigung des Bonner Grundgesetzes und des Verfassungsentwurfs des Berliner Volksrats einschließlich der Probleme von Föderalismus und Zentralismus und der Möglichkeit der Eingliederung der sowjetischen Besatzungszone in das gesamtdeutsche Staatsgebiet trotz der in dieser Zone

---

[336]) Kommentar „Wohin Europa?" Ebd.
[337]) A.a.O. Bl. 44.

bereits vollzogenen ökonomischen Veränderungen, 2. die Problematik einer etwaigen Neutralisierung Deutschlands, 3. die Vertretung Deutschlands im Straßburger Europäischen Rat, 4. die möglichen Konsequenzen einer einseitigen französisch-deutschen Verständigung für die Beziehungen des Kontinents zu Großbritannien. – Im Zusammenhang mit Punkt 4 wurden Befürchtungen hinsichtlich etwaiger „großkapitalistisch-reaktionärer Bestrebungen" geäußert, die eine anti-britische Spitze hätten und daher „vom Standpunkt eines gesamteuropäischen Organismus aus bedenklich" wären.

Darüber hinaus sollte die Deutschland-Kommission im Auftrag des Hamburger Kongresses das Flüchtlings- und Vertriebenenproblem in Deutschland unter europäischem Aspekt untersuchen und die Frage der deutschen Ostgrenzen prüfen. Außerdem war die Bearbeitung wirtschaftlicher Probleme vorgesehen: die Prüfung der deutschen Währung und der deutschen Verbindlichkeiten gegenüber anderen europäischen Staaten zur Vorbereitung einer europäischen Währung, die Untersuchung der möglichen Konsequenzen von Freizügigkeit, europäischer Zollunion und Agrarpolitik.[338]

Auf der Vorschlagsliste für die Mitglieder des Deutschen Rates der Europäischen Bewegung standen Persönlichkeiten wie Konrad Adenauer, Peter Altmeier, Karl Arnold, Herbert Blankenhorn als Generalsekretär der CDU der britischen Zone, Karl Blessing, Franz Blücher von der FDP, Max Brauer (Hamburg), Heinrich von Brentano, der Romanist Ernst Robert Curtius, Thomas Dehler, Walter Dirks, Ludwig Erhard, Fritz Erler, Walter Eucken, Max Friedländer, Otto Heinrich von der Gablentz, Werner Heisenberg, Theodor Heuss, Alois Hundhammer, Wenzel Jaksch, Erich Kästner, Jakob Kaiser, der Mitherausgeber der Frankfurter Hefte Eugen Kogon, Hinrich Wilhelm Kopf, Elisabeth Langgässer, Paul Löbe, Alexander Mitscherlich, Hans Carl Nipperdey, Hermann Pünder, Ernst Reuter, Ludwig Rosenberg (Gewerkschafter), Hans Schlange-Schöningen, Carlo Schmid, der Historiker Franz Schnabel, Louise Schröder, Hans Seebohm, Dolf Sternberger, Christine Teusch, Herbert Wehner (damals Redakteur in Hamburg).[339]

Die Internationale Kommission der U.E.F. für die deutschen Pro-

---

[338]) Vgl. a.a.O. Bl. 45–47. Mit dem Problem der Flüchtlinge und Vertriebenen befaßte sich die Internationale Kommission der U.E.F. für deutsche Probleme auf ihrer Sitzung vom 16. Juni 1949 in Stuttgart. (Vgl. a.a.O. Bl. 39.)
[339]) Vgl. a.a.O. Bl. 64–71.

bleme genehmigte in ihrer Sitzung am 28. Juni 1949 in Stuttgart einen Vorschlagsentwurf, welcher dem Comité Central auf dessen Sitzung vom 4. und 5. Juli 1949 als Basis für eine Resolution dienen sollte. In dem von Dr. Ernst von Schenck unterzeichneten Entwurf weist die Kommission – ganz im Sinne der führenden Europäer – auf die verhängnisvollen Auswirkungen des übertriebenen Nationalismus auf die Geschichte Europas hin und beklagt das Versäumnis einer rechtzeitigen Einigung Europas nach dem 1. Weltkrieg. Um das Aufkeimen nationalistischer Ressentiments bei den Deutschen zu verhindern, müsse die wirtschaftlich, politisch und kulturell sinnlose Zweiteilung Deutschlands aufgehoben und eine europäische Lösung des deutschen Problems angestrebt werden. Dies gelte z. B. sowohl für Schlesien als auch für das Saargebiet und den Ruhrbereich, der eng mit Lothringen verbunden sei. Hervorzuheben ist die ausdrückliche Verwerfung von Gewalt zur Bereinigung von Problemen: „Insbesondere ist aus Anlaß der als notwendig anerkannten Wiederherstellung der gesamtdeutschen Einheit zu betonen, daß diese ebenso wie die Einheit Europas mit Einschluß des heute noch unfreien Ostens nicht zum Gegenstand einer mehr oder weniger versteckten Kriegspropaganda gemacht werden darf. Insbesondere ist die endgültige Regelung der deutschen Grenzfragen im Osten ebenso wie im Westen nur als föderative Aufgabe aller europäischen Nationen unter Preisgabe von nationalstaatlichen Souveränitätsansprüchen zu lösen."[340]

Ferner verweist die Kommission auf die Ablehnung einer Neutralisierung Deutschlands durch den Kongreß der deutschen Europa-Union in Hamburg und auf die in Artikel 24 des soeben in Kraft getretenen Bonner Grundgesetzes zum Ausdruck gebrachte deutsche Möglichkeit, durch Gesetz Hoheitsrechte auf zwischenstaatliche Einrichtungen zu übertragen. Auch Artikel 25 GG findet Berücksichtigung, weil darin die allgemeinen Regeln des Völkerrechts als Bestandteil des Bundesrechtes anerkannt werden.

Außerdem verurteilt der Entwurf die Entnazifizierungspraxis, da sie durch undemokratische Bestrafung von Gesinnungsdelikten die europäische Entwicklung Deutschlands hemmen könnte. Zugleich wird an das deutsche Erziehungswesen die Forderung gestellt, „den verhängnisvollen Geist der nationalsozialistischen Epoche" zu überwinden. Abschließend fordert die Kommission, daß für die nach Konstituierung der

---

[340] A.a.O. Bl. 37. Vgl. Bl. 36.

deutschen Bundesregierung zu besetzenden Vertretungen der Deutschen im Ausland nur solche Personen zu berufen seien, die „ausgesprochene und bewährte Gegner des Nazi-Regimes" gewesen waren.[341]

Trotz gelegentlich geäußerter Bedenken „pro-britischer" Deutscher gegen eine zu einseitige Orientierung nach Frankreich machte die französisch-deutsche Annäherung erfreuliche Fortschritte, wie z. B. auch die Deutsch-Französische Parlamentarier-Tagung, die vom 7.–8. Januar 1950, also nach Gründung der Bundesrepublik, in Basel stattfand, zeigte. Zu dieser vom Generalsekretär der Europäischen Parlamentarier-Union, dem Grafen Coudenhove-Kalergi, angeregten und unter dem Vorsitz des Präsidenten der Union, des belgischen Sozialisten Bohy, einberufenen Zusammenkunft erschienen etwa 25 deutsche Parlamentarier. Zu den Diskussionsthemen gehörte ein Vorschlag Coudenhove-Kalergis, zwischen Deutschland und Frankreich keinen formalen Frieden abzuschließen, sondern den Frieden graduell durch die Einbeziehung Deutschlands in die Europa-Union herbeizuführen. Einstimmig begrüßten die Teilnehmer den Vorschlag, die Bundesrepublik Deutschland als assoziiertes Mitglied in den Europäischen Rat aufzunehmen. Der Franzose André Philip unterbreitete die Anregung, das „Ruhrstatut zum Ausgangspunkt für eine europäische Regelung der Schwerindustrie zu machen", wofür er die Zustimmung aller Teilnehmer erntete. Eine Diskussion über die Befreiung des Handels von Schranken verlief allerdings ergebnislos, da die Franzosen die Kostenschwierigkeiten hervorhoben, die aus der unterschiedlichen Höhe des Lebensniveaus resultierten. Die Franzosen zeigten aber Verständnis für die Notwendigkeit der Erhöhung des deutschen Lebensstandards.[342]

b) Europäische Akademie in Schlüchtern

Die Verfechter des Europagedankens hatten erkannt, daß es zu seiner Realisierung vor allem der Information der europäischen Jugend und der Fortbildung der Erwachsenen bedurfte. Zu diesem Zweck erfolgte schon am 23. Oktober 1948 die Konstituierung der „Europäischen Akademie" in Schlüchtern (Hessen) als eines rechtsfähigen Vereins. Präsident wurde der ehemalige hessische Ministerpräsident Prof. Dr. Karl Geiler, Vizepräsident der Konsul a. D. Henry Bernhard, der allerdings bald wieder

---

[341]) Vgl. a.a.O. Bl. 38.
[342]) Vgl. a.a.O. Z 35/589, Bl. 235.

zurücktrat. Prof. Dr. Walter Eucken wurde einstimmig zum zweiten stellvertretenden Vorsitzenden gewählt. Als Generalsekretär fungierte Dr. Max Karl Graf zu Trauttmansdorff. Der Senat umfaßte insgesamt 32 Mitglieder, darunter Eucken, Hallstein, Heisenberg, Kogon, Nell-Breuning, Radbruch. Dem Kuratorium gehörte u. a. die nordrhein-westfälische Kultusministerin Christine Teusch an. Daneben wurde eine „Gesellschaft der Freunde der Europäischen Akademie e. V." gegründet. Die Akademie war übernational, überparteilich und überkonfessionell und plante die Erstellung wissenschaftlicher Untersuchungen zu europäischen Fragen, wobei die Zusammenarbeit von Experten verschiedener Nationen vorgesehen war. Die Erwartungen, die man in die Arbeit der neuen Institution setzte, wurden wie folgt umrissen:

„Dieser Weg der praktischen Tätigkeit erscheint geeignet, den Übergang von der zu Ende gehenden, nationalgebundenen Epoche zu einem neuen Zeitabschnitt umfassenderer, übernationaler Entwicklungsformen zu beschleunigen und damit die allmähliche Überwindung des Nationalgedankens vorzubereiten. Ihre Bestrebungen werden der Jugend, die vor allem in Deutschland einem tiefen Pessimismus verfallen ist, den Blick auf eine bessere Zukunft eröffnen, eine Zukunft, die auf der friedlichen Zusammenarbeit der Völker Europas und der Welt beruht."[343]

Die Gründung der Akademie fand Beachtung, denn schon an der Tagung vom 23. Oktober 1948 nahmen 150–200 auswärtige Gäste teil, so daß man neun Arbeitskreise gründen konnte. Der Generalsekretär, Graf Trauttmansdorff, bekräftigte in einem Gespräch mit Graf Posadowski vom 29. Oktober 1948, daß er Wert auf eine Zusammenarbeit mit dem Deutschen Büro für Friedensfragen legte.[344] Dieses Büro erhielt daher die Sitzungsprotokolle der Europäischen Akademie.

Vom 10.–12. Juni 1949 fand in Schlüchtern die zweite Jahrestagung der Europäischen Akademie statt. Wie aus einem von Posadowski unterzeichneten Bericht der Dienststelle Frankfurt des Deutschen Büros für Friedensfragen vom 13. Juni 1949 an das Stuttgarter Büro derselben Einrichtung hervorgeht, befaßten sich die Teilnehmer mit Problemen der Finanzierung, mit der Intensivierung der Öffentlichkeitsarbeit sowie mit der Zusammensetzung des Sentas und der Arbeitsgruppen. Die Ausgaben der Akademie beliefen sich vom Oktober 1948 bis zum 1. Juni

---

[343]) A.a.O. Z 35/612, Bl. 3.
[344]) Vgl. ebd.

1949 auf 15.000,– DM, während die Höhe der Einnahmen mit rund 9.000,– DM weit dahinter zurückblieb. Zum Ausgleich des Defizits und zur Deckung der Kosten der zweiten Tagung erhielt die Akademie einen Zuschuß von 10.000,– DM. Die Verantwortlichen sprachen über die Möglichkeit der Erschließung weiterer Geldquellen, z. B. aus dem bizonalen bzw. dem neuen Bundeshaushalt, wobei sie einen Betrag von 80.000,– DM nannten. Zugleich warnten sie vor einer Zersplitterung der knappen Geldmittel für die Forschung über internationale Fragen. Außerdem empfahl ein Berliner Mitglied in einem Privatgespräch eine stärkere parteipolitische Ausgewogenheit der Akademiemitglieder. Ferner zog man die Möglichkeit in Betracht, daß die zuständigen bizonalen Stellen bzw. die entsprechende künftige Bundesbehörde der Akademie Forschungsaufträge erteilen könnten. Die Gesellschaft der Freunde der Europäischen Akademie, welche als eigentliche Geldgeberin vorgesehen war, umfaßte bis zum Juni 1949 trotz intensiver Werbung nur 170 Mitglieder.

Die Tagungsteilnehmer stimmten darin überein, die Ziele und die Arbeit der Akademie einer breiteren Öffentlichkeit als bisher nahebringen zu sollen. Nach Überwindung des finanziellen Engpasses sollten eine Schriftenreihe und in Wiesbaden die Monatszeitschrift „Europäische Zukunft" herausgegeben werden. Die Überwachung der Publikationen sollte einem Redaktionsausschuß, bestehend aus Professor Meyer, Wiesbaden, Wilhelm Cornides vom Europa-Archiv, Fabrikant Kiesser, Neureut, und Dr. Michel, Offenburg, obliegen. Zweifel bestanden allerdings an der Fähigkeit der Schriften, sich finanziell selbst tragen zu können.[345]

Grundsätzliche Zustimmung fand der Vorschlag, durch die Ausschreibung von Preisaufgaben über bestimmte konkrete europäische Fragen das Interesse der Öffentlichkeit an den europäischen Problemen zu intensivieren.

Bezüglich der Zusammensetzung des Senats, der für die wissenschaftliche Arbeit verantwortlich war, heißt es in dem Posadowski-Bericht:

„Allgemein wurde eingesehen, daß die Anhäufung von Prominenz in den Arbeitsgruppen diese häufig arbeitsunfähig macht, da die Mitglieder zu zahlreiche sonstige Verpflichtungen haben. Es wurde beschlossen, an einen Teil der 64 bisherigen Mitglieder des Senats mit der Frage heranzu-

---

[345] Vgl. a.a.O. Bl. 11f.

treten, ob sie künftig wirklich aktiv mitarbeiten oder lieber ausscheiden wollten."[346]

Man beschloß, künftig zwischen einem engeren und einem weiteren Senat zu unterscheiden, wobei der engere Senat vornehmlich die Leiter der Arbeitskreise, ca. 15 Personen, umfassen sollte, während der weitere Senat u. a. auch jüngeren Mitgliedern offenstehen sollte. Dem Kuratorium oblag weiterhin die Verwaltung.

Außerdem beschlossen die Tagungsteilnehmer eine enge Zusammenarbeit der Akademie mit der „Europäischen Bewegung" und der Deutschland-Kommission der Union Européenne des Fédéralistes sowie die Beteiligung an den Vorbereitungen für die geplante Kulturtagung der U.E.F. in Lausanne. Zu diesem Zweck bildeten sie einen Aktionsausschuß aus den drei Senatsmitgliedern Professor Meyer, Geheimrat Bücher und Professor Benz (Marburg) sowie aus drei Kuratoriumsangehörigen. Die Leitung dieses Ausschusses übernahm der Präsident der Akademie.

Die Europäische Akademie besaß Arbeitsgruppen zur europäischen Politik, Verfassung, Wirtschaft, Währung, Kultur, Ernährung, zu Rechtsfragen, Gesundheitswesen u. a. Die Arbeitsgruppen für europäische Verfassungsfragen und Rechtsprobleme hatten bis zum Juni 1949 allerdings noch nicht getagt. Durch eine personelle Veränderung der Zusammensetzung dieser Ausschüsse suchte man sie zu aktivieren. Der interimistische Leiter der Arbeitsgruppe für europäische Wirtschaftsfragen, Bücher, riet zur Zurückhaltung der Deutschen bei der Erörterung der Möglichkeiten einer künftigen europäischen Wirtschaftsgestaltung, um nicht das Mißtrauen des Auslandes zu wecken. Nach Ansicht Büchers waren die Deutschen damals in der wissenschaftlichen Forschung auf wirtschaftlichem Gebiet so rückständig, daß sie erst einmal die ausländischen Forschungsergebnisse aufarbeiten sollten. Eine völlig entgegengesetzte Auffassung vertrat allerdings damals in Münster der dortige Universitätsprofessor und eigentliche „Vater" der Sozialen Marktwirtschaft, Alfred Müller-Armack, dessen Thesen bereits in Kapitel I, 3, c dieses Buches Berücksichtigung fanden.[347]

Hervorzuheben ist, daß auf der Tagung in Schlüchtern auch der

---

[346]) A.a.O. Bl. 12.
[347]) Zu den Arbeitsgruppen der Europäischen Akademie vgl. a.a.O. Bl. 13 f. Zu Wirtschaftsfragen der Nachkriegszeit vgl. Alfred Müller- A r m a c k , a.a.O. bes. S. 49 ff.

ehemalige Leiter der Kulturabteilung der britischen Militärregierung in Deutschland, Robert Birley, dessen Verdienste um eine britisch-deutsche Verständigung in diesem Buch bereits gewürdigt wurden, eine längere Rede hielt.

Auch der französische Hohe Kommissar François-Poncet hatte eine sehr persönlich gehaltene Rede vorbereitet, die er aber wegen dringender dienstlicher Verpflichtungen aus Anlaß der Vierer-Konferenz in Paris nicht selbst vortragen konnte, sondern durch den Ministerialrat Santelli verlesen lassen mußte. Darin versicherte er:

„Ich bedauere um so lebhafter, nicht an Ihren Debatten teilzunehmen, da ich mich Ihren Bestrebungen vollkommen anschließe und wünsche, daß das Ziel, welches Sie sich gesetzt haben, so schnell wie möglich erreicht wird. Ich gehöre ja zu denen, die von Anfang an gefühlt haben, daß Europa von nun an das Ideal aller Menschen guten Willens sein müßte.

Man hat oft den Ausdruck ‚Wendepunkt der Geschichte' mißbraucht, aber ich bin überzeugt, daß dies der Ausdruck ist, der die Stunde bezeichnet, die Frankreich und Deutschland augenblicklich durchleben. Aus diesem Grunde habe ich mich im April 1948 auf dem Kongreß in Den Haag dafür eingesetzt, die Sinne und Herzen auf dieses Ziel zu richten."[348]

François-Poncet fuhr fort, dies sei ein Ideal, „welches dem tiefen Instinkt der Völker" entspreche „und ihrer geheimen Sehnsucht, endlich aus einer Vergangenheit herauszukommen, die sich nicht wiederholen" dürfe. Er bekräftigte, die französische Regierung habe alles getan, um die Realisierung dieses Ideals zu ermöglichen, und es sei daher nicht ihr anzulasten, wenn die europäische Einigung sich noch verzögere. Mit Genugtuung verwies François-Poncet auf den für September vorgesehenen Zusammentritt eines Europäischen Rates in Straßburg und zugleich auf den Symbolcharakter der Wahl dieser Stadt, die, wie das gesamte Elsaß, seit Jahrhunderten ein Zankapfel zwischen Deutschen und Franzosen gewesen war. Er gab seiner Hoffnung Ausdruck, daß die Bundesrepublik nach Bildung ihrer Regierung an den Sitzungen des Europarats teilnehmen werde, da sie sich an den im Grundgesetz verankerten Grundfreiheiten (libertés fondamentales) orientierte. In einem auf den

---

[348]) *Bundesarchiv*, a.a.O. Z 35/612 Bl. 25.

Menschenrechten basierenden vereinigten Europa sah er auch eine Zukunftsperspektive für die deutsche Jugend.[349]

Der Ministerpräsident von Nordrhein-Westfalen, Dr. Karl Arnold, richtete ebenfalls eine Botschaft an die Europäische Akademie, worin er aber neben der Genugtuung über die durch das Grundgesetz gegebene rechtliche Möglichkeit der Deutschen, Souveränitätsrechte durch einfaches Gesetz auf zwischenstaatliche Einrichtungen zu übertragen, auch seiner Besorgnis Ausdruck verlieh, daß die ehemaligen Kriegsgegner den Deutschen durch das Ruhrstatut, die Sicherheitsbehörde und durch oktroyierte vorläufige Grenzveränderungen einseitige Hoheitsbeschränkungen auferlegen könnten. Er verband also das ausdrückliche Bekenntnis zu Europa mit der Forderung nach deutscher Gleichberechtigung.[350]

Wichtig für die Öffentlichkeitsarbeit der Europäischen Akademie gegenüber Frankreich war ein Vortrag über Zweck, Ziele und Arbeit der Akademie, den der stellvertretende Vorsitzende des Kuratoriums, Dr. Karl Michel, während seiner Parisreise vor der „Groupe d'Etudes Allemandes" halten konnte. Die französische Presseagentur veröffentlichte dazu eine wohlwollende Verlautbarung, die einheitlich durch die französische Presse ging.[351]

2. Europäische Integrationsarbeit auf Regierungsebene

a) Organization for European Economic Cooperation

Seit der Wende in der Politik der USA von 1947 begannen auch die inzwischen restaurierten, nationalen Regierungen der meisten europäischen Staaten, die bisher im Gegensatz zu den Europaverbänden dem Europagedanken reserviert gegenübergestanden hatten, sich auf eine Zusammenarbeit im Rahmen der auf Wunsch der USA zur Verteilung der Marshallplangelder gegründeten Organization for European Economic Cooperation (OEEC) einzustellen. Diese Organisation wurde am 16. April 1948 in Paris gegründet, nachdem schon am 12. Juli 1947 in Paris ein Committee for European Economic Cooperation (CEEC)

---

[349]) Vgl. ebd.
[350]) Vgl. a.a.O. Bl. 26 (einschl. Rs.) – Zur Bereinigung von Grenzproblemen im Westen der Bundesrepublik Deutschland vgl. u. a. Kapitel I, 4, a.
[351]) Vgl. a.a.O. Bl. 36.

geschaffen worden war. Teilnehmerstaaten beider Einrichtungen waren: Belgien, Dänemark, Frankreich, Griechenland, Großbritannien, Irland, Island, Italien, Luxemburg, Norwegen, die Niederlande, Österreich, Portugal, Schweden, die Schweiz und die Türkei. Die Konvention über die Schaffung der OEEC wurde darüber hinaus auch von den Militärgouverneuren der drei westlichen Besatzungszonen Deutschlands unterzeichnet. Am 31. Oktober 1949 trat die Bundesrepublik Deutschland nach ihrer Gründung an deren Stelle der Organisation als siebzehnter Mitgliedstaat bei. Die im sowjetischen Einflußbereich liegenden europäischen Staaten, die 1947 ebenfalls eingeladen waren, mußten auf Wunsch der Sowjetunion auf eine Teilnahme am Marshallplan verzichten, da die Sowjets andernfalls eine Expansion des amerikanischen Einflusses in Europa befürchteten.

Das Mitglied des Deutschen Büros für Friedensfragen, Hartmann, legte in einem Bericht vom April 1950 mit der Überschrift „Zwei Jahre Marshallplangesetz. Betrachtung über die Aussichten europäischer Wirtschaftseinheit" die Ziele des Marshallplans dar. Neben der Behebung der Ernährungsnot und der Förderung des innereuropäischen Warenaustausches durch Schaffung größerer Märkte sollten auch die amerikanischen Interessen u. a. durch Schließung der Dollarlücke in Europa gewahrt werden. Dazu führt Hartmann aus:

„Vermehrte Produktivität und vermehrte Kaufkraft sollten Europa zu einem leistungsfähigeren, sowohl durch Lieferfähigkeit wie durch Kauffähigkeit interessanteren Handelspartner für Amerika und andere Überseeländer machen und damit zur Erweiterung des Welthandels beitragen. Zugrunde lag der ganzen Konzeption die Überzeugung, daß auf wirtschaftlichem Gebiet das Wohl des einen Teiles nicht auf Kosten des anderen erreicht werden kann, sondern umgekehrt durch die wirtschaftliche Kräftigung der übrigen Genossen des wirtschaftlichen Verkehrs gefördert wird, daß also, um eine Kurzformel zu gebrauchen, hier letztlich nicht das Gesetz der Rivalität, sondern das der Solidarität gültig ist. Ein vierter, politischer Zweck gesellte sich hinzu: die Behebung der westeuropäischen Nachkriegsnot und die Steigerung des Lebensstandards sollten Europa gegen die kommunistische Agitation immunisieren und damit auch Amerika gegen sie abschirmen."[352]

Die OEEC veröffentlichte am 30. Dezember 1948 in Paris einen

---

[352]) A.a.O. Z 35/349, Bl. 55.

detaillierten, drei Bände umfassenden Bericht über das gemeinsame europäische Aufbauprogramm. In der von Dr. Hartmann für das Deutsche Büro für Friedensfragen in Stuttgart im Frühjahr 1949 zusammengestellten Inhaltsangabe dieses Berichts heißt es u. a.: „Der Bericht hebt hervor, daß noch niemals ein solches Maß von Zusammenarbeit erreicht worden ist wie in den zurückliegenden Monaten, noch niemals ein solcher Einblick in die nationalen Pläne, Absichten und Voraussetzungen gewährt worden ist und noch nie ein solches Kreuzverhör bis in die Einzelheiten der nationalen Wirtschaften stattgefunden hatte."[353] Den Stand der Industrieproduktion bis Mitte 1948 erläutert der Bericht wie folgt:

„1945 (Sommer) stand die Industrieproduktion in Westdeutschland praktisch still, in Frankreich und Benelux hatte sie nur 30–40 Prozent des Vorkriegsstandes erreicht, auch in Großbritannien lag sie erheblich darunter. Bis Mitte 1948 hat sie sich in Benelux mehr als verdreifacht, in Frankreich verzweieinhalbfacht, in England das Niveau von 1938 um 30 Prozent überschritten; in der Bizone wurden bis Oktober 1948 fast zwei Drittel des Niveaus von 1938 erreicht. Im Gesamtraum ohne Westdeutschland waren Mitte 1948 117 Prozent von 1938 erreicht, im Gesamtraum einschließlich Westdeutschlands 101 Prozent".[354]

Seit dem Kriegsausbruch im Jahre 1939 hatten die USA große Teile der westeuropäischen Absatzmärkte, insbesondere hinsichtlich der Lieferung von Fertigwaren, übernommen. In der ersten Hälfte des Jahres 1948 konnte Westeuropa seinen Export wieder ein wenig steigern. Vor dem Kriege hatten die amerikanischen und westeuropäischen Fertigwarenexporte im Verhältnis zwei zu fünf gestanden.[355] Voller Zufriedenheit wurde in dem OEEC-Bericht konstatiert, daß die Organisation seit ihrem Beginn im April 1948 beachtliche Fortschritte erzielt hatte. Die Regierungen hatten ein Programm für 1949/50 und ein Long-term-Programm für vier Jahre auszuarbeiten. Die beiden Hauptaufgaben dabei waren: Der Abschluß eines innereuropäischen Zahlungsabkommens, das ein erster Schritt zur freien Transferierbarkeit der europäischen Währungen sein sollte und zu dem die teilnehmenden Länder 800 Millionen Dollar beisteuern sollten, sowie die Verteilung der Dollar-

---

[353]) A.a.O. Bl. 4.
[354]) A.a.O. Bl. 7.
[355]) Vgl. a.a.O. Bl. 25.

hilfe für das erste Jahresprogramm. Diese Hilfe umfaßte 4875 Millionen Dollar. Belgien, Luxemburg und die Niederlande hatten 1947 eine Zollunion gebildet. Auch die skandinavischen Staaten hatten eine wirtschaftliche Kooperation vereinbart. Zwischen Frankreich und Italien bestand eine Zollunion.

Da die Industrie Europas weitgehend in privaten Händen lag, erfolgte neben der Zusammenarbeit der Regierungen auch eine „Begegnung zwischen den Völkern" durch die Kontakte der Verbände der Arbeitgeber und der Arbeitnehmer.[356]

Bei den in dem Bericht dargelegten Problemen handelte es sich nur zum Teil um europäische Fragen, hauptsächlich aber um Angelegenheiten der wirtschaftlichen Beziehungen Europas mit der Außenwelt.[357]

Im Hinblick auf die Schaffung einer Europäischen Union beurteilten die Vertreter des Europarates im August 1949 in Straßburg die Arbeit der OEEC allerdings sehr skeptisch, indem sie sich weitgehend darüber einig waren, daß die OEEC in ihrer damaligen Form höchstens zur Verteilung der Marshallplan-Mittel, nicht aber „für die Vorbereitung und Förderung der wirtschaftspolitischen Zusammenarbeit geeignet" war.[358]

Der zum Vizepräsidenten des Europarats gewählte britische liberale Lord Layton übte Kritik an dem, wie er meinte, schleppenden Fortgang der Arbeit der OEEC, der aus einem Mangel an Koordinierung der ökonomischen und politischen Probleme resultiere. Aufgabe der Europäischen Versammlung sei es, „die Lücke zu füllen, die bisher zwischen der wirtschaftlichen und der politischen Seite des Europa-Problems" klaffe. Layton hatte vor allem die Bedeutung der Zustimmung der Arbeitnehmer- und Arbeitgeberverbände zur Schaffung einer Europäischen Union erkannt und überzeugte die Versammlung von der Notwendigkeit, sich um diese Interessengruppen zu bemühen.[359]

Über die organisatorische Einbeziehung Westdeutschlands in das European Recovery Program (ERP) teilt der oben bereits zitierte Hartmann-Bericht folgende Details mit:

„Die Stellung Deutschlands im Marshallplan hat mehrere Formen durchlaufen. Anfangs wurde es nicht zu den eigentlichen Teilnehmerlän-

---

[356]) Vgl. a.a.O. Bl. 41–44.
[357]) Vgl. a.a.O. Bl. 45.
[358]) A.a.O. Z 35/611, Bl. 26.
[359]) Vgl. a.a.O. Bl. 15.

dern gezählt, sondern in den Statistiken diesen angehängt und in allen Verhandlungen lediglich durch die Militärregierungen vertreten. Auch die ständige deutsche Vertretung bei der OEEC in Paris, die unter Führung von Herrn von Mangoldt aus München steht, war anfänglich nur ein den Delegierten der Militärregierungen zur Hilfeleistung beigegebener Stab. Seine größere Selbständigkeit, die sich mit der Zeit entwickelt hatte, wurde erst nach Bildung der Bundesregierung legalisiert, dadurch daß die Bundesregierung am 15. Dezember 1949 im eigenen Namen mit den Vereinigten Staaten über das Hilfsprogramm einen Vertrag abschloß, der die am 7. Juli 1948 von den Militärbefehlshabern geschlossenen Verträge für die Bizone und die Französische Zone ersetzte. Am 4. 4. 1950 wurde der Bundesminister für den Marshallplan, Blücher, in den siebenköpfigen Exekutivausschuß der OEEC gewählt."[360]

Hartmann konnte in seinem im April 1950 verfaßten Bericht zu dem Ergebnis gelangen, das Ziel der Behebung der Lebensmittelknappheit in den westeuropäischen Staaten und der Ausstattung der Industrien mit Rohstoffen und Produktionsmitteln zur Ankurbelung der Produktion sei „in hohem Maße erreicht worden". Mit Ausnahme Westdeutschlands hatten alle westeuropäischen Länder die Vorkriegshöhe ihrer Industrieproduktion bereits überschritten. Die Bundesrepublik Deutschland aber hatte immerhin schon etwa 90 Prozent des Vorkriegsstandes der Produktion erreicht.[361]

Bedenkt man, daß die OEEC eine institutionalisierte Zusammenarbeit der ihr angehörenden Staaten ermöglichte, die zu einer Verbesserung der wirtschaftlichen Lage in Europa führte, so wird deutlich, daß hier, trotz des Fehlens der Supranationalität, eine wichtige Vorarbeit für die Schaffung echter europäischer Organe in einem zunächst auf sechs Staaten begrenzten Raum geleistet wurde.

b) Europarat

Die von Winston Churchill und den privaten europäischen Bewegungen propagierte Idee der Schaffung eines europäischen Rates konnte erst in die Praxis umgesetzt werden, nachdem auch die meisten europäischen *Regierungen* diesen Gedanken aufgegriffen hatten. Der Konsultativrat

---

[360]) A.a.O. Z 35/349, Bl. 57.
[361]) Vgl. a.a.O. Bl. 54.

des am 17. März 1948 gegründeten Brüsseler Paktes, dem die Vertreter von Großbritannien, Frankreich und den Beneluxstaaten angehörten, bildete am 27. November 1948 in Paris ein Komitee für die Prüfung von Möglichkeiten zur Förderung der Einheit Europas. Die Vorarbeiten dieses Gremiums bildeten die Basis für den grundsätzlichen Beschluß der fünf Außenminister der Brüsseler-Pakt-Staaten vom Januar 1949, einen Europarat zu gründen. Zu diesem Zweck beriefen sie eine Konferenz nach London ein, zu der sie auch Vertreter von fünf weiteren Staaten, Dänemark, Norwegen, Schweden, Italien und Irland, einluden. Die Statuten für den Europarat konnten am 5. Mai 1949 in London unterzeichnet werden. Am 3. August 1949 traten sie in Kraft. Sitz des Europarates wurde Straßburg. Als Organe schuf man ein Ministerkomitee (Exekutive), eine Beratende Versammlung mit Fachausschüssen, einen Gemischten Ausschuß und ein Generalsekretariat. Am 5. Juli 1955 wurde die Europäische Kommission für Menschenrechte aufgrund der Menschenrechtskonvention gebildet. Am 21. Januar 1959 konstituierte sich der Europäische Gerichtshof für Menschenrechte in Straßburg.

Auf Vorschlag von Churchill, André Philip, Paul Reynaud, Stefano Jacini und Kraft wurde der belgische Politiker Paul Henri Spaak zum Präsidenten der Beratenden Versammlung gewählt. Vizepräsidenten wurden der liberal eingestellte Brite Lord Layton, der französische MRP-Politiker de Menthon, der Italiener Jacini und der Däne Kraft. Der ebenfalls vorgeschlagene frühere irische Staatspräsident de Valera erhielt infolge des Ulster-Konflikts nur 15 Stimmen, die zu einer Wahl nicht ausreichten.

Die Europäische Bewegung hatte in Straßburg ein eigenes Büro eingerichtet. Etwa die Hälfte der Abgeordneten der Beratenden Versammlung, also ca. 40 Personen, waren zugleich Mitglieder der Europäischen Bewegung, woran die Verbindung von privater und regierungsoffizieller Europa-Initiative zu erkennen ist. Von deutscher Seite nahm im Auftrag der Europäischen Bewegung der Begründer des Europa-Archivs, Wilhelm Cornides, an den Straßburger Sitzungen teil. Er arbeitete anschließend einen vertraulichen Bericht für das Deutsche Büro für Friedensfragen aus.

Das Ringen um die Tagesordnung, für deren Aufstellung der Ministerrat zuständig war, hatte drei Tage in Anspruch genommen. Churchill wandte sich entschieden gegen eine Diskussion militärischer Angelegenheiten, auch gegen eine Erörterung von Verteidigungsfragen. Zugleich setzte er sich intensiv für eine Zulassung der neuen Bundesrepublik

Deutschland zum Europarat ein. Wörtlich erklärte er: „...obviously the life of United Europe depends upon our association in some form or other with Germany."[362]

Der Beginn der ersten Sitzungsperiode des Europarats in Straßburg fiel aber zeitlich mit dem Höhepunkt des Wahlkampfes für die am 14. August 1949 stattfindenden ersten deutschen Bundestagswahlen zusammen. In seinem vertraulichen Bericht an das Deutsche Büro für Friedensfragen betonte Cornides, daß neben der Klärung des Verhältnisses der Beratenden Versammlung zum Ministerrat die Frage der Zulassung Westdeutschlands zum Europarat ein Kernpunkt der Beratungen gewesen sei. Allerdings habe angesichts einiger Wahlkampfäußerungen führender deutscher Politiker eine gewisse Ratlosigkeit geherrscht. Vor allem der Ton dieser Äußerungen hatte, aufgrund der Wiedergabe durch die Auslandspresse, „Verstimmung und zum Teil Bestürzung" hervorgerufen. Ein in Straßburg anwesender Journalist bemerkte, es schiene, „als wollten die maßgeblichen deutschen Politiker mit der Faust auf den Verhandlungstisch schlagen, noch ehe sie ihn überhaupt erreicht hätten"[363]. So hatte Adenauer, wie die Neue Zürcher Zeitung berichtete, während einer Essener Wahlrede den britischen Labour-Außenminister Bevin beschuldigt, Hauptgegner einer Zulassung Deutschlands zum Europarat zu sein, und – ohne zwischen Konservativen und Labour Party zu differenzieren – erklärt, Deutschland werde „den Engländern zum Trotz" seine Beteiligung am Europarat erreichen.[364] Während mindestens drei Mitglieder der britischen Delegation aufgrund der deutschen Wahlreden vermutlich tatsächlich ihre Haltung gegenüber Deutschland änderten, reagierten die meisten Briten mit verständnisvoller Gelassenheit und führten – wie Harold Macmillan – die Schärfe der deutschen Reden auf die besondere Situation des Bundestagswahlkampfes zurück.[365] Die Franzosen allerdings reagierten mit Befremden auf eine Äußerung des SPD-Vorsitzenden Kurt Schumacher, Deutschland werde dem Europarat überhaupt nicht beitreten, falls das Saargebiet eine eigene Delegation nach Straßburg entsende. Laut Cornides waren die Franzosen nach britisch-französischen Verhandlungen bereits im Begriff, den Plan einer selbständigen Repräsentation des Saargebiets in Straßburg

---

[362]) A.a.O. Z 35/611, Bl. 14.
[363]) A.a.O. Bl. 6.
[364]) Vgl. ebd.
[365]) Vgl. a.a.O. Bl. 19.

fallenzulassen, wurden aber durch die Drohung Schumachers veranlaßt, wieder zu ihrer harten Haltung zurückzukehren, um nicht den Eindruck zu erwecken, sie seien vor dem Druck des SPD-Vorsitzenden zurückgewichen.[366]

Vor allem Duncan Sandys und Henri Brugmans brachten ihre große Enttäuschung über die ungeschickten deutschen Äußerungen zum Ausdruck, die gerade für diejenigen Mitglieder des Europarats, die Deutschland wohlgesonnen waren, zusätzliche Schwierigkeiten verursacht hatten.

Der dem Deutschen Büro für Friedensfragen vorliegende Bericht enthält folgende Zusammenfassung der damaligen Situation:

„Die britischen Konservativen mit Churchill an der Spitze kamen mit der Absicht nach Straßburg, sehr rasch eine grundsätzliche Entscheidung in der deutschen Frage herbeizuführen. Diese Absicht ist wohl zu einem beträchtlichen Teil darauf zurückzuführen, daß sie sich von einer solchen Geste gegenüber Deutschland einen beträchtlichen psychologischen Anfangserfolg für die Versammlung versprachen. Vielleicht spielten dabei auch die Überlegungen der Wahltaktik mit. Nachdem sich die Labour-Regierung und insbesondere Bevin in den letzten Wochen Deutschland gegenüber so zurückhaltend gezeigt hatten, kommt es vielleicht den Konservativen nicht ungelegen, wenn sie den Eindruck größerer Verständnisbereitschaft erwecken können. Von französischer Seite und wohl auch bei der Mehrzahl der Vertreter der kleinen Nationen wurde wohl schon von vornherein das Mißtrauen gegenüber Deutschland präziser formuliert. Die deutschen Wahlreden haben nun wohl kaum an den Grundfaktoren der Situation etwas geändert, sie haben aber den Kreis um Churchill zugänglicher für die französische Argumentation gemacht. Dabei waren es wohl weniger das Hervorkehren nationaler Gedankengänge und die Kritik an den Besatzungsmächten, als vielmehr die außerordentlich ungeschickten, direkten Anspielungen auf die Straßburger Situation, die alarmierend wirkten."[367]

Die in Straßburg Versammelten waren sich einig, daß der Europarat nicht zum Diskussionsforum für einen Friedensvertrag mit Deutschland werden sollte. Bezüglich der künftigen Gestaltung Europas vertraten sie unterschiedliche Auffassungen. Die Gruppe der sog. Föderalisten

---

[366]) Vgl. a.a.O. Bl. 6.
[367]) A.a.O. Bl. 19.

erstrebte die Schaffung europäischer Institutionen durch einen bewußten politischen Akt, während die sog. Funktionalisten an die Möglichkeit eines gleichsam biologischen Wachstums der politischen Einrichtungen glaubten.[368]

Wegen der Saarfrage lehnte in der deutschen Bundesrepublik die SPD weiterhin einen Beitritt Deutschlands zum Europarat ab, während der inzwischen zum Bundeskanzler gewählte Konrad Adenauer nach Vorlage des französischen Schumanplans vom 9. Mai 1950 die Ansicht vertrat, durch die in diesem Plan vorgesehene supranationale Verwaltung der europäischen Kohle-, Eisen- und Stahlproduktion sei das Saarproblem weitestgehend entschärft, da auch die Saargruben und die Saarhüttenwerke in dieses Abkommen einbezogen sein würden. Für Juni 1950 war die Abstimmung des deutschen Bundestages über die Einladung, dem Europarat beizutreten, vorgesehen. In seiner Regierungserklärung vom 13. Juni 1950 informierte der Kanzler den Bundestag über die Bereitwilligkeit der Regierungen Italiens, Belgiens, der Niederlande und Luxemburgs zu Verhandlungen über den Schumanplan und über die Zurückhaltung Großbritanniens, die er sehr bedauerte. Nach Ansicht Adenauers bestand für Deutschland die Notwendigkeit, sowohl dem Europarat beizutreten als auch den Schumanplan zu akzeptieren, da das Ziel beider letztendlich die Schaffung einer europäischen Föderation war.[369]

Zwei Tage zuvor, am 11. Juni 1950, hatte der Präsident der Beratenden Versammlung des Europarats, der Belgier Paul Henri Spaak, in einer eindringlichen Rede bei einer Großkundgebung in Dortmund versichert, der Beitritt der Bundesrepublik Deutschland zum Europarat bedeute keineswegs den Verzicht auf das Saarland und auf die Gebiete östlich der Oder-Neiße-Linie. Im Gegenteil, so meinte er, würde die Bundesrepublik im Europarat Alliierte finden, welche die Forderung der Rückgabe der deutschen Ostgebiete und das Streben nach Einheit unterstützen würden. Diese Versicherung mag aufgrund der damaligen Europa-Euphorie mit dem Ziel des Aufgehens der Nationalstaaten in einer größeren Einheit durchaus ehrlich gemeint gewesen sein. Auch Adenauer und seine Mitarbeiter vertraten ja die Auffassung, daß die Bundesrepublik Deutschland nicht durch Isolation, sondern nur durch eine vorbehaltlose, allerdings gleichberechtigte Westintegration in der Lage

---

[368]) Vgl. a.a.O. Bl. 15.
[369]) Vgl. Konrad A d e n a u e r, Erinnerungen 1945–1953, S. 337–339.

sein würde, die deutsche Wiedervereinigung herbeizuführen. Bei der am 15. Juni 1950 im deutschen Bundestag vorgenommenen Abstimmung sprachen sich 220 Abgeordnete der CDU/CSU, FDP und DP für einen Beitritt der Bundesrepublik Deutschland zum Europarat aus, während 152 Abgeordnete der SPD und KPD das entsprechende Gesetz ablehnten. Damit war der Beitritt durch eine Mehrheit gebilligt worden.[370] Er erfolgte im Mai 1951.

c) Europäische Gemeinschaft für Kohle und Stahl

Als wichtigster Schritt auf dem Wege zur europäischen Einigung ist die aufgrund des Schumanplans erfolgte Schaffung der Europäischen Gemeinschaft für Kohle und Stahl anzusehen, da hier erstmals die sechs Staaten Frankreich, Bundesrepublik Deutschland, Italien, Belgien, die Niederlande und Luxemburg einen Teil ihrer Souveränitätsrechte auf wirtschaftlichem Gebiet einer supranationalen Institution übertrugen. Die Organe waren zunächst die Hohe Behörde mit der Befugnis, verbindliche Entscheidungen zu treffen, Empfehlungen auszusprechen oder Stellungnahmen abzugeben, ferner die Gemeinsame Versammlung, der Besondere Ministerrat, der Gerichtshof und der Beratende Ausschuß. Mit der Schaffung der Europäischen Gemeinschaft für Kohle und Stahl hatten sich jene Politiker durchgesetzt, die eine schrittweise Realisierung des europäischen Einigungsgedankens für richtig hielten, von der gemeinsamen Verwaltung der Industriebereiche Kohle, Eisen, Stahl in den sechs Kernstaaten über eine spätere Einbeziehung anderer Wirtschaftszweige, die Bildung einer Zollunion, einer etwaigen Europäischen Verteidigungsgemeinschaft bis hin zur Direktwahl eines Europäischen Parlamentes, zur Europäischen Politischen Zusammenarbeit und zur Schaffung einer echten Europäischen Föderation. Die sechs Kernstaaten hielten ihre supranationalen Einrichtungen für den Beitritt anderer Staaten offen. Wichtig für die Aussöhnung der ehemaligen Kriegsgegner war die Tatsache, daß die Bundesrepublik Deutschland von Anfang an auf der Basis völliger Gleichberechtigung in der Europäischen Gemeinschaft für Kohle und Stahl mitarbeiten konnte, was vor allem dem fairen Arbeitsstil des ersten Präsidenten der Hohen Behörde in Luxemburg und Verfassers des dem Schumanplan zugrunde liegenden Monnet-Memorandums, des Franzosen Jean Monnet, zu verdanken war.

---

[370]) Vgl. a.a.O. S. 339f.

Neben den großen wirtschaftlichen Vorteilen, welche die Europäische Gemeinschaft für Kohle und Stahl für alle Mitglieder brachte, war es vor allem die Friedenssicherung, die durch die gemeinsame Kontrolle über die für eine etwaige Kriegsvorbereitung entscheidenden Wirtschaftszweige des Kohle-, Eisen- und Stahlbereichs wirksam ermöglicht wurde. Diese gegenseitige Kontrollmöglichkeit befriedigte vor allem das Sicherheitsbedürfnis Frankreichs und der kleineren westlichen Nachbarstaaten der Bundesrepublik Deutschland.

Eine Betrachtung der Vorgeschichte der Europäischen Gemeinschaft für Kohle und Stahl zeigt, daß nicht nur private Europa-Organisationen, sondern auch „halboffizielle" Kreise in Deutschland schon früh eine Übertragung von Hoheitsrechten auf supranationale Einrichtungen vorgeschlagen hatten. So findet sich in der von Hartmann, Mitglied des Deutschen Büros für Friedensfragen, am 2. Juni 1947 in Stuttgart vorgelegten Untersuchung zum Thema „Vom rechten Geiste deutscher Friedenserörterungen" bereits folgende Mahnung:

„Im Gegenteil sollte das deutsche Volk auf dem Wege zu übernationalen Gesichtspunkten entschlossen vorangehen. Es sollte die Einsicht, daß das Wohl jedes Gliedes vom Wohl des Ganzen abhängt, dadurch in die Tat umsetzen, daß es auch die Friedensprobleme von vornherein unter einem gesamteuropäischen, ja kosmopolitischen Blickpunkt sieht und gelöst zu sehen wünscht. Nur eine konstruktive europäische Gesamtlösung, der das einzelne Volk, Deutschland als der Unterlegene voran, selbst wesentliche Teile einer überständig gewordenen nationalen Souveränität zum Opfer bringt, kann die Welt..."[371]

Die amerikanische und die britische Regierung vertraten ebenfalls 1948 die Ansicht, eine Stabilisierung Europas müsse unter Einbeziehung Westdeutschlands erreicht werden. Hinsichtlich der konkreten Durchführung dieser Pläne bestanden allerdings zwischen beiden Regierungen Meinungsunterschiede.[372] Zu den Akten des Deutschen Büros für Friedensfragen gehört folgende Aufzeichnung vom März 1949 mit dem Titel „Deutschland und die Western Union":

„Weite Kreise in Deutschland sind der Überzeugung, daß das ehemalige Deutsche Reich infolge von Gebietsabtretungen, infolge der durch

---

[371]) *Bundesarchiv*, a.a.O. Z 35/351, Bl. 5.
[372]) Vgl. a.a.O. Z 35/574, Bl. 61 und 63.

Massendeportationen hervorgerufenen Überbevölkerung, infolge der Beschränkung seiner Produktionskapazität und der beschränkten Wettbewerbsverhältnisse auf dem Weltmarkt nicht in der Lage ist, innerhalb des ihm verbleibenden Rahmens als Nationalstaat isoliert weiterzubestehen.

Die wirtschaftlichen Notwendigkeiten heischen gebieterisch internationale und überstaatliche Lösungen. Mit der Wiederherstellung irgendeines Status quo ante in Deutschland würde also weder dem deutschen Volke noch der Völkergemeinschaft ein Dienst erwiesen.

Die Notwendigkeit, Deutschland in einen größeren internationalen Rahmen einzubauen, ergibt sich abgesehen von der wirtschaftlichen Zwangslage aus der Tatsache der völligen Entwaffnung Deutschlands, durch die Deutschland nicht nur die Möglichkeit zur Führung von Angriffskriegen verliert – was zu begrüßen ist –, sondern auch die Mittel der Selbstverteidigung gegen andere Staaten, die diese Möglichkeit noch besitzen.

In der Einbeziehung Deutschlands in die Westunion sucht das deutsche Volk in erster Linie eine Garantie seiner Sicherheit, seiner territorialen Integrität und seiner demokratischen Einrichtungen. Sie erfordert sowohl in politischer als auch in wirtschaftlicher Hinsicht nicht nur die Herbeiführung eines vertrauensvollen Verhältnisses, sondern eine auf einer festen und dauerhaften Rechtsordnung gegründete Zusammenarbeit Deutschlands mit den anderen Staaten der Westunion.

Um den Preis einer solchen europäischen Zusammenarbeit wäre das deutsche Volk bereit, auf wesentliche Attribute der traditionellen staatlichen Souveränität zu verzichten. Nach dem Bonner Verfassungsentwurf kann die Übertragung staatlicher Hoheitsrechte auf internationale Organe durch einfache Gesetze beschlossen werden. Hierbei wäre in erster Linie an Organe einer gemeinsamen Außenpolitik zu denken, die sich nicht nur in einer allgemeinen Konsultation erschöpfen dürfte, d. h., die Staaten der Westunion müßten sich in einer langfristig gesehenen außenpolitischen Planung die für das deutsche Volk unabdingbare Forderung einer Wiederherstellung der deutschen Einheit und einer, verständigen wirtschaftlichen Gesichtspunkten Rechnung tragenden Feststellung der deutschen Ostgrenze in so unmißverständlicher Weise zu eigen machen, daß für das deutsche Volk jede Veranlassung entschwindet, sowjetischen Verlockungen hinsichtlich der Wiederherstellung der deutschen Einheit und einer Revision der jetzt bestehenden Oder-Neiße-Grenze ein Ohr zu schenken.

Wenn die Westmächte in diesen beiden Fragen keine klare und verbindliche Position beziehen, wird (genau wie in den zwanziger Jahren) eine zukünftige deutsche Regierung immer wieder sowjetischen Einflüsterungen ausgesetzt sein. Der Einbau Deutschlands in die Westunion muß auch den leisesten Gedanken einer neuen Rapallo-Politik ausschließen."[373]

Die hier noch als unabdingbar bezeichnete Forderung nach Wiederherstellung der deutschen Einheit und Rückgabe der deutschen Ostgebiete nahm allerdings im Laufe der Jahre infolge der konkreten Weltsituation immer mehr den Charakter eines Fernzieles an.

Da die Bundesrepublik Deutschland 1950 noch keinen Außenminister und keine offiziellen außenpolitischen Kompetenzen besaß, wählte der Bundeskanzler Adenauer gern den Weg der Interviews mit ausländischen Pressekorrespondenten, um sich auf diese Weise im Ausland Gehör zu verschaffen. So machte er schon am 7. März 1950 in einem Interview, das er dem amerikanischen Journalisten Kingsbury-Smith gab, den Vorschlag der Schaffung einer vollständigen Union Frankreichs und Deutschlands, wodurch die Differenzen bezüglich des Saargebiets ausgeräumt werden würden. Zugleich sollte diese Union der Grundstein für die Vereinigten Staaten von Europa werden, die auch Großbritannien, Italien und die Benelux-Staaten umfassen sollten. Dieser Vorschlag fand weltweites Interesse.[374] Sogar der ehemalige Organisator des französischen Widerstandes und erste Regierungschef der Vierten Republik, der seit Januar 1946 zurückgezogen lebende General de Gaulle, bekundete am 16. März 1950 seine Zustimmung zu dem Vorschlag, eine deutsch-französische Union zu bilden.[375] Nun handelte auch die französische Regierung. Der damalige Leiter des französischen Planungskommissariats, der Wirtschaftsexperte Jean Monnet, legte dem Ministerpräsidenten Bidault und dem Außenminister Robert Schuman einen Plan vor, die gesamte deutsche und französische Kohle- und Stahlindustrie einer gemeinsamen Hohen Behörde zu unterstellen und die anderen Länder Europas zur Teilnahme aufzufordern. Schuman griff diesen Plan sofort auf, informierte den deutschen Bundeskanzler, der sogleich zustimmte, und trug die Ziele am 9. Mai 1950 auf einer Pressekonferenz den

---

[373]) A.a.O. Z 35/349, Bl. 144.
[374]) Vgl. Konrad A d e n a u e r, a.a.O. S. 311 ff.
[375]) Vgl. Keesings Archiv der Gegenwart vom 16. März 1950, S. 2302F sowie A d e n a u e r, a.a.O. S. 316.

Journalisten vor. Das Monnet-Memorandum vom 3. Mai 1950 vermittelt Einblick in die Motive, die zum sog. Schumanplan führten. Es galt, die durch den Kalten Krieg hervorgerufene Erstarrung der Völker zu überwinden und ihnen durch Veränderung der Gegebenheiten wieder Hoffnung für die Zukunft zu vermitteln. Zugleich galt es, Frankreichs Wirtschaft wieder aufzurichten und vor der erstarkenden deutschen Konkurrenz, vor allem auf dem Stahlsektor, zu schützen, indem man die französische Industrie in die gleiche Ausgangslage wie die deutsche brachte und so auch für Frankreich den industriellen Fortschritt ermöglichte. Monnet hatte klar erkannt, daß es für die Probleme der Deutschen infolge des Kalten Krieges zwischen den Supermächten vorläufig keine befriedigende Lösung geben konnte. Er reflektierte auch das Verhältnis der europäischen Staaten zu den USA, wobei er durch die Zusammenarbeit der Europäer eine größere Eigenständigkeit dieses Kontinents verbunden mit stärkerem Selbstvertrauen zu erreichen hoffte. Seiner Überzeugung nach konnte „Europa nur aus Frankreich geboren werden", da nur Frankreich zum damaligen Zeitpunkt „sprechen und handeln" konnte. Großbritannien und seine Dominions sah er hierbei offenbar als nicht unmittelbar zu Europa gehörig an.[376]

Am 26. Juli 1950 verabschiedete der deutsche Bundestag die folgende Entschließung, in der er sich für die Schaffung einer europäischen Gemeinschaft aussprach:

„In der Überzeugung, daß die gegenwärtige Zersplitterung Europas in souveräne Einzelstaaten die europäischen Völker von Tag zu Tag mehr in Elend und Unfreiheit führen muß, tritt der in freien Wahlen berufene Bundestag der Bundesrepublik Deutschland für einen Europäischen Bundespakt ein, wie ihn die Präambel und der Artikel 24 des Grundgesetzes für die Bundesrepublik Deutschland vorsehen. Dieser europäische Bundespakt soll:

1. eine übernationale Bundesgewalt schaffen, die sich auf allgemeine, unmittelbare und freie Wahlen gründet und über gesetzgebende, ausübende und richterliche Kompetenzen verfügt;
2. diese Gewalt mit allen Befugnissen ausstatten, die erforderlich sind, um a) die wirtschaftliche Einheit Europas auf der Grundlage sozialer Gerechtigkeit herbeizuführen, b) eine gemeinsame europäische

---

[376]) Vgl. das „Monnet-Memorandum" vom 3. Mai 1950, abgedruckt in Gilbert Ziebura, a.a.O. S. 195–200.

Außenpolitik zu ermöglichen, die dem Frieden in der Welt dient, c) die Gleichheit der Rechte aller europäischen Völker herzustellen und weiterhin zu sichern, d) die Grundrechte und menschlichen Freiheiten der europäischen Bürger zu garantieren und unter Rechtsschutz zu stellen."[377]

Da die Regierungen aller sechs Staaten, die an dem Plan interessiert waren, zu der Überzeugung gelangten, daß die Verwirklichung des Vorschlags sowohl unmittelbar den Wirtschaftsinteressen ihres Landes als auch darüber hinaus der langfristigen Friedenssicherung in Europa und der Welt, was wiederum die Voraussetzung für eine ungestörte Wirtschaftsentwicklung war, dienen würde, konnte nach fast neunmonatigen Verhandlungen bereits am 18. April 1951 in Paris die Unterzeichnung des Vertrages über die Gründung der Europäischen Gemeinschaft für Kohle und Stahl erfolgen. Am 25. Juli 1952 trat der Vertrag in Kraft. Er hat die Dauer von 50 Jahren.

Mit der Unterzeichnung des Abkommens über den Schuman-Plan war, wie Adenauer schreibt, „der erste Versuch der modernen Geschichte geglückt, in Europa einen großen einheitlichen Wirtschaftsraum für die Grundprodukte Kohle und Stahl zu schaffen".[378]

Schluß

Die hier vorgelegte Untersuchung von Bemühungen weitblickender Politiker, Verbandsvorsitzender, Kirchenführer und Privatleute um das Herbeiführen von Völkerversöhnung und europäischer Einigung nach dem Zweiten Weltkrieg erhebt keineswegs Anspruch auf Vollständigkeit, denn es hat noch weitere teils private, teils offizielle Initiativen zur Anregung von Völkerverständigung gegeben, vor allem in der internationalen Jugendarbeit. Hier sei nur ein Beispiel herausgegriffen: In Bielefeld, das zur britischen Besatzungszone gehörte, organisierten kirchliche Kreise nach 1945 mehrere internationale Jugendbegegnungen. Ähnliches dürfte auch beim Durchforsten anderer Stadtarchive zutage treten. Nicht mehr berücksichtigt werden konnten Akten über die

---

[377]) Entschließung des Deutschen Bundestages vom 26. Juli 1950. In: Verhandlungen des Deutschen Bundestags. I. Wahlperiode 1949. Stenographische Berichte Bd. 4. Bonn 1950, S. 2836.
[378]) A.a.O. S. 426.

Arbeit des British Council in Deutschland und über deutsch-englische Kulturgesellschaften. Die Aktivitäten deutsch-französischer und deutsch-amerikanischer Institute konnten nur gestreift werden.

Zwei Gründe waren maßgebend für die Eingrenzung der Arbeit auf den Zeitraum von 1945–1951: Die dreißigjährige Sperrfrist der Archive, die eine fundierte, abgesicherte zeitgeschichtliche Untersuchung nur bis zum Anfang der fünfziger Jahre zuläßt, und die Zäsur, die das Jahr 1951 unter europäischem Aspekt bildet. Denn in diesem Jahr wurde die Europäische Gemeinschaft für Kohle und Stahl geschaffen. Nach der Bildung des Europarats war diese Leistung der Regierungen und Parlamente von sechs europäischen Staaten ein erster Höhepunkt in dem Streben nach Völkerversöhnung und Abbau des Mißtrauens und zugleich der Beginn einer neuartigen, partiell supranationalen Zusammenarbeit europäischer Staaten.

Entsprechend der Thematik dieser Arbeit wurde z. B. bei der Behandlung der EGKS auf die Darstellung wirtschaftlicher Details verzichtet. Im Vordergrund stand der Aspekt der Völkerversöhnung.

Hält man sich vor Augen, zu welchen Auswüchsen das übersteigerte Nationalstaatsdenken im ersten und zweiten Weltkrieg geführt hat, besucht man etwa die noch als Touristenziel erhaltenen Festungen in und vor Verdun, die nordfranzösischen Schlachtfelder, auf denen im Ersten Weltkrieg Hunderttausende von deutschen, französischen und englischen Soldaten sinnlos geopfert wurden, besucht man Soldatenfriedhöfe des Ersten und Zweiten Weltkriegs, so wird einsichtig, daß jede scheinbar noch so unbedeutende Initiative zum Abbau von Vorurteilen und Feindseligkeit und hin zum besseren gegenseitigen Verstehen einzelner Angehöriger verschiedener Völker wünschenswert, ja unabdingbar notwendig war zur Vermeidung künftiger – auch konventioneller – Kriege in Europa. Allein die Tatsache, daß die EG zur Verwirklung dieses Ziels entscheidend beigetragen hat, rechtfertigt ihr Bestehen trotz aller zu kritisierenden Fehlentwicklungen etwa im Agrarsektor und trotz der Korrekturbedürftigkeit der Machtverteilung zwischen Europäischem Parlament und Ministerrat.

Nachdem die Aussöhnung der Deutschen mit ihren ehemaligen westlichen Kriegsgegnern weitgehend gelungen ist, sollten die nach Osten gerichteten Verständigungsbemühungen mit Besonnenheit im Interesse einer gesamteuropäischen und weltweiten Friedenssicherung fortgesetzt werden.

ABKÜRZUNGSVERZEICHNIS

BA	Bundesarchiv
CARE	Cooperative for American Remittances to Europe
CRALOG	Council of Relief Agencies Licensed for Operation in Germany
DBfF	Deutsches Büro für Friedensfragen
DEP	Direction de l'éducation publique
EG	Europäische Gemeinschaft
EGKS	Europäische Gemeinschaft für Kohle und Stahl
EIGA	Educational Instruction to German Authorities
EKD	Evangelische Kirche Deutschlands
ERP	European Recovery Program
EVG	Europäische Verteidigungsgemeinschaft
F.V.S.	Eine 1931 von dem Kaufmann A. Toepfer gegründete Stiftung mit Sitz in Hamburg
G.E.R.	German Educational Reconstruction
JEIA	Joint Export-Import Agency
MRP	Mouvement Républicain Populaire
NATO	North Atlantic Treaty Organization
OEEC	Organization for European Economic Cooperation
ÖRK	Ökumenischer Rat der Kirchen
SFIO	Section Française de l'Internationale Ouvrière
U.E.F.	Union Européenne des Fédéralistes
UNESCO	United Nations Educational, Scientific and Cultural Organization
YMCA	Young Men's Christian Association

QUELLEN UND LITERATUR

1. Ungedruckte Quellen

a) Bundesarchiv Koblenz:
Deutsches Büro für Friedensfragen, Z 35, Bände 349, 467, 544, 561, 572, 574, 578, 580, 589, 592, 611, 612
b) Politisches Archiv des Auswärtigen Amtes Bonn:
Abt. VI, Kultur, Bände 11, 40, 41, 154
c) Staatsarchiv Münster:
Nachlaß Rolf Schroers

2. Gedruckte Quellen einschließlich Memoiren

Acta Apostolicae Sedis (= AAS), Commentarium Officiale Rom 1909 ff.

Akten zur Vorgeschichte der Bundesrepublik Deutschland 1945–1949, gemeinsam hg. vom Bundesarchiv und Institut für Zeitgeschichte, Bd. 1: September 1945 bis Dezember 1946, bearb. von Walter Vogel und Christoph Weisz, München 1976. Bd. 2: Januar 1947 bis Juni 1947, bearb. von Wolfram Werner, München 1979. Bd. 3: Juni bis Dezember 1947, bearb. von Günter Plum, München 1982. Bd. 4.: Januar bis Dezember 1948, bearb. von Christoph Weisz, München 1983. Bd. 5: Januar bis September 1949, bearb. von Hans-Dieter Kreikamp, München 1981.

Der Aufbau Europas. Pläne und Dokumente 1945–1980. Hg. Jürgen Schwarz. Bonn 1980.

Die Auswärtige Politik der Bundesrepublik Deutschland. Hg. vom Auswärtigen Amt unter Mitwirkung eines wissenschaftlichen Beirats. Köln 1972

Bundesgesetzblatt, Teil II, vom 21. März 1953, Nr. 5

„Dokumente" und „Documents". Hg. vom Centre d'Etudes Culturelles, Economiques et Sociales, Straßburg und Offenburg 1945–1951 (deutsch-französische Parallelzeitschrift)

Europa-Archiv 1946–1952. Dokumenten-Teil

Europa-Föderationspläne der Widerstandsbewegungen 1940–1945. Hg. Walter Lipgens. München 1968

Pax-Christi-Zeitschrift, Jahrgänge 1948–62 (mit Dokumenten)

Utz, Arthur-Fridolin und Joseph-Fulko Groner, Aufbau und Entfaltung des gesellschaftlichen Lebens, Soziale Summe Pius' XII. 2. Aufl. Freiburg/Schweiz 1954–61

Verhandlungen des Deutschen Bundestages. I. Wahlperiode 1949. Stenographische Berichte Bd. 4, Bonn 1950 und Bd. 9, Bonn 1951

Wollasch, Hans-Josef, Humanitäre Auslandshilfe für Deutschland nach dem Zweiten Weltkrieg. Darstellung und Dokumentation kirchlicher und nichtkirchlicher Hilfen. Hg. v. Deutschen Caritasverband. Freiburg i. Br. 1976

Adenauer, Konrad, Erinnerungen 1945–1953. 4. Aufl. Stuttgart 1980
Ders., Erinnerungen 1953–1955. 3. Aufl. Stuttgart 1980

Bell, George und Alphons Koechlin. Briefwechsel 1933–1954. Hg., eingeleitet und kommentiert von Andreas Lindt. Geleitwort von W. A. Visser't Hooft. Zürich 1969

Blankenhorn, Herbert, Verständnis und Verständigung. Blätter eines politischen Tagebuchs 1949–1979. Frankfurt a. Main, Berlin, Wien 1980

Clay, Lucius D., Entscheidung in Deutschland. Frankfurt a. Main o. J. – Titel der amerikanischen Originalausgabe: „Decision in Germany". New York 1950

Gollancz, Victor, In darkest Germany. London 1947
Ders., Leaving them to their fate: The ethics of starvation. London 1946

Grewe, Wilhelm G., Rückblenden 1976–1951. Frankfurt a. M., Berlin, Wien 1979

Hausenstein, Wilhelm, Pariser Erinnerungen. Aus fünf Jahren diplomatischen Dienstes 1950–1955. 3. Aufl. München 1961

Hoegner, Wilhelm, Der schwierige Außenseiter. Erinnerungen eines Abgeordneten, Emigranten und Ministerpräsidenten. 2. Aufl. Hof (Saale) 1975

Kennan, George F., Memoirs 1925–1950. Boston, Toronto 1967

Lemmer, Ernst, Manches war doch anders. Erinnerungen eines deutschen Demokraten. Frankfurt a. Main 1968

Maier, Reinhold, Ein Grundstein wird gelegt. Die Jahre 1945–1947. Tübingen 1964

Müller-Armack, Alfred, Auf dem Weg nach Europa. Erinnerungen und Ausblicke. Tübingen, Stuttgart 1971

Spaak, Paul-Henri, Memoiren eines Europäers. Hamburg 1969. – Titel der Originalausgabe: „Combats Inachevés", Librairie Arthème Fayard, 1969. Deutsch von Willy Thaler

3. Darstellungen

Aron, Robert, Histoire de l'Epuration. Paris 1967–1975

Backer, John H., Die Entscheidung zur Teilung Deutschlands. Die amerikanische Deutschlandpolitik 1943–1948. München 1981

Besson, Waldemar, Die Außenpolitik der Bundesrepublik. Erfahrungen und Maßstäbe. München 1970

Boyens, Armin, Das Stuttgarter Schuldbekenntnis vom 19. Oktober 1945 – Entstehung und Bedeutung. In: VfZG 19, 1971, S. 374–397

Deligdisch, Jekutiel, Die Einstellung der Bundesrepublik Deutschland zum Staate Israel. Eine Zusammenfassung der Entwicklung seit 1949. Bonn-Bad Godesberg 1974

Erdmann, Karl-Dietrich, Die Zeit der Weltkriege. Zweiter Teilband (= Gebhardt, Bd. 4, 9., neu bearb. Aufl.) Stuttgart 1976

Frankenstein, Roger, Die deutschen Arbeitskräfteaushebungen in Frankreich und die Zusammenarbeit der französischen Unternehmen mit der Besatzungsmacht, 1940–1944. In: Zweiter Weltkrieg und sozialer Wandel. Hg. Waclaw Dlugoborski. Göttingen 1981, S. 211–223

Grosser, Alfred, Geschichte Deutschlands seit 1945, eine Bilanz. 11. Aufl. München 1984

Herre, Franz, Deutsche und Franzosen: Der lange Weg zur Freundschaft. Bergisch-Gladbach 1983

Hillgruber, Andreas, Europa in der Weltpolitik der Nachkriegszeit (1945–1963). 2., erg. Aufl. München, Wien 1981

Jürgensen, Kurt, Die Stunde der Kirche. Die Evangelisch-Lutherische Landeskirche Schleswig-Holsteins in den ersten Jahren nach dem Zweiten Weltkrieg. Neumünster 1976

Keezer, Dexter M., A unique Contribution to International Relations: The story of Wilton Park. Maidenhead, Berkshire, England 1973

Koza, Ingeborg, Internationale Initiativen zur Völkerversöhnung nach dem Zweiten Weltkrieg. In: Siegener Studien 36, 1984, S. 41–50

Lipgens, Walter, Die Anfänge der europäischen Einigungspolitik 1945–1950. Erster Teil: 1945–1947. Stuttgart 1977

Ders., Europäische Einigungsidee 1923–1930 und Briands Europa-Plan im Urteil der deutschen Akten. In: HZ 203, 1966, S. 46–89 und S. 316–363

Ders., Das Konzept regionaler Friedensorganisation. Résistance und europäische Einigungsbewegung. In: VfZG 16. 1968, S. 150–164

Ders., Innerfranzösische Kritik an der Außenpolitik de Gaulles 1944–1946. In: VfZG 24, 1976, S. 136–198

Lüth, Erich, Die Friedensbitte an Israel 1951. Eine Hamburger Initiative. O.O.o.J.

Manning, Adriaan, Die Niederlande und Europa von 1945 bis zum Beginn der fünfziger Jahre. In: VfZG 29, 1981, S. 1–20

Noack, Paul, Die Außenpolitik der Bundesrepublik Deutschland. 2., erw. Aufl. Stuttgart 1981

Papst Pius der XII. (1939–1958), Eine Dokumentation seines Pontifikats. In: Herder-Korrespondenz, Jg. 13, Heft 2, Freiburg 1958, S. 57–71

Picht, Robert (Hg.), Deutschland, Frankreich, Europa. Bilanz einer schwierigen Partnerschaft. München 1978

Pfister, Hermann (Hg.), Pax Christi. Friedensbewegung in der Katholischen Kirche. Waldkirch 1980

Piontkowitz, Heribert, Anfänge westdeutscher Außenpolitik 1946–1949. Das Deutsche Büro für Friedensfragen. Stuttgart 1978

Poidevin, Raymond und Jacques Bariéty, Les relations franco-allemandes 1815–1975. Paris 1977

Rudzio, Wolfgang, Großbritannien als sozialistische Besatzungsmacht in Deutschland – Aspekte des deutsch-britischen Verhältnisses 1945–1948. In: Studien zur Geschichte Englands und der deutsch-britischen Beziehungen. Festschrift für Paul Kluke. Hg. Lothar Kettenacker, Manfred Schlenke und Hellmut Seier. München 1981, S. 341–352

Sandfuchs, Walter, Papst Pius XII. Karlsruhe 1949

Scharf, Claus und Hans-Jürgen Schröder (Hg.), Die Deutschlandpolitik Frankreichs und die französische Zone 1945–1949. Wiesbaden 1983

Dieselben (Hg.), Die Deutschlandpolitik Großbritanniens und die britische Zone 1945–1949. Wiesbaden 1979

Dieselben (Hg.), Politische und ökonomische Stabilisierung Westdeutschlands 1945–1949. Fünf Beiträge zur Deutschlandpolitik der westlichen Alliierten. Wiesbaden 1977

Schmid, Carlo, Politik muß menschlich sein. Politische Essays. Bern und München 1980

Schneider, Ulrich, Britische Besatzungspolitik 1945. Besatzungsmacht, deutsche Exekutive und die Probleme der unmittelbaren Nachkriegszeit, dargestellt am Beispiel des späteren Landes Niedersachsen von April bis Oktober 1945. Diss. Hannover 1980

Schwarz, Hans-Peter, Die Ära Adenauer: Gründerjahre der Republik: 1949–1957. Mit einem einleitenden Essay von Theodor Eschenburg. – Geschichte der Bundesrepublik Deutschland. Hg. v. Karl-Dietrich Bracher. Bd. 2. Stuttgart 1981

Ders., Vom Reich zur Bundesrepublik. Deutschland im Widerstreit der außenpolitischen Konzeptionen in den Jahren der Besatzungsherrschaft 1945–1949. 2., erw. Aufl. Stuttgart 1980

Seelbach, Jörg, Die Aufnahme der diplomatischen Beziehungen zu Israel als Problem der deutschen Politik seit 1955. Meisenheim am Glan 1970

Smith, Arthur L., Die deutschen Kriegsgefangenen und Frankreich 1945–1949. In: VfZG 32, 1984, S. 103–121

Steininger, Rolf, Die britische Deutschlandpolitik in den Jahren 1945/46. In: Aus Politik und Zeitgeschichte. B 1–2, 1982, S. 28–47

Straaten, Werenfried van, Sie nennen mich Speckpater. Recklinghausen 1964

Vaillant, Jérôme, Französische Kulturpolitik in Deutschland 1945–1949. Berichte und Dokumente. Konstanz 1984

Vogelsang, Thilo, Das geteilte Deutschland. 12. Aufl. München 1983

Warner, Geoffrey, Die britische Labour-Regierung und die Einheit Westeuropas 1949–1951. In: VfZG 28, 1980, S. 310–330

Weisenfeld, Ernst, Frankreichs Geschichte seit dem Krieg. Ereignisse, Gestalten, Hintergründe 1944–1980. München 1980

Westdeutschlands Weg zur Bundesrepublik 1945–1949. Beiträge von Mitarbeitern des Instituts für Zeitgeschichte. München 1976

Willis, F. Roy, The French in Germany 1945–1949. Stanford Studies in History, Economics, and Political Science XXIII. Stanford (California) 1962

Ziebura, Gilbert, Die deutsch-französischen Beziehungen seit 1945. Mythen und Realitäten. Pfullingen 1970

DOKUMENTENANHANG

Der vom 19. bis 22. Mai 1949 in Hamburg abgehaltene erste Kongreß der Delegierten der Europa-Union Deutschlands hat folgende Entschließungen gefaßt:

I. Politik

1. Die Europa-Union bekennt sich erneut zur *parteipolitischen* und *weltanschaulichen Neutralität*.
2. Die Europa-Union erstrebt ein *geeintes Deutschland im geeinten Europa*. Der Zusammenschluß aller Teile Deutschlands in einer Bundesrepublik, in der die Menschen- und Bürgerrechte gesichert sind, dient der Bildung der europäischen Föderation, überwindet machtpolitische Gegensätze, fördert die europäische Entwicklung Deutschlands und trägt dadurch zur Erhaltung des Friedens bei.
Die in den Artikeln 24 und 25 des Bonner Grundgesetzes zum Ausdruck gebrachte Entschlossenheit Deutschlands zur Eingliederung in die europäische Union ist ein entscheidender Schritt zur Verwirklichung dieses Zieles.
3. Ein solches Bekenntnis zu Europa läßt eine *Neutralisierung Deutschlands* nicht zu. Einerseits wäre Deutschland nicht imstande, seine Neutralität aus eigener Kraft zu wahren, andererseits würde eine ungeschützte Neutralität im Ernstfall nicht beachtet werden. Der einzige und wirksame Schutz Deutschlands liegt in der Eingliederung in eine starke europäische Föderation.
4. Die Europa-Union in Deutschland erblickt ihre Aufgabe darin, den europäischen Gemeinschaftsgedanken im deutschen Volke zu fördern und auf die deutschen Parlamente und Regierungen zur Mitarbeit am europäischen Einigungswerk ständig einzuwirken. Als ordentliches Mitglied der „Union Européenne des Fédéralistes" sieht sie ihre Aufgabe in der Zusammenarbeit mit den anderen europäischen Einigungsbewegungen zur Schaffung einer tragfähigen Grundlage für die europäische Föderation. Sie erstrebt in Übereinstimmung mit der Europäischen Bewegung die baldige und uneingeschränkte *Teilnahme Deutschlands am Europa-Rat in Straßburg*.

II. Wirtschaft

Die Wiederherstellung der wirtschaftlichen Handlungsfreiheit für Deutschland im Rahmen einer europäischen Wirtschaftseinheit wird von der Europa-Union als das vordringlichste Ziel aller wirtschaftspolitischen Bemühungen angesehen. Aus dieser Erkenntnis heraus fordert die Europa-Union:

A

1. Die Beseitigung der zur Zeit bestehenden *Handelsbeschränkungen* in Europa:
Vorbereitung von *Zollunionen* durch bilaterale Verträge mit dem Ziel der Errichtung einer europäischen Wirtschaftsgemeinschaft, sowie den stufenweisen *Abbau sämtlicher Zollgrenzen* innerhalb Europas.
Die Einführung einer *gemeinsamen europäischen Währung* über die Vorstufe der allseitigen Austauschbarkeit der europäischen Währungen;
Einführung eines *europäischen Passes* über die Vorstufe der Abschaffung des Visumzwanges;
Vereinheitlichung des Warenverkehrs durch Schaffung eines europäischen Frachtbriefes.

2. Zur vollwirksamen Wiederherstellung des europäischen Verkehrswesens die *Beseitigung aller intereuropäischen Verkehrsbehinderungen*, auch in Deutschland, und die *Zusammenarbeit der europäischen Häfen*.

3. In Anbetracht der besonderen geographischen und geophysikalischen Verhältnisse Europas die baldige *Schaffung eines europäischen Energie-Verbandsnetzes*, um die wertvollen Kraftreserven Europas an Wasser, Braun- und Steinkohlen für alle Länder Europas ökonomisch auszuwerten.

4. Die Revision – soweit erforderlich – und den raschen Abschluß der gegenwärtigen Politik der *Demontagen, Restitutionen, Industrieverbote und Entflechtungen*, da ihre Fortführung bei der Verbundenheit des europäischen Industriepotentials nicht nur dem betroffenen Gebiet, sondern auch der gesamteuropäischen Wirtschaft schweren Schaden zufügen würde.

5. Zur Sicherung europäischer Erfindungen und Konstruktionen ein *europäisches Patentgesetz*. Die deutschen Patenthinterlegungen sollen in allen Ländern Europas schon jetzt die im internationalen Recht übliche Priorität genießen; die europäische Wirtschaft käme damit in den Genuß auch dieser Erfindungen und Konstruktionen. Es ist erforderlich, daß besonders die schlummernden Erfindungen im Interesse Europas nutzbar gemacht werden können. Die *beschlagnahmten Patente* sollen Deutschland angerechnet werden.

6. Stärkste Berücksichtigung der *elementaren Interessen der breiten arbeitenden Schichten* in allen Ländern Europas, *Angleichung des Sozial- und Arbeitsrechtes* und dessen Entwicklung zu einer einheitlich-übersichtlichen Sozialgesetzgebung.

7. Beschleunigung und Verstärkung der in Gang befindlichen vorbereitenden Maßnahmen zur Schaffung einer echten und umfassenden europäischen Wirtschaftsordnung, damit eine *gesteigerte deutsche Wirtschaftsleistung* zur Weiterentwicklung der gesamteuropäischen Wirtschaft und zur *Hebung des allgemeinen Lebensstandards* beitragen kann.

B

Die Europa-Union vertritt den Standpunkt, daß Deutschland baldigst in das in Aussicht genommene gemeinschaftliche europäische *Währungssystem* eingeschaltet werden muß. Bevor das aber möglich ist, müssen die aus dem Vorkriegsgesetz bestehenden Verpflichtungen Deutschlands geordnet und muß seine wirtschaftliche Leistungsfähigkeit festgestellt werden. Die Europa-Union hält deshalb den baldigen Zusammentritt einer *internationalen Wirtschafts- und Finanzkommission* erster Sachverständiger für notwendig, um entsprechende Vorschläge zu machen und die Eingliederung Deutschlands in das europäische Währungssystem vorzubereiten.

Die Europa-Union weist mit Nachdruck darauf hin, daß der *Verfall der deutschen Währung* bereits zweimal, 1923 und 1931, die schwersten gesellschaftlichen und politischen Folgen nicht nur für Deutschland selbst, sondern für die europäische Gesamtwirtschaft gehabt hat. Angesichts des immer engeren Zusammenwachsens der europäischen Wirtschaft werden derartige Folgen in der Zukunft von noch schwererwiegender Bedeutung sein, wenn nicht jetzt eine klare und eindeutige Feststellung der Leistungsfähigkeit und eine gründliche Bereinigung der Vergangenheit durchgeführt wird. Je schneller diese Klärung erfolgt, desto eher wird Deutschland ein wertvoller Faktor im Gesamtverband der europäischen ......

C

Ausgehend von der Erkenntnis, daß *die Landwirtschaft und die Ernährung* besonderer Beachtung bedürfen, fordert die Europa-Union:

1. langfristige europäische Anbauplanung.

2. Lenkung des Absatzes der landwirtschaftlichen Erzeugnisse innerhalb der europäischen Länder, und zwar durch die unmittelbar Beteiligten selbst.

3. Umstellung der europäischen Landwirtschaft entsprechend den Bodenverhältnissen auf Anbau von Intensivfrüchten, sowie Steigerung der Viehwirtschaft.

4. Ausbau der landwirtschaftlichen Veredlungsindustrie.

5. Anbau brachliegenden Landes, wodurch auch ein wesentlicher Beitrag zur Lösung des gesamteuropäischen Problems der Heimatvertriebenen geleistet würde.

6. Steigerung der Fabrikation von Kunstdünger zur verbilligten Versorgung der Landwirtschaft und zur Entlastung der Zahlungsbilanzen der Länder.

7. Beschleunigte Durchführung von Meliorationen, um eine Rationalisierung der Landwirtschaft zu erreichen.

8. Ausbau des landwirtschaftlichen Genossenschaftswesens auf europäischer Grundlage.

9. Förderung des landwirtschaftlichen Schulungswesens und Austausch von Bauernsöhnen zur Weiterbildung.

D

Eine gesunde Wirtschaft ist die Grundlage für eine gehobene *Wirtschaftsethik* und diese ihrerseits Voraussetzung einer gerechten Sozialordnung. Die Neugestaltung der intereuropäischen Bindungen auf dem Gebiete der Wirtschafts- und Sozialpolitik erfordert auch eine neue *Wirtschaftsgesinnung*, die in den Mittelpunkt des Wirtschaftens wieder den arbeitenden Menschen stellt.

III. Kultur

Die Europa-Union erstrebt:

1. Ausbau der *persönlichen und kulturellen* Beziehungen unter den europäischen Völkern in Kunst, Literatur, Wissenschaft und Erziehung.

2. *Gegenseitige Hilfeleistung* in materieller, beruflicher und geistiger Hinsicht, insbesondere für die Jugend und ihre Organisationen.

3. Europäische *Lehrpläne und Lehrmittel* für die Jugend- und für die Erwachsenenbildung.

4. Einführung und Anerkennung eines *europäischen Abiturs* (Maturum).

5. Durchführung von *Ferienkursen*, Gründung und Unterstützung *europäischer Bildungseinrichtungen*: Akademien, Universitäten und Volkshochschulen, die Schaffung europäischer pädagogischer Akademien für die *Lehrerausbildung*, die zur Förderung europäischen Denkens von überragender Bedeutung ist.

Die Europa-Union legt mit diesen Beschlüssen das Ergebnis ihres ersten Delegierten-Kongresses in Hamburg ihren Mitgliedern und der Öffentlichkeit vor. Sie fordert alle auf, die an die Zukunft eines geeinten Deutschlands in einem geeinten Europa glauben, an der Verwirklichung dieser Ziele mitzuarbeiten.

(BA Z 35/611)

PERSONENREGISTER

Abs, Hermann 127
Acheson, Dean 21
Adenauer, Konrad 3, 5, 7f., 21f., 51, 58, 71, 94, 100, 106–108, 113, 120–128, 131, 134, 150, 163, 165, 169, 171
Albrecht, Karl 8f., 10, 12, 14f., 17–19
Albu, Austin H. 95
Allen, C. G., brit. Erziehungsministerium 99
Alsop, Joseph 19
Alsop, Stewart 19
Altmeier, Peter 150
Anderson, Clinton 13
Arnold, Karl 150, 157
Aron, Raymond 33, 37, 40
Asmussen, Hans 55, 57, 101f., 115
Attlee, Clement 51, 81, 88, 100
Auriol, Vincent 40

Barzel, Rainer 100, 128
Bauer, Hans 142
Béguin, Albert 33, 40
Bell, George K.A. 53f., 56–62, 67, 102
Benda, Ernst 128
Bergstraesser, Arnold 10
Berkhan, Karl-Wilhelm 100
Bernhard, Henry 152
Berringer, Joachim C. 142, 144, 147
Beveridge, William 71, 76
Bevin, Ernest 51, 81, 86, 163f.
Bichet, Robert 136
Bidault, Georges 36–38, 41, 110, 169
Birch, Nigel 95
Birley, Robert 64, 72, 75, 93f., 96f., 99f., 105, 156
Bishop, William Henry Alexander 63

Bismarck, Otto von 40
Blankenhorn, Herbert 3, 21, 93f., 97, 100, 150
Blessing, Karl 150
Blessing, Otto 149
Blücher, Franz 150, 161
Blum, Léon 36–38, 40, 136
Bodelschwingh, Friedrich von 55, 101
Böhm, Franz 127
Bohy, Georges 152
Bonhoeffer, Dietrich 54, 57
Borinsky, Fritz 72
Bourdet, Claude 24, 27, 33
Boutbien, Paul 40
Brandt, C. D. J., niederländ. Prof. 111
Brauer, Max 150
Brentano, Heinrich von 150
Briand, Aristide 5, 23, 137
Briefs, Götz 10
Brown, Constantine 19
Brüning, Heinrich 18, 106
Brugmans, Henri 34, 111, 136, 141f., 145, 148, 164
Buchman, Frank 11
Buchmann, Jean 112
Bullock, Roy 14
Butler, Harald 139
Byrnes, James F. 13, 38

Cadogan, Alexander 82
Cantmar, Geoffrey 59
Casalis, Georges 56
Chaput de Saintonge, Rolland Alfred Aimé 77
Choltitz, Dietrich von 45
Catlin, George Edward Gordon 142
Cavert, Samuel 56
Churchill, Winston 52–54, 60, 66,

81, 88, 100, 106f., 134, 136, 138, 161f., 164
Cillien, Adolf 58
Clay, Lucius D. 3, 13, 20
Collinet, Michel 40
Collmer, Ev. Hilfswerk 104
Conally, Tom 13f.
Cornides, Wilhelm 145, 154, 162f.
Coudenhove-Kalergi, Richard v. 136f., 152
Crane, John 10, 15
Creighton, Brit. Council 105
Crespigny, Hugh de 64, 98
Crossman, Richard 73, 85f., 91
Curtius, Ernst Robert 150
Cushing, Richard James 9

Dahrendorf, Ralf 100
Daniélou, Jean 31
Davidson, Randall 53
Dawson, William W. 20
Dehler, Thomas 150
Deininger, G. 145
Deiss, Raymond 23
Delargy, Hugh 142
Dewey, Charles 14
Dibelius, Otto 57, 102
Dietrich, Hermann Robert 13
Dirks, Walter 31, 150
Dixon, J. G. 73
Dorn, Walter L. 20
Douglas, Sholto 90
Doyen, Paul André 31
Dubinsky, David 11
Dulles, John Foster 21
Duynstee, niederländ. Europabewegung 111

Eberhard, Fritz 142, 145
Eden, Anthony 100, 106f.
Eichler, Willi 41
Ellioth, Prof. (Harvard) 14
Emmet, Christopher 9
Erhard, Ludwig 128, 143, 150
Erler, Fritz 150
Essinger, Adam 45
Eucken, Walter 150, 153

Faulhaber, Michael von 31
Feltin, Maurice 27f.
Foerster, Friedrich Wilhelm 47
Folliet, Joseph 29, 32
Foot, Michael 67
Fors, Kendall 18
Forßmann, Werner 75f.
Forster, DBfF 142
François-Poncet, André 156
Frenay, Henri 24, 40, 145
Freudenberg, Adolf 115
Friedländer, Max 150
Friesenhahn, Ernst 105
Furtwängler, Wilhelm 82

Gablentz, Otto Heinrich von der 150
Galen, Clemens August von 55
Gasperi, Alcide de 136
Gaulle, Charles de 22, 24, 37f., 40–42
Gauvain, Jean 40
Gazier, Albert 40
Geiler, Karl Hermann 13, 20, 145, 152
Gerstenmaier, Eugen 55f., 101
Globke, Hans 31
Goldmann, Nahum 125–127
Gollancz, Victor 53, 61, 65–71
Gouin, Felix 37f., 40
Grabert, Horst 100
Grewe, Wilhelm G. 84
Grimme, Adolf 70, 103
Gröber, Conrad 31
Grosser, Alfred 33
Grumbach, Salomon 40
Gwynne, J. W. W. 97

Haffner, Sebastian 89
Hahn, Hugo Carl 57, 102
Hahn, Wilhelm von 104
Halfmann, Wilhelm 58, 62, 64, 98
Hallstein, Walter 84, 153
Hamm-Brücher, Hildegard 100
Hartmann, Helfried 109, 129, 158f., 160f., 167
Hausenstein, Wilhelm 3, 31

Heckel, Roger 31
Hedergott, Winfried 100
Heinemann, Dannie 120
Heinemann, Gustav 57, 102, 116
Heisenberg, Werner 150, 153
Held, Heinrich 57, 102
Hellwege, Heinrich 143
Hemfler, Karl 100
Hermes, Wilhelm 142
Herriot, Edouard 136
Herntrich, Volkmar 58
Herter, Christian 12, 14
Herwarth, Hans von 21
Heuss, Theodor 12, 31, 150
Hirsch, Erich 72
Hitchcock 73, 75, 105
Hitler, Adolf 18, 23, 45, 47, 54, 62, 102, 128, 138
Höcherl, Hermann 100
Hoegner, Wilhelm 3, 11, 13, 20
Hörhammer, Manfred 26, 50
Hoffmann, Walther 92
Hoover, Herbert 10, 12f., 18, 20
Horrocks, Brian Gwynne 94
Hummelsheim 145
Hundhammer, Alois 100, 150
Hyde, H. Montgomery 99
Hyles, R. L. 21
Hynd, John 66, 95

Jacini, Stefano 162
Jaksch, Wenzel 150
Jebb, Gladwyn 88
Johnstone, Kenneth, Brit. Council 105
Josephy, F. L. 141f., 145, 148
Jouhaux, Léon 136

Kaas, Ludwig 119
Kästner, Erich 150
Kaisen, Wilhelm 100
Kaiser, Jakob 150
Kaltenborn, H. von 18
Kee, John 14
Ketelhodt, U. von 46, 48f.
Kingsbury-Smith, Joseph 169
Kirkpatrick, Ivone 100

Klauser, Theodor 105
Koch, Henri 112, 141f.
Koechlin, Alphons 54, 56f., 60
Koenig, Pierre 41f., 48, 56
Köppler, Heinrich 100
Kogon, Eugen 136, 142f., 145, 148, 150, 153
Kohnstamm, Max 117
Kopf, Hinrich Wilhelm 150
Kraemer, Hendrik 56, 116
Kraft, Ole Bjørn 162
Kraus, Herbert 120

Lacroix, Jean 40
Laffon, Emile 41–43
Lalande, Bernard 32
Langgässer, Elisabeth 150
Lapie, Pierre Olivier 40
Last, Jef 112
Lauritzen, Lauritz 100
Layton 160, 162
Leiber, Robert 119
Lemmens, Joseph Hubert Guillaume 114
Lemmer, Ernst 3
Lewis, Fulton 18
Libby, Frederick 8, 10
Lilje, Hanns 55, 57, 101f.
Lippmann, Walter 88
Livingstone, Henry B. 42
Löbe, Paul 150
Lohest, A. 111, 145, 148

Macmillan, Harold 163
Madariaga, Salvador de 139
Maier, Reinhold 3, 12f., 20
Malone, US-Senator 15
Mangoldt, Hans Karl von 161
Marc, Alexandre 34, 141f.
Marie, André 38
Marshall, Burton 14
Marshall, George C. 12, 14, 18, 39
Marshall, brit. Prof. 99
Martin, Kingsley 72, 91
Matthews, Walter Robert 58
Maury, Pierre 56f.
Mayer, Daniel 40

McCloy, John 21
McMichael, John 75
Meertens, H. 111, 145, 148
Meiser, Hans 57, 102
Menthon, François de 44, 162
Michel, Karl 154, 157
Michelfelder, Sylvester Clarence 56, 58
Miller, Walther von 44
Millington, E. R. 142
Milo di Villagrazia, Antonio 142, 145
Mitscherlich, Alexander 150
Monnet, Jean 34, 39, 144, 166
Montgomery, Bernard Law 90, 95
Morey, Charles R. 130
Morgenthau, Henry 12, 16, 18
Morley, Felix 18 f.
Morrison, Herbert 100
Moser, A. 111, 145, 148
Moses, Robert 11
Mounier, Emmanuel 32
Müller, Max Carl 139
Müller-Armack, Alfred 3, 91, 117, 155
Münch, Aloisius 9
Muller, US-General 20
Mutter, André François 37

Naegelen, Marcel E. 40
Nell-Breuning, Oswald von 153
Niemöller, Martin 55, 57, 101 f.
Niesel, Wilhelm 57, 102
Nipperdey, Hans Karl 150
Norman, brit. Germanist 75

Ollenhauer, Erich 78
Ott, Barthelemy 41

Pauls, Rolf Friedemann 105
Pakenham, Francis Augnier 76 f., 95
Paul-Boncour, Joseph 48
Pettee, George 14
Pezet, Ernest 41
Philip, André 40, 152, 162
Pinay, Antoine 38
Pius XII. 118–120

Pleven, René 38, 112
Posadowski, Harald von 142, 153 f.,
Pünder, Hermann 143, 150

Queuille, Henri 38

Radbruch, Gustav 153
Ramadier, Paul 37
Rendtorff, Heinrich 58
Ressing 49
Retinger, Joseph H. 138
Reuter, Ernst 150
Reuter, Georg 139
Reynaud, Paul 162
Rheinstein, Max 10
Riddy 97
Rifflet, Raymond 112
Ritzel, Heinrich Georg 142, 145
Rivau, Jean du 30, 32
Robertson, Brian 63, 90, 96
Roncalli, Angelo Giuseppe 28
Rommel, Erzbischof USA 9
Roosevelt, Franklin D. 11 f.
Rosenberg, Ludwig 139, 150
Roßmann, Erich 143, 145
Rothfels, Hans 10
Rousset, David 48
Rovan, Joseph 33
Rovan, Jules 48

Sabatier, Maurice 43
Salat, Rudolf 74, 76, 98 f., 105
Sandys, Duncan 111, 136, 138, 143, 164
Sangnier, Marc 35
Schenck, Ernst von 142, 145, 149, 151
Schlange-Schöningen, Hans 72, 77 f., 100, 150
Schmid, Carlo 136, 150
Schmittlein, Raymond 43 f.
Schnabel, Franz 150
Schreiber, Kurt Franz 130 f.
Schröder, Louise 150
Schroers, Rolf 3 f.
Schumacher, Kurt 78, 80, 163 f.
Schuman, Robert 34, 36, 38 f., 169

Personenregister

Schumann, Maurice 41
Sedgwick, R. L. 55, 101
Seebohm, Hans Christoph 143, 150
Sharett, Mosche 127
Silva, Raymond 34
Smend, Rudolf 57
Smith, Adam 92
Smith, Brabner 10
Spaak, Paul Henri 3, 5, 136, 162, 165
Specht, Minna 72
Spellman, Francis Joseph 9
Spiecker, Carl 136, 145
Steeg, DBfF 142
Stephan, W. 145
Sternberger, Dolf 143, 150
St. George, Katharine 15
Stokes, Richard 67, 78
Stolper, Gustav 12 f.
Straaten, Weerenfried van 113
Strang, William 90
Stratmann, P. Franziskus 50
Strich, Erzb. v. Chicago 9
Süsskind-Schwendi, Alexander von 35

Taft, Robert Alphonso 19
Templer, Gerald Walter Robert 59
Tessier, Gaston 41
Teusch, Christine 143, 150, 153
Théas, Pierre Marie 26–29, 49, 114
Thielicke, Helmut 31
Tisserant, Eugène 119
Thompson, Dorothy 18
Thompson, Harold 75
Teitgen, Pierre-Henri 41
Trauttmansdorff, Max Karl von 145, 153

Trevelyan, George Macaulay 83
Trützschler 73
Truman, Harry S. 12, 14
Truscott 20
Tsaldaris, Konstantinos 131

Usellini, Guglielmo 145

Valera, Eamon de 162
Verheiy-Neumeijer, J. F. 111, 145
Vandenberg, Arthur 13
Vaussard, Maurice 47, 49
Velhagen, Adolf 109, 129
Vercors = Jean Bruller 142
Vissert't Hooft, Willem Adolf 56, 115

Wabnitz 130
Walker, Patrick Gordon, Brit. Education Branch 97
Warburg, Erich 10
Wehner, Herbert 150
Weizel, Walter Friedrich Karl 73
Werz, Luitpold 130
Wester, Reinhard 64
Weyer, Willi 100
Wheeler-Bennet, John 81
Wilcox 98
Wilson, H., brit. Major 55
Wollenberg, Erich 49
Wood, brit. Pädagoge 72
Wüstenberg, Bruno 119
Wurm, Theophil 31, 55, 57, 59, 101–103

Zeeland, Paul van 136, 138
Zierold, Kurt 105